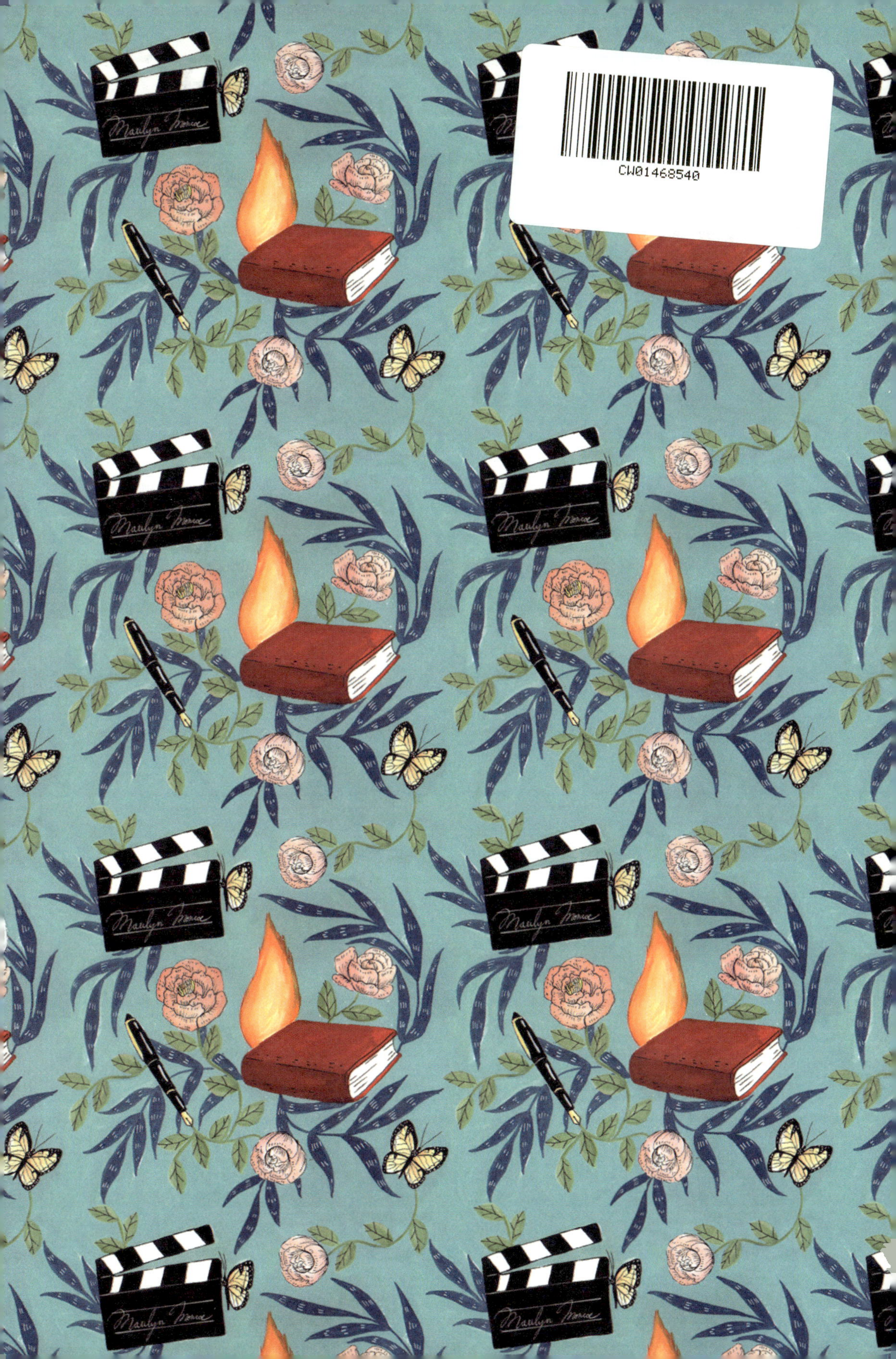

Marilyn

Marilyn

Una biografía

María Hesse

Lumen

Papel certificado por el Forest Stewardship Council®

FSC www.fsc.org MIXTO Papel procedente de fuentes responsables FSC® C117695

Primera edición: noviembre de 2020

Travessera de Gràcia, 47-49. 08021 Barcelona

Printed in Spain — Impreso en España

ISBN: 978-84-264-0777-1
Depósito legal: B-11600-2020

Compuesto por Fernando de Santiago
Impreso en Egedsa (Sabadell, Barcelona)

H 4 0 7 7 7 1

Penguin
Random House
Grupo Editorial

A vosotras

Cuanto más pienso en ello,
más consciente soy de que no hay
respuestas. La vida es para ser vivida.

Y al ser relativamente tan corta,
tal vez demasiado corta, tal vez
demasiado larga, lo único de lo
que estoy segura es que no es fácil.

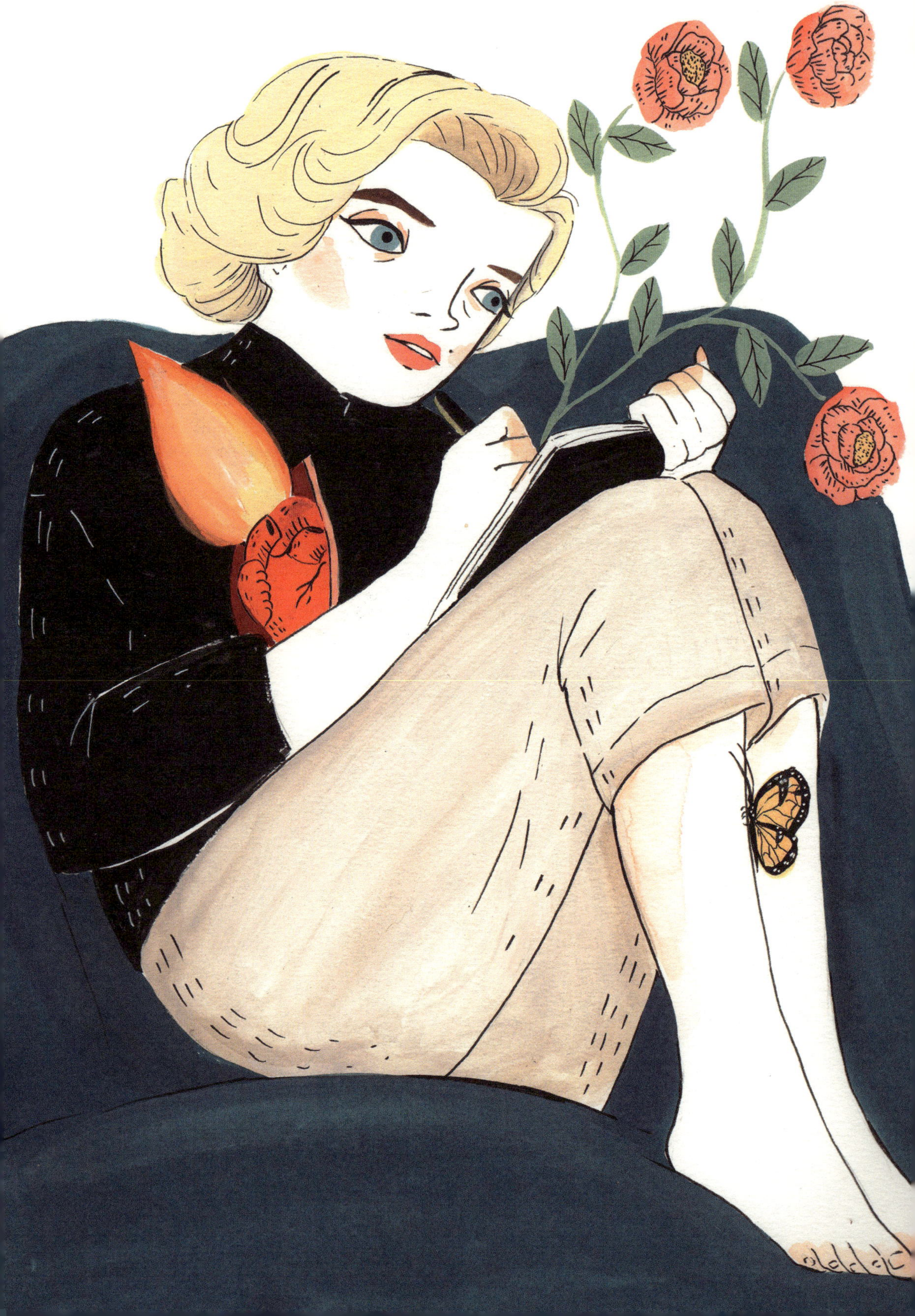

INTRODUCCIÓN

¿Qué puede ser una mujer? Debería ser todo lo que quisiera; sin embargo, al final es lo que la sociedad y su contexto le permiten. Hace apenas sesenta años, esa presión era mucho más feroz, y algunas mujeres, como Anne Sexton o Sylvia Plath, no lo soportaron. En los años sesenta, Betty Friedan publicaba *La mística de la feminidad* y sacaba a las mujeres de sus hogares para transformarlas de objetos en sujetos. Tras ella llegarían Gloria Steinem, Shirley Chisholm y otras muchas que impulsarían una segunda ola feminista en Estados Unidos.

Lamentablemente, esta revolución llegó tarde para Norma Jeane Baker.

Nacida en la Gran Depresión, Norma Jeane encarnó como nadie el gran sueño americano. Ella, que provenía de familia humilde y pasó por distintas casas de acogida, logró convertirse en una de las estrellas más importantes de su generación. A cambio, tuvo que cargar con todo el peso de la sociedad de su tiempo.

Porque Marilyn, como todo el mundo la conoce, fue bastante más que una cara y un cuerpo bonitos. Marilyn ansió, por encima de todo, convertirse en una buena actriz y trabajó ferozmente para conseguirlo. Acude a clases de interpretación, de canto, de baile, de dicción, de equitación y de todo cuanto le parece necesario para mejorar, incluso una vez alcanzado el éxito. Adapta su cuerpo, su pelo, su vestimenta, su manera de hablar y de caminar al personaje que está moldeando. Sigue varias escuelas interpretativas, incluida la del Actors Studio, que implica un trabajo emocional con su infancia profundamente doloroso. Ensaya las escenas de sus películas hasta la extenuación, en un estéril afán de perfeccionismo que agrava su inseguridad compulsiva. En paralelo, lee, se interesa por el arte y la cultura, se compromete explícitamente con los derechos civiles. Quiere tomar las riendas de su futuro y tener voz y voto en él, y lucha por mejorar sus condiciones laborales. Y por si fuera poco, vive libremente su sexualidad. En definitiva, Marilyn es peligrosa, así que resulta preferible ocultar todo lo que es y convertirla en un objeto de deseo hueco. Es mejor que sea frívola, es mejor que parezca tonta.

Quienes la rodearon propiciaron esa imagen, y, lo que es peor, se la hicieron creer a ella misma, porque de este modo podrían sacar tajada, ya fuera en forma de dinero, fama o pasaporte.

Es curioso que tratándose de un sex symbol haya más fotos de ella leyendo que desnuda, y que tras su muerte encontraran una biblioteca personal de más de cuatrocientos libros, con autores que iban desde Federico García Lorca hasta Walt Whitman. También hallaron libretas llenas de textos y poemas personales que plasman una inquietud introspectiva y literaria y una singular madurez desde muy temprana edad.

A menudo me he preguntado cómo habría sido su vida de haber nacido cuarenta años más tarde, pero lo más terrible es que a día de hoy a las mujeres a menudo se nos sigue cuestionando por lo mismo: la talla, la maternidad o cómo compaginar una carrera profesional con la familia.

Cuando comencé a documentarme sobre la vida de Marilyn, me enfadé al leer tantas biografías escritas por hombres que perpetuaban una imagen tremendamente machista de ella. Por suerte, no siempre es así, como demuestran las semblanzas de Donald Spoto, documentadísima, y de Joyce Carol Oates, más ficcionada pero muy emotiva.

Poco a poco fui enriqueciendo mi propia visión con documentales, con las numerosas entrevistas que concedió, con el inapreciable testimonio que ella misma dio en sus memorias, *My Story*, transcritas por Ben Hecht, o con el imprescindible volumen que recoge sus propios *Fragmentos. Poemas, notas personales, cartas.*

Es difícil distinguir qué hay de realidad y qué de ficción en las múltiples versiones que dio Marilyn de su vida, pero no puede negarse que todos esos testimonios revelan una verdad muy distinta y que posee los mimbres de las memorables tragedias griegas.

En 2016 estuve a punto de iniciar este proyecto, pero se paralizó, y fue una suerte, porque cuatro años después yo no soy la misma; mi visión del mundo, de las mujeres y por supuesto de Norma Jeane es diferente. Mi empeño en este libro ha sido recopilar esa otra verdad, la menos conocida. Sin juzgarla e intentando comprender todo su ser, hasta el rincón más oscuro. Jugar con lo que ella inventaba, con el relato que ella quiso ofrecer. Y con mi propia verdad, porque no olvidemos que este es un libro de ficción, aunque tal vez el que menos lo es de todos los míos, y sin duda el que más ha dolido.

Desearía que, tras la lectura, volváis a sus películas y, quizá desde otra óptica, encontréis a la verdadera Marilyn.

Marilyn Monroe

1934

Tras una breve temporada viviendo con mi ella, a mi madre, Gladys Pearl Monroe, la internan en un psiquiátrico. Empieza así mi peregrinaje por distintas casa de acogida y orfanatos.

1942

A los dieciséis años me caso con James Dougherty para no volver a los orfanatos. Dos años después, él se enrola para luchar en la Segunda Guerra Mundial.

1944

Empiezo a trabajar en una fábrica de municiones, donde me hacen mis primeras fotos, y así comienza mi trabajo como modelo. El divorcio con James no tarda en llegar.

1946

Tras muchas pruebas para ser actriz, consigo entrar en la Fox. Norma Jeane comienza a desdibujarse. Tengo la certeza de que Marilyn Monroe salvará mi vida.

1947

Al fin consigo mis primeros papeles. Todos de poca importancia. Siento que Zanuck, jefe de producción y vicepresidente, me odia. Para él nunca seré buena actriz.

NO ES QUE FUESE HUÉRFANA, PERO ME CRIARON COMO A UNA NIÑA ABANDONADA... LA FELICIDAD NO ERA ALGO QUE YO DIESE POR HECHO.

Mi nombre es Norma Jeane Baker. Mi primer nacimiento fue el 1 de junio de 1926 en Los Ángeles. El segundo ocurrió en 1945, cuando la Fox me bautizó como Marilyn Monroe. Las dos convivieron en mí, pero el mundo solo supo ver partes de una de ellas.

1950

Siempre lamenté no haber acabado el instituto, por lo que me apunto a un curso de literatura. Me encanta leer y escribir. Se ha convertido en mi refugio.

1952

El mundo se fija en mí tras publicarse unas fotos que me hice años atrás en las que aparezco desnuda. La Fox pretende que declare que esa no soy yo, pero a mí no me avergüenzan.

Conozco a Joe DiMaggio, con quien me casaré dentro de dos años. Somos muy diferentes, pero a su lado me siento tranquila.

1954

Mi trabajo empieza a destacar. *Niágara*, *Los caballeros las prefieren rubias* y *Cómo casarse con un millonario* son todo un éxito. Pero mi matrimonio con Joe se rompe antes de que acabe el año por sus continuos ataques de celos.

1955

Doy un giro a mi vida. Mi amigo el fotógrafo Milton Green y yo creamos la Marilyn Monroe Productions a finales del año pasado, así que abandono la Fox, harta de interpretar papeles de mujer florero, y me traslado a Nueva York.

La vida empieza a parecerse a lo que siempre soñé. Quiero ser una buena actriz y entro en el Actors Studio con Lee y Paula Strasberg, que me descubren el psicoanálisis.

Estrecho mi relación con escritores que admiraba, como Arthur Miller, Truman Capote, Norman Rosten... mientras nos perdemos por las calles de la ciudad y hablamos de literatura, teatro, derechos civiles...

1956

Tras un año de negociaciones vuelvo a la Fox. Al fin puedo elegir mis propios papeles, el primero de ellos en *Bus Stop*. Las críticas señalan que puedo ser una actriz seria.

Me caso con Arthur Miller, aunque presiento que la tragedia nos persigue.

1957

El infierno regresa con el rodaje de *El príncipe y la corista*.

Poco a poco siento que vuelven a adjudicarme papeles de mujer guapa y tonta, que es como me ve mi marido y como noto que me mira el mundo. Sufro varios abortos, que me hunden más y más.

Solo logro evadirme con los barbitúricos. Me sumerjo en el psicoanálisis, primero con Anna Freud y luego con los terapeutas Marianne Kris y Ralph Greenson.

1960-61

Arthur escribe el guion de *Vidas rebeldes* parodiando mi vida y la de mis compañeros. El rodaje parece estar maldito, los problemas se suceden y mi matrimonio vislumbra su fin.

Tras el divorcio con Arthur y las malas críticas a la película, caigo en una depresión. Marianne Kris me ingresa en una clínica psiquiátrica, que resulta ser un infierno.

1962

Corren los rumores de que tengo una relación con Kennedy, que crecen aún más cuando le canto el «Cumpleaños feliz» en su celebración en el Madison Square Garden.

Tras una crisis con la Fox, consigo el contrato que siempre había soñado. Me siento bien, pero el mundo no está preparado para mí.

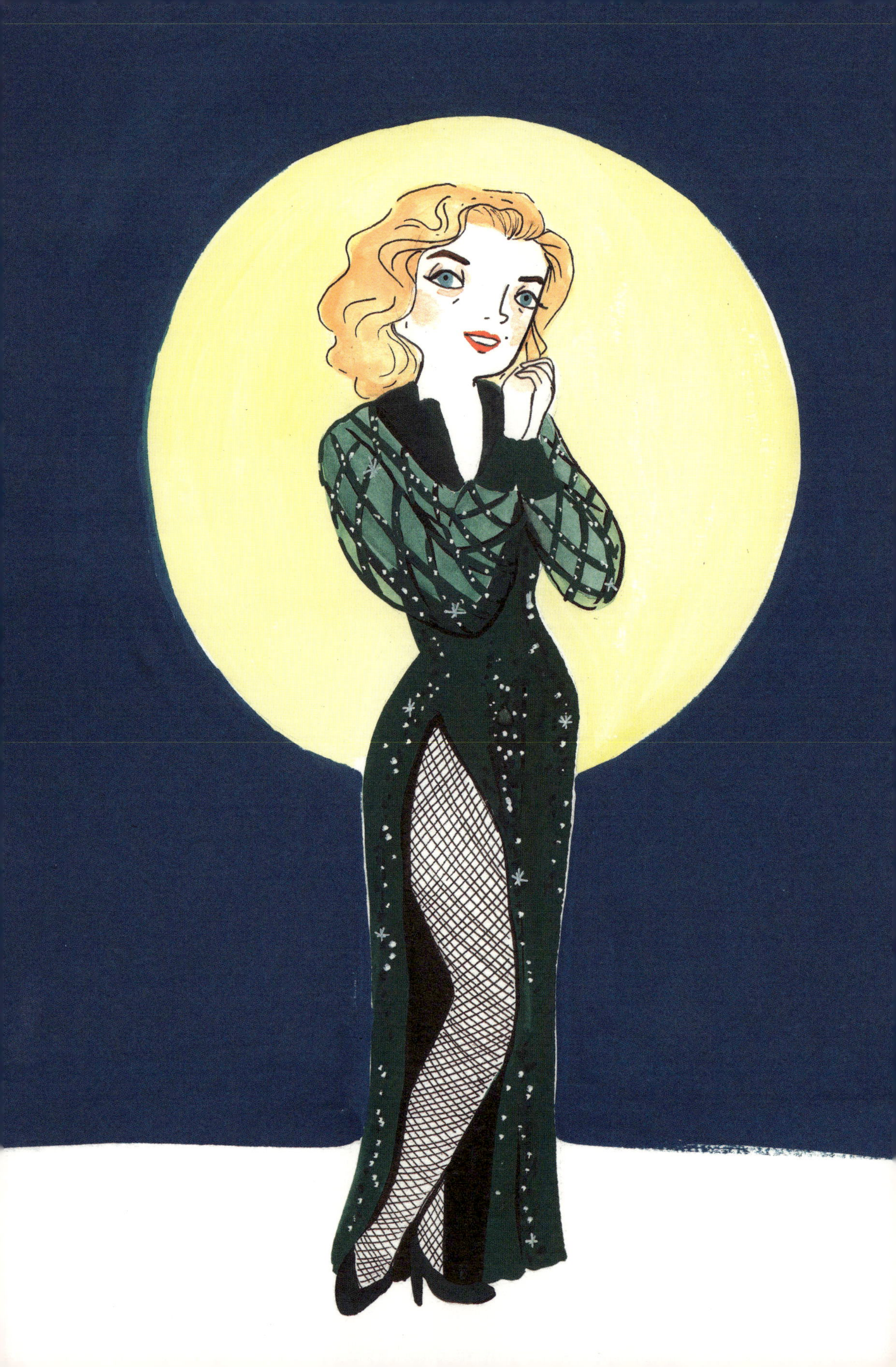

Las Chicas del Coro

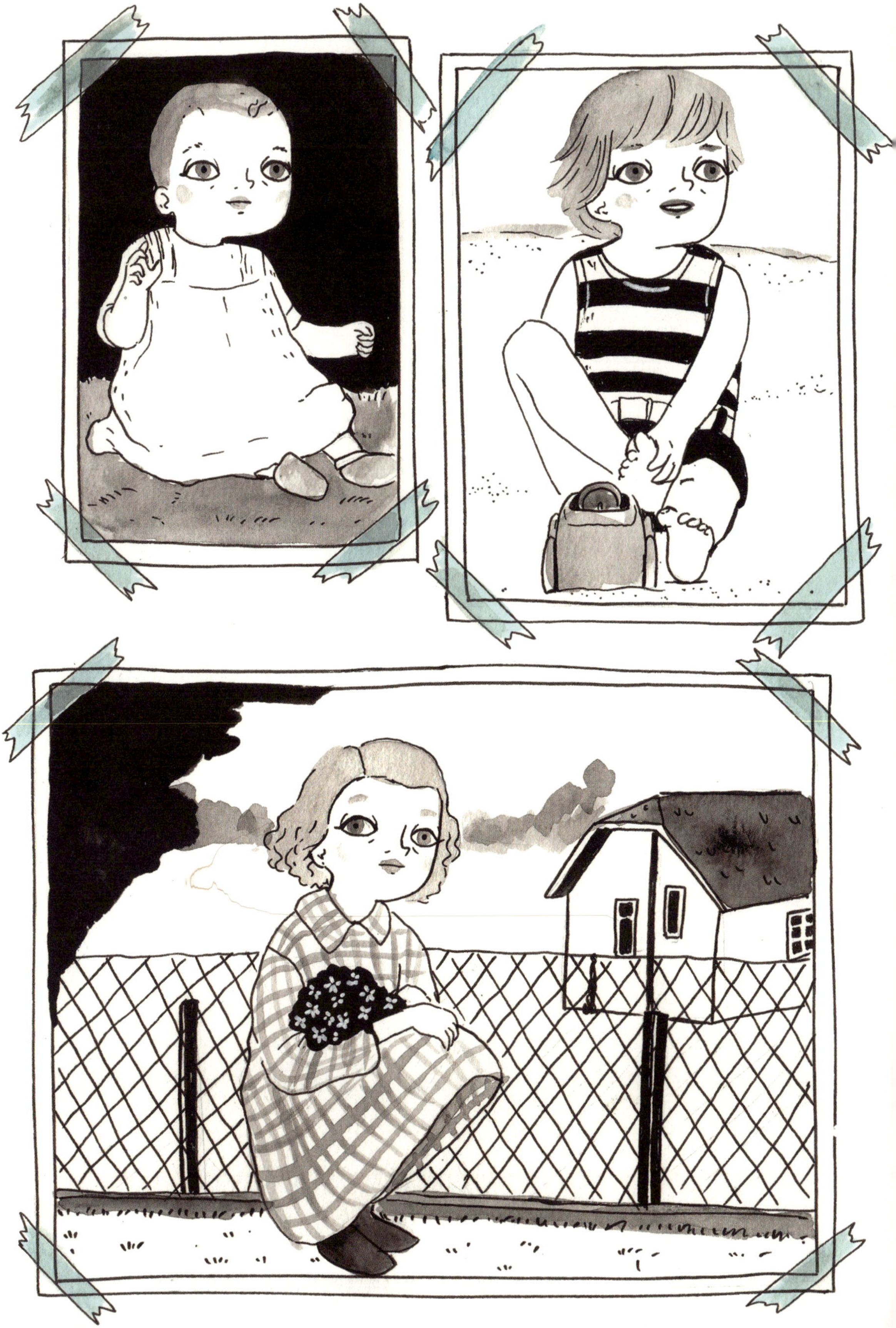

Me llamo Norma Jeane Baker. Mi madre me puso ese nombre por Norma Talmadge, la mayor estrella del cine mudo de todo Hollywood, que es como decir de todo el mundo; al parecer, fue la primera en dejar sus huellas frente al Teatro Chino de Grauman.

Cuando crecí, iba por allí a menudo, ponía el zapato encima de las pisadas de unos y otros, y pensaba: «¡Tengo un pie enorme!». Era como un ritual, por eso fue tan emocionante para mí cuando años después Jane Russell y yo grabamos las manos y los pies en el cemento. Significaba que todo es posible, prácticamente. Por muy difíciles que sean los inicios.

Nací el 1 de junio de 1926 en un pabellón de la beneficencia del Hospital General del Condado de Los Ángeles, sin fiesta, ni fotos ni flores. Ni padre, en realidad. Mi madre, Gladys Pearl Monroe, se había casado dos veces antes de que yo naciera. La primera, a punto de cumplir los quince años, con John Newton Baker, un comercial de veintiséis con quien tuvo dos hijos antes de cumplir los dieciocho. Un día se enteró de que John le era infiel, y él la abandonó y se llevó a los niños. Al menos eso fue lo que me contó ella. También me dijo que los había buscado desesperadamente, y que cuando al fin los encontró en Kentucky, John se había vuelto a casar y todos juntos formaban una familia feliz, así que regresó a Hollywood. ¿Acaso ella podía darles algo mejor?

Su segundo matrimonio fue con Edward Mortenson y duró todavía menos: en solo cuatro meses estaba roto. Ya lo habían dejado cuando mi madre supo que estaba embarazada, y sintió que se alejaba su sueño de llevar una vida como la de las estrellas de cine que veía a diario en su puesto de cortadora de negativos.

Aunque ya no estaban juntos, me inscribieron con el apellido Mortenson, pero siempre me llamaron Baker. Nunca supe quién fue mi padre y, en realidad, durante años tampoco tuve claro quién era mi madre.

NO ES QUE FUESE HUÉRFANA, PERO ME CRIARON COMO A UNA NIÑA ABANDONADA... LA FELICIDAD NO ERA ALGO QUE YO DIESE POR HECHO.

Gladys pasaba muchas horas fuera de casa y no se sentía capaz de cuidarme, o no sabía cómo hacerlo. Quizá era demasiado para una mujer soltera de veinticuatro años que sentía que aún le quedaba mucho por vivir. Así que, hasta que cumplí los siete, Albert e Ida Bolender fueron lo más parecido a unos padres que tuve.

Los Bolender eran una familia humilde y muy religiosa. Albert era cartero, e Ida se dedicaba al cuidado del hogar y de los niños a los que acogían en adopción, como a mí, para completar sus ingresos. Gladys les pagaba cinco dólares a la semana para que me cuidaran en su casa, cerca de la de mi abuela Della, en un pueblecito llamado Hawthorne, al suroeste de Los Ángeles.

Nunca me trataron mal, pero tampoco llegué a sentirme querida, quizá porque eran anglicanos de la Low Church, muy estrictos en sus normas, y por mucho que hiciese era imposible estar a la altura. No podían ser más distintos de mi madre, que aparecía con suerte una vez por semana con su pelo teñido de rojo, su genio y su risa. Ellos me llevaban a la iglesia; ella, a pasear o a comprar un helado o en tranvía hasta Sunset Beach o a su casa un par de días, siempre envuelta en un olor a cremas, tabaco y alcohol de contrabando. Gladys quería vivir como en las películas de Gloria Swanson o Clara Bow; Ida me advertía de que el cine, el juego y el baile eran pecado; y yo me movía entre dos aguas, solo ansiaba que me quisieran.

En una de esas visitas, mi madre me enseñó una foto que tenía en su tocador: era el retrato de un hombre con sombrero y bigote, y me dijo que era mi padre y que había muerto en un accidente de coche.

Me mintió; eso creo. Nunca supe su nombre, pero no me importó. Soñé con él mucho tiempo; luego, también su imagen terminó abandonándome.

Aun así, aunque a los cinco años el mundo a mi alrededor era gris, podía crear uno propio, jugar a inventarme historias, hacer como si todo fuese diferente.

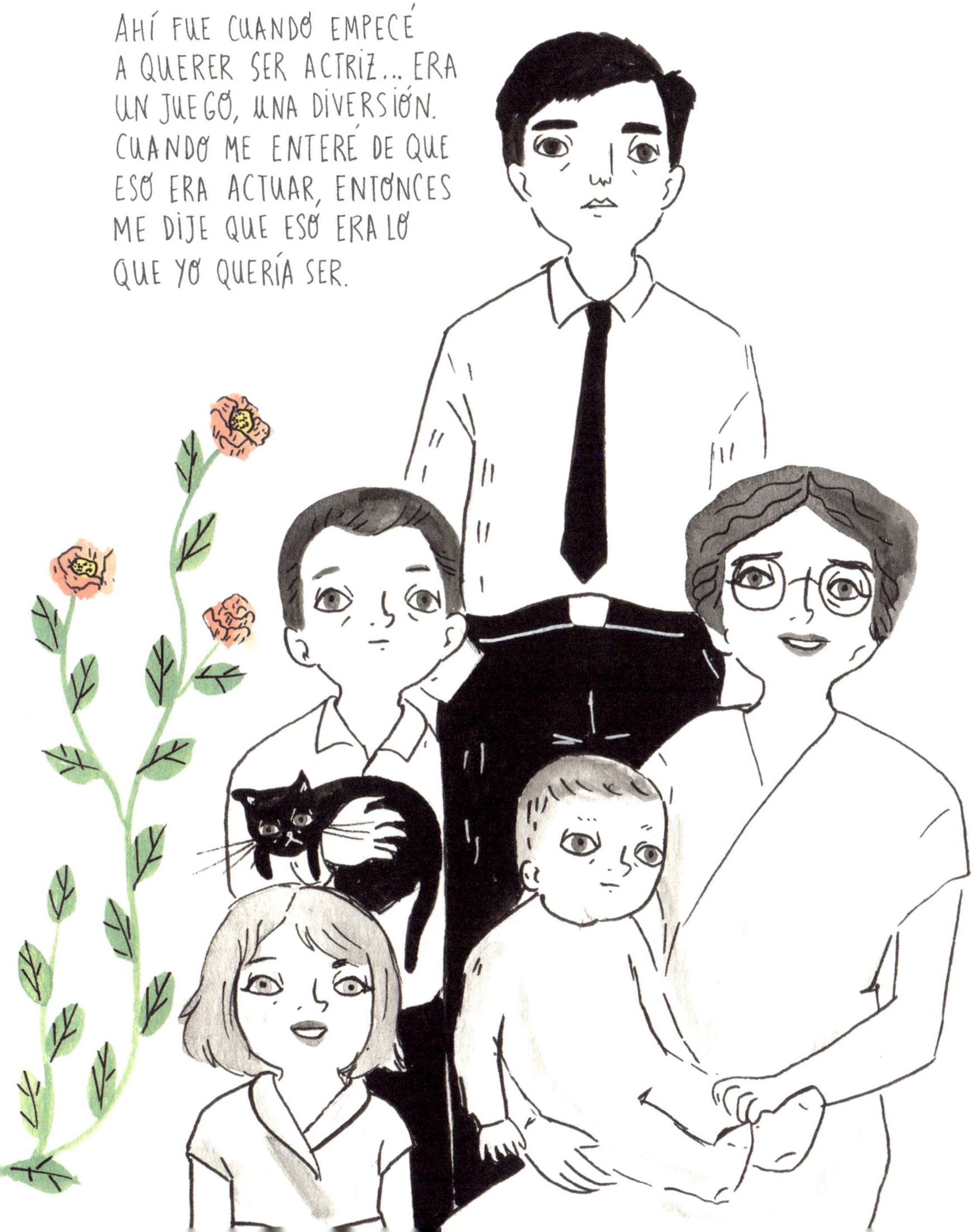
AHÍ FUE CUANDO EMPECÉ A QUERER SER ACTRIZ... ERA UN JUEGO, UNA DIVERSIÓN. CUANDO ME ENTERÉ DE QUE ESO ERA ACTUAR, ENTONCES ME DIJE QUE ESO ERA LO QUE YO QUERÍA SER.

La tía Ida me enseñó a tocar el piano. Le entusiasmaba la idea de que algún día formara parte del coro de la iglesia y a mí me encantaba cantar. También accedió a que me quedara con Tippy, un perro callejero que me seguía a todas partes y se convirtió en mi mejor amigo.

Una tarde calurosa, de esas en las que cuesta respirar y la ropa se te pega, nuestro vecino lo mató de un disparo porque no paraba de ladrar en la puerta.

Aquello me hizo polvo, como un aviso de que todo podía cambiar en un abrir y cerrar de ojos. Estaba tan mal que los Bolender llamaron a mi madre y enterramos juntas a Tippy.

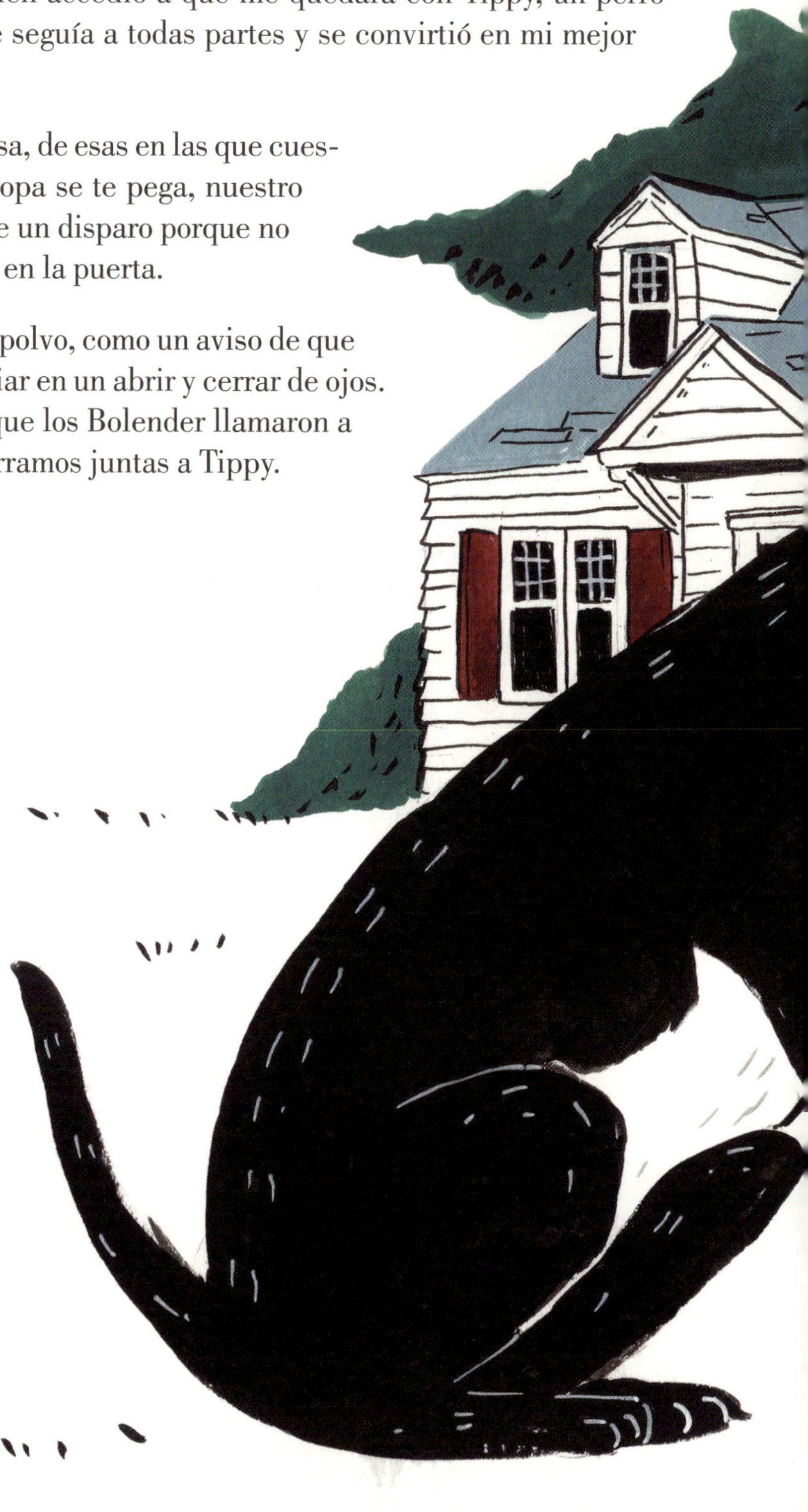

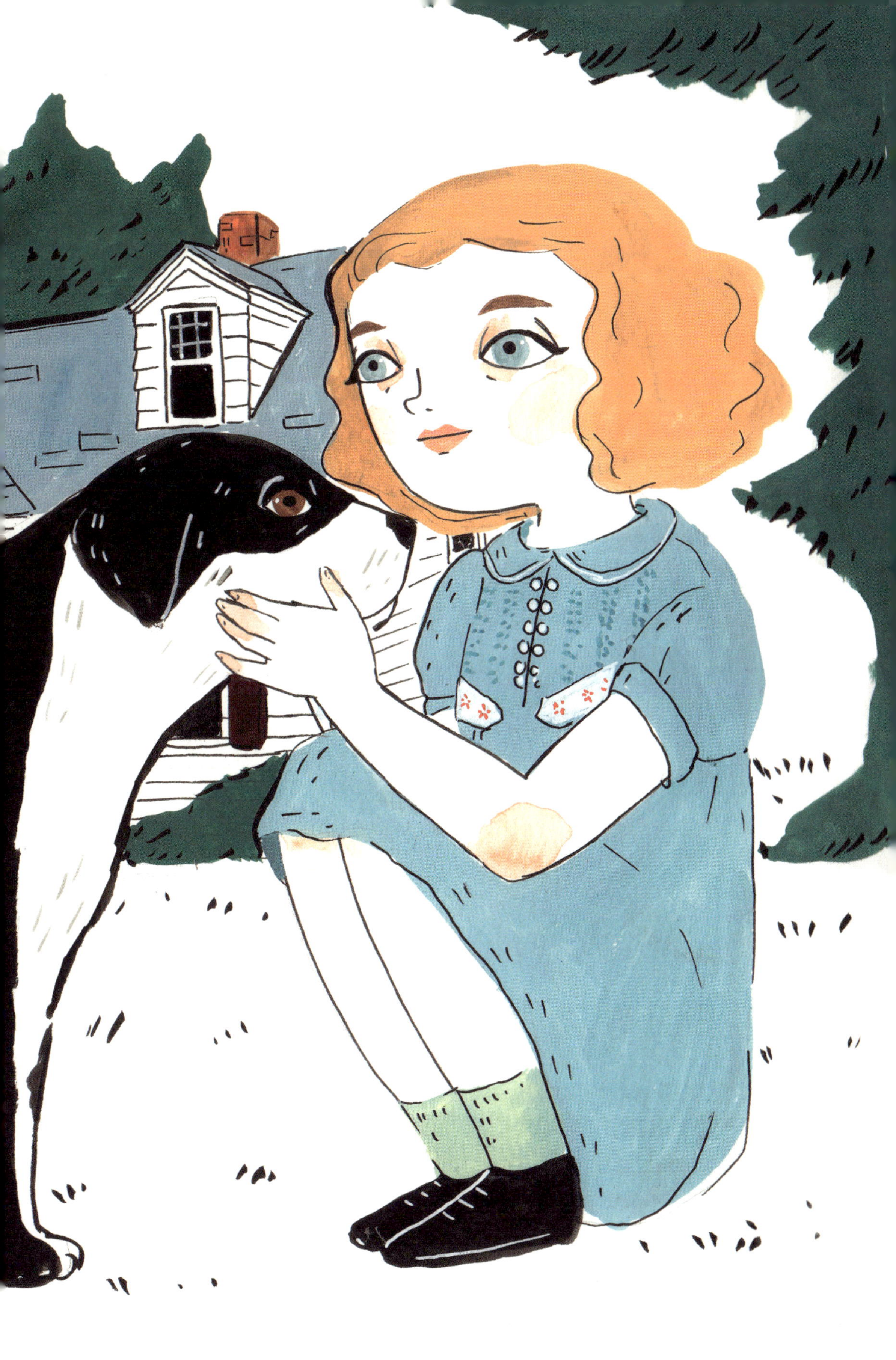

Gladys me llevó por fin a vivir con ella a una casa que había comprado en Los Ángeles, en Arbol Drive. La compartíamos con los Atkinson, una pareja de ingleses que trabajaban como actores secundarios y que, a cambio de cuidarme, no pagaban alquiler.

Las noches de verano se convirtieron en fiestas interminables con amigos de la industria del cine, charlas sobre películas y nuevas estrellas, canciones, bailes y también alcohol, legal ahora que había quedado atrás la ley seca.

Yo creía que ya nada podría salir mal, pero es que solo tenía siete años. Recuerdo un viejo piano blanco de media cola con el que seguía las clases que había empezado con Ida Bolender, pero ahí acababa el parecido entre las dos casas. Mi nueva vida chocaba tanto con la antigua que asistía a ella escandalizada.

PENSABA QUE TODOS IRÍAN AL INFIERNO. Y ME PASABA HORAS REZANDO POR ELLOS.

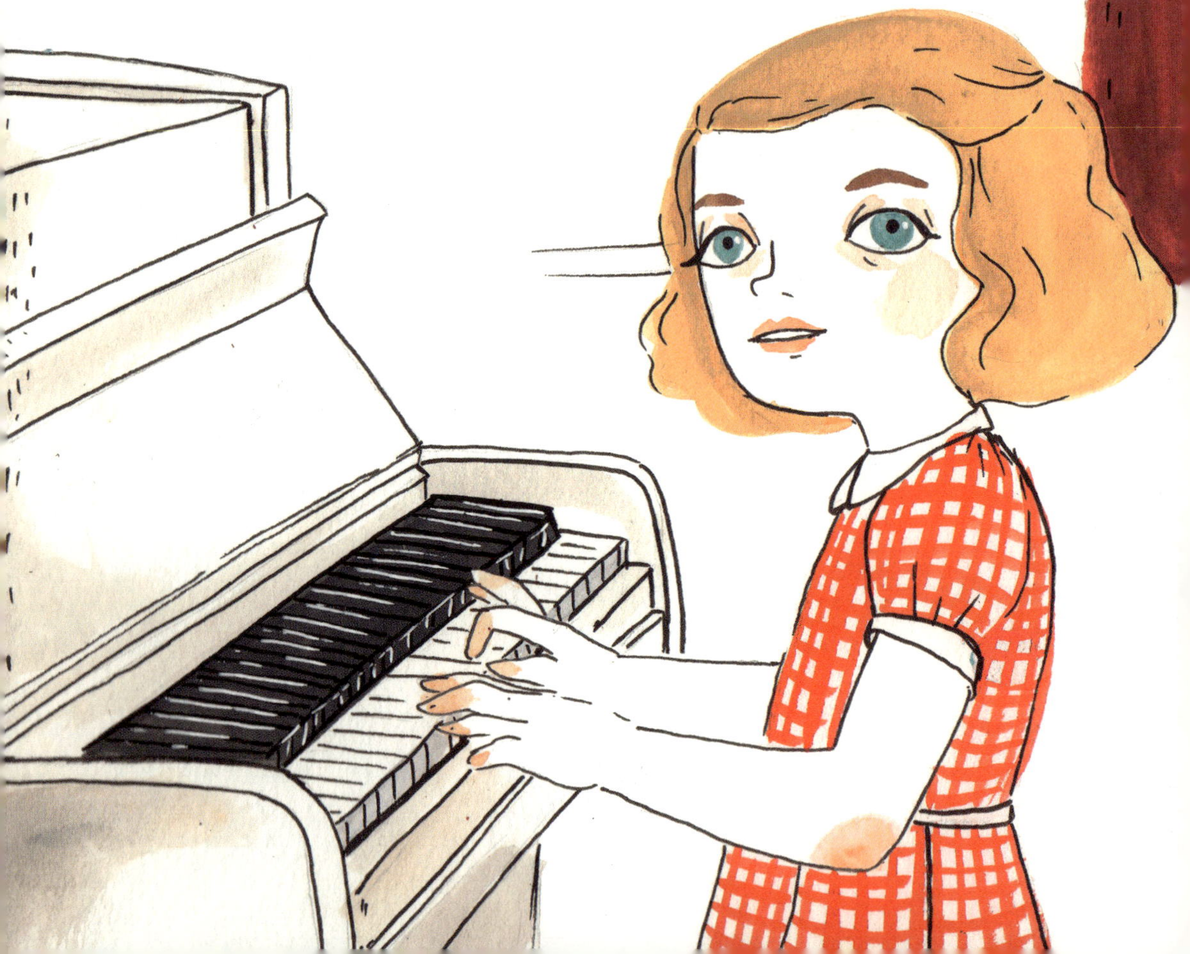

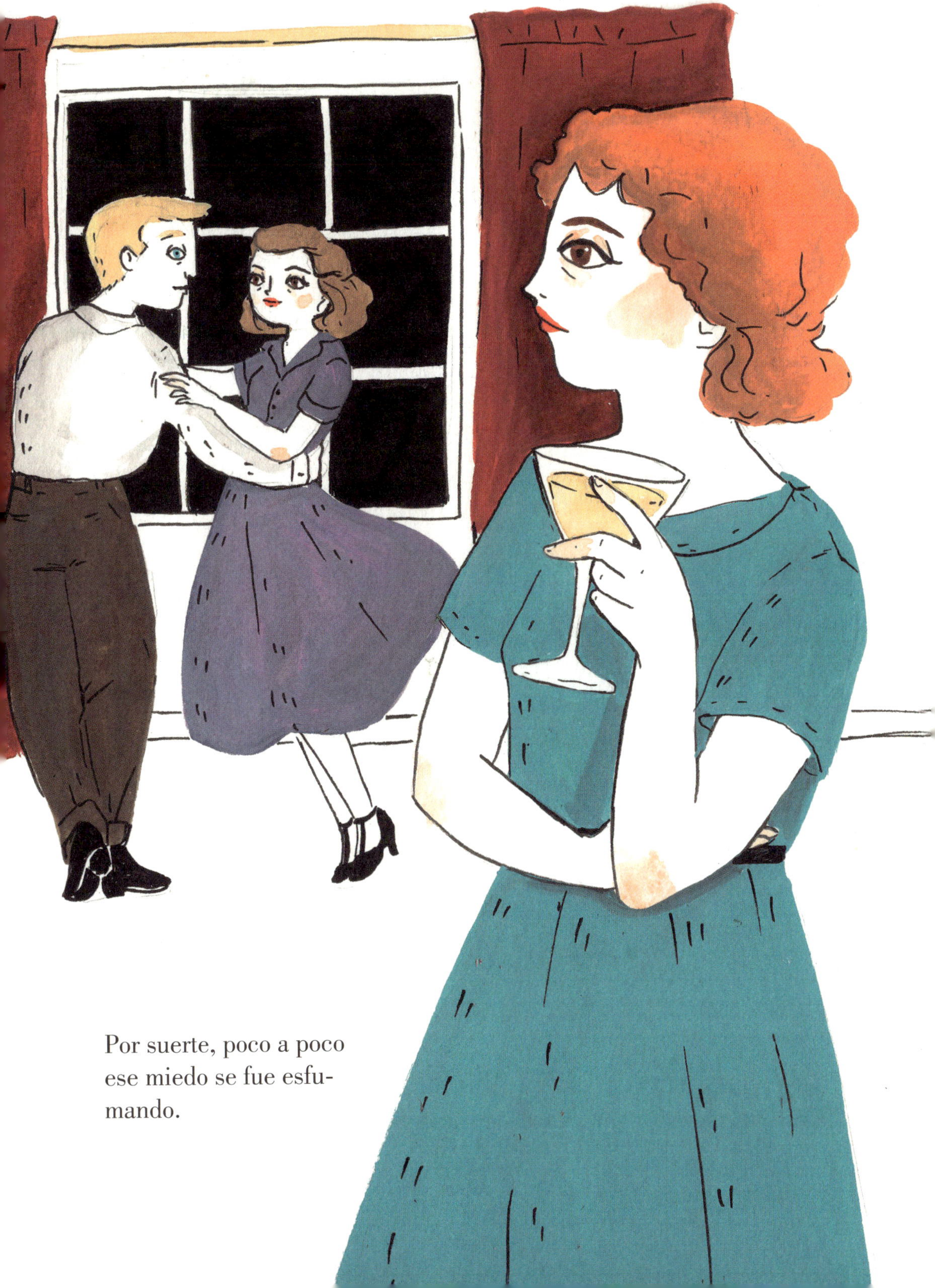

Por suerte, poco a poco ese miedo se fue esfumando.

Los fines de semana, mi madre, su mejor amiga Grace McKee y yo salíamos a pasear por Hollywood. Recorríamos el bulevar y entrábamos a ver películas de Mae West, Katharine Hepburn o Greta Garbo. Mujeres fuertes, independientes como ellas.

La favorita de mi madre era Jean Harlow, la rubia platino que ese año estrenaba *Cena a las ocho*. Siempre nos comparaban. Grace, que trabajaba también en el cine, me decía que si me arreglaba la nariz, de mayor sería una belleza y toda una estrella como Jean. Además, éramos casi tocayas.

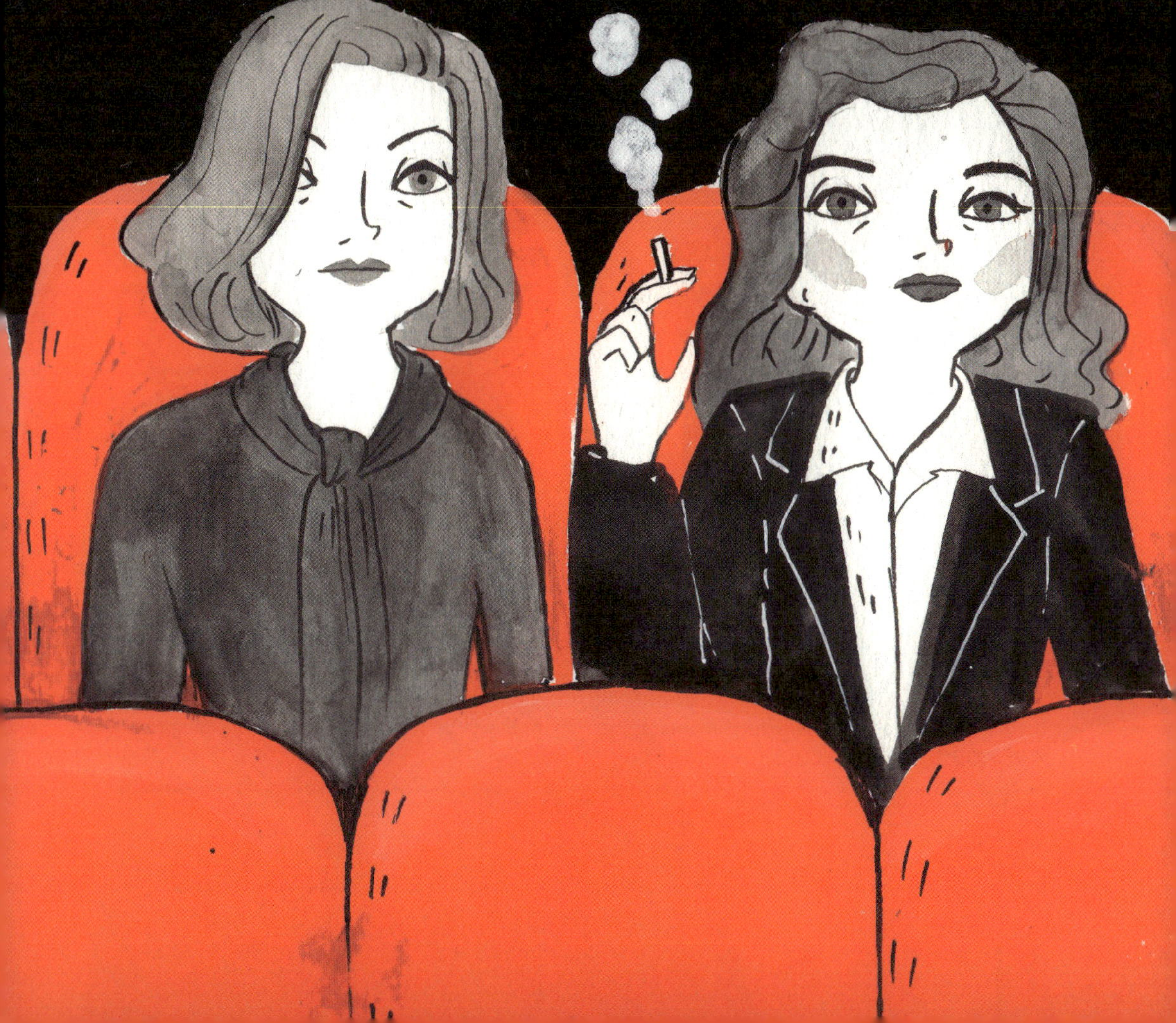

Poco a poco su sueño comenzó a ser el mío.

Cuando nadie podía cuidarme, me daban dinero para el cine y me recogían al salir del trabajo.

YO ME QUEDABA ALLÍ TODO EL DÍA, Y A VECES PARTE DE LA NOCHE... EN LAS FILAS DE DELANTE, UNA NIÑA PEQUEÑA, COMPLETAMENTE SOLA Y FRENTE A UNA PANTALLA TAN GRANDE... Y ME ENCANTABA.

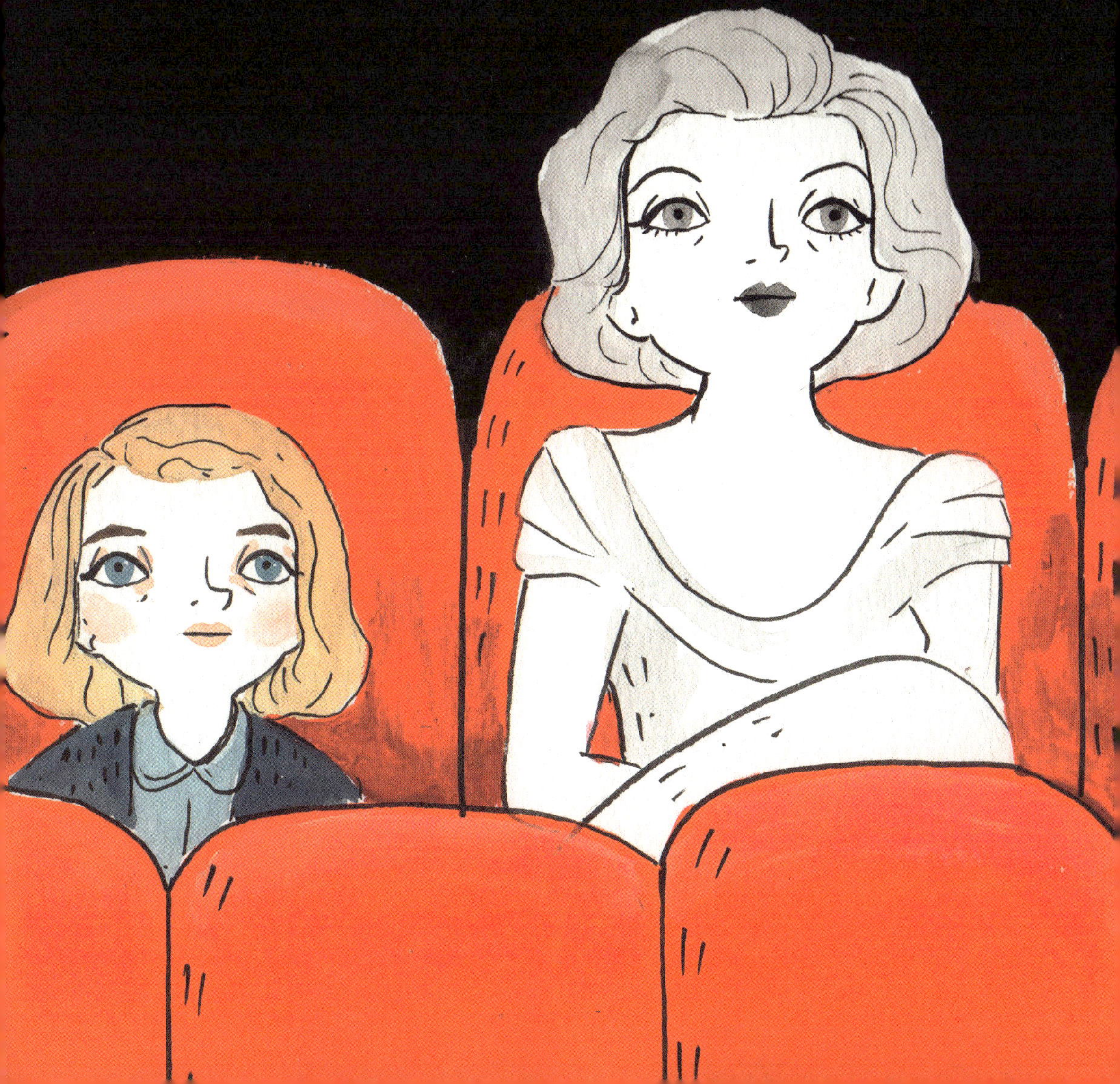

Solo había un nubarrón sobrevolando mi infancia. La abuela Della había muerto hacía unos años, y mi madre pensaba, y así me lo hizo creer, que antes de morir había perdido la cabeza; durante mucho tiempo, incluso soñé que había intentado asfixiarme con una almohada en una de sus visitas a casa de los Bolender. Y el abuelo Otis Monroe también había muerto joven y con un diagnóstico de locura. Así que cuando Gladys recibió la noticia de que su abuelo Tilford se había suicidado, empezó a ponerse más nerviosa de la cuenta.

Tenía miedo de llevar la demencia en la sangre y apenas dormía, pasaba días enteros metida en la cama con un cóctel de alcohol y fármacos que debían tranquilizarla, pero que la iban alterando cada vez más.

Una tarde, al llegar de la escuela, mi madre no estaba en casa. Había sufrido una crisis nerviosa y la habían ingresado en un sanatorio. Esa tarde sentí que un monstruo perseguía a mi familia y me pisaba los talones.

Seguí una temporada con los Atkinson en la casa de Arbol Drive, con frecuentes visitas de Grace, pero cuando ellos decidieron abandonar el sueño de Hollywood y volver a su tierra, hubo que tomar medidas. Gladys continuaba ingresada, y Grace se las ingenió para convertirse en su tutora legal y también en la mía; en realidad, siempre me había tratado como a una hija. La idea era que me fuese a vivir con ella, aunque en la primavera de 1935 conoció a Doc Goddard y los planes cambiaron. Grace me dijo que no me preocupara, que sería cosa de unos meses. Luego hizo mi maleta y me dejó en la puerta de mi primer orfanato.

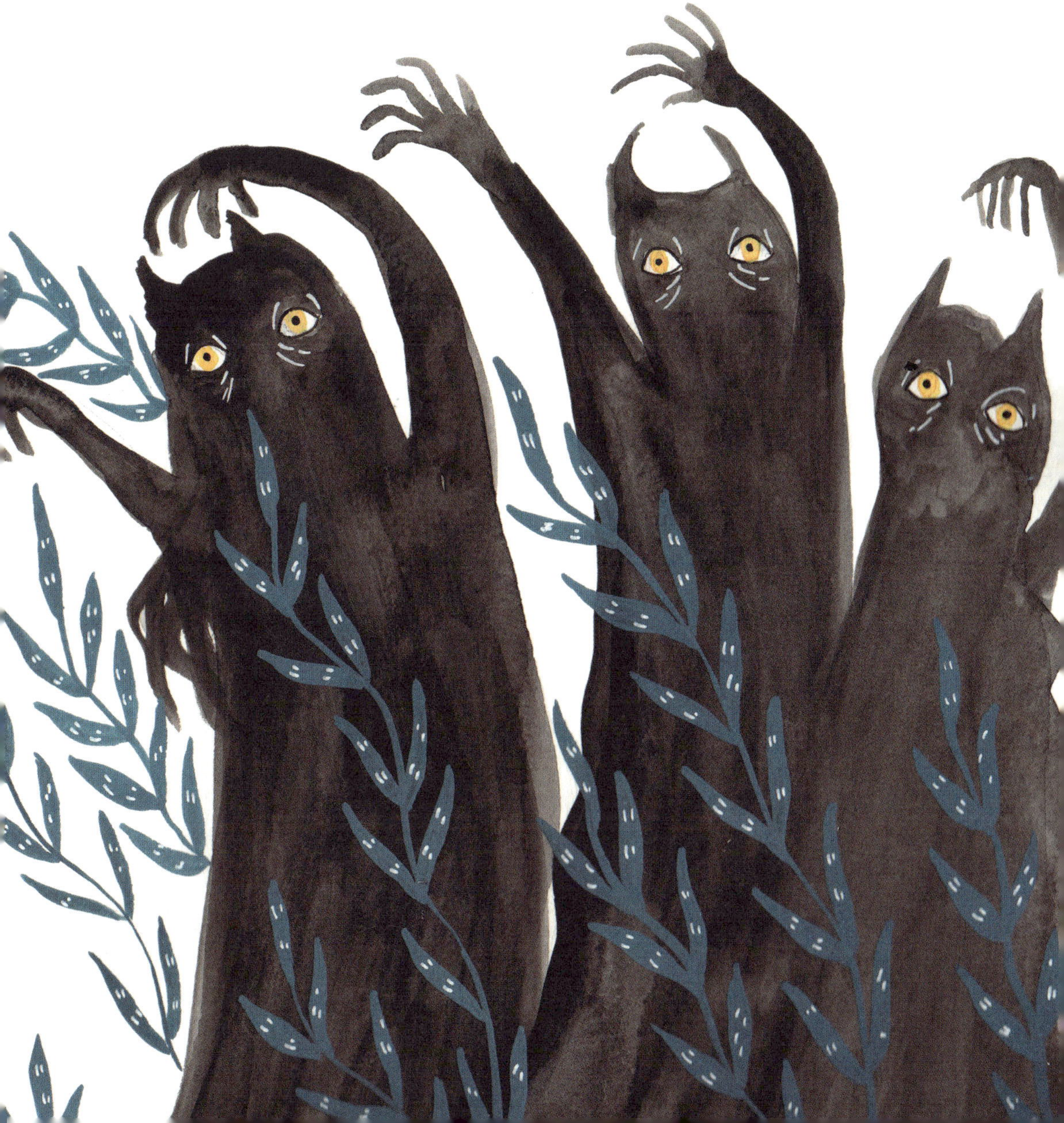

Odiaba el orfanato de Los Ángeles, me parecía una cárcel y no entendía qué hacía allí si yo tenía madre. El mío era uno de tantos casos entre los cincuenta o sesenta niños del orfanato. No era tan raro en los años treinta, con toda la inestabilidad y la pobreza causada por la Gran Depresión, pero eso no lo sabía entonces. Lo que sabía era que me habían dejado allí y que me sentía sola y abandonada y lo odiaba, igual que odié muchas de las casas de acogida por las que fui pasando.

Fueron más de diez a lo largo de los años. En ninguna me llamaban «hija» o «hermana», en ninguna hallé afecto ni palabras bonitas. Yo echaba una mano limpiando o fregando o con lo que me pidieran, y el resto del tiempo intentaba pasar inadvertida para que no me enviaran de vuelta al orfanato.

Casi todas las familias tenían hijos con juguetes y ropa preciosa, mientras que yo apenas tenía un par de mudas idénticas que ponerme a diario, y en el colegio me insultaban porque creían que siempre era la misma.

El momento de la semana que más odiaba era cuando tocaba baño: llenaban la bañera una sola vez y la usaban todos los miembros de la familia. Cuando llegaba mi turno, el agua estaba fría y sucia, y yo lloraba en silencio, para que no me oyeran. La única bocanada de aire fresco llegaba los sábados, cuando Grace venía a verme y me llevaba al cine o al salón de belleza. En una de esas salidas vimos *Rebelión a bordo*, y Clark Gable me recordó tanto a aquella foto del tocador de Gladys que durante mucho tiempo estuve convencida de que él era mi padre.

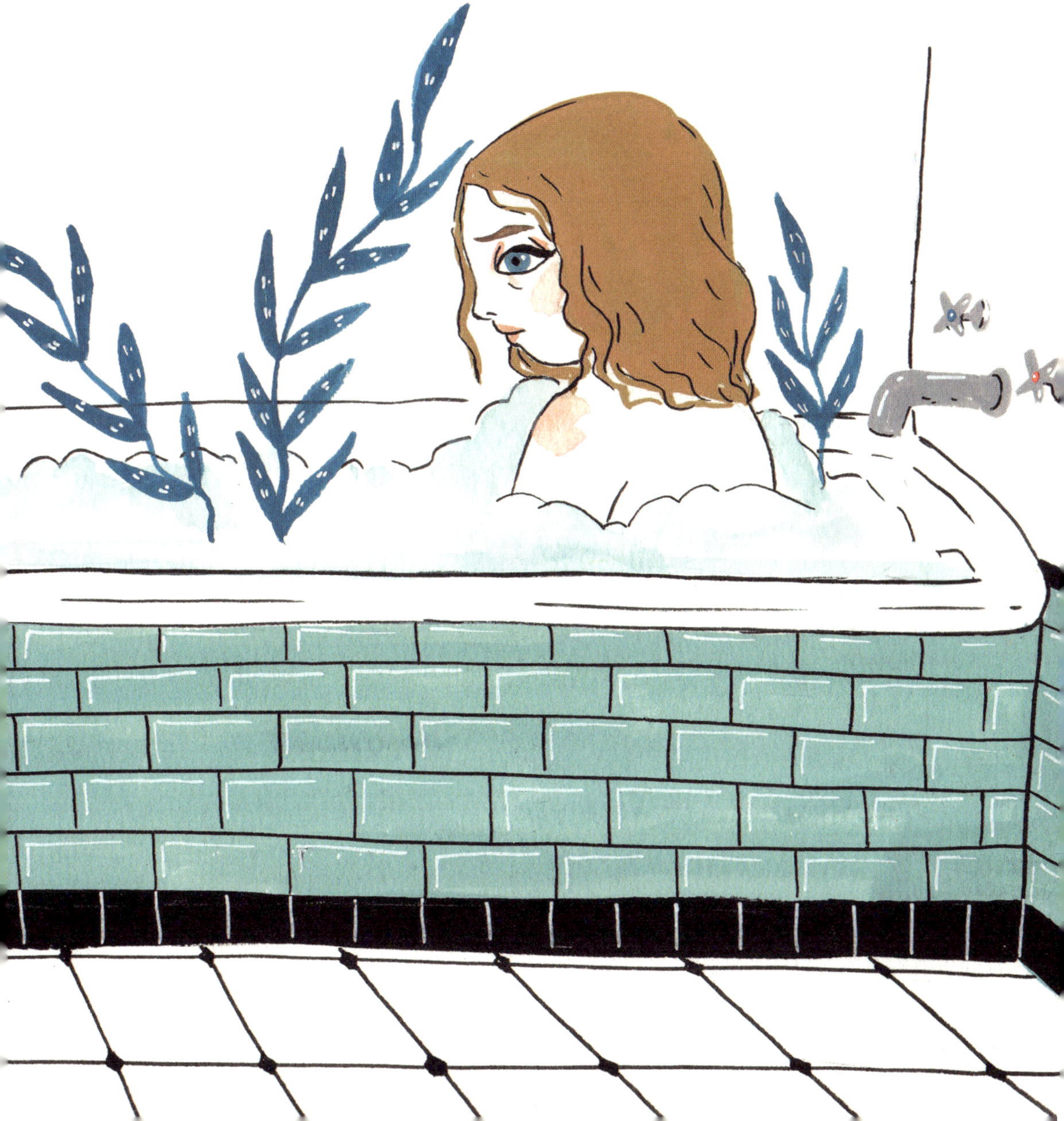

Por fin, en junio de 1937, la misma semana en que murió Jean Harlow, la tía Grace vino a buscarme para llevarme con ella a su casa. Ni siquiera me imaginaba que no llegaría a pasar con ellos esas navidades.

La culpa fue de Doc Goddard, que ya era su marido. Una noche apareció bebido en casa, se metió en mi habitación y comenzó a manosearme. Me escapé. Salí corriendo antes de que me quitara la ropa, busqué a Grace y se lo conté todo entre lágrimas.

Nunca supe si me creyó, pero aquello era una contrariedad en su matrimonio, y me mandó con mi tía Olive, que vivía en Compton con su madre, Ida Martin, y sus tres hijos. Al igual que Gladys con los Bolender y las otras casas de acogida, Grace pagaría una pensión de cinco dólares a la semana por mi cuidado. La historia se repetía: yo era algo de lo que desprenderse con facilidad, que pasaba de mano en mano.

AL PRINCIPIO ME DESPERTABA POR LA MAÑANA EN CASA DE LOS GODDARD Y CREÍA QUE AÚN ESTABA EN EL ORFANATO. Y DE PRONTO, ANTES DE QUE PUDIERA ACOSTUMBRARME A ELLOS, ESTABA VIVIENDO CON OTRA TÍA Y OTRO TÍO, Y ME DESPERTABA PENSANDO QUE AÚN ESTABA CON LOS GODDARD. TODO ERA MUY CONFUSO.

Allí conocí a mis tres primos: Jack era el mayor, con doce años, y luego venían Ida Mae y Olive, de diez y ocho. Otra casa sin padre, porque Marion, el hermano pequeño de mi madre, había salido huyendo hacía siete años. Me gustaba Ida Mae, pero Jack me daba miedo. Un día de primavera me obligó a participar en unos juegos que no logré entender del todo pero que me perturbaron y dejaron un rastro de culpa y suciedad que se quedó dentro de mí incluso después de pasarme horas en la bañera, limpiándome de forma obsesiva.

Tras lo ocurrido, Grace decidió trasladarme con su tía Ana Lower, divorciada e independiente, y devota seguidora de la Ciencia Cristiana. Como una peonza, volvía al puritanismo de los Bolender.

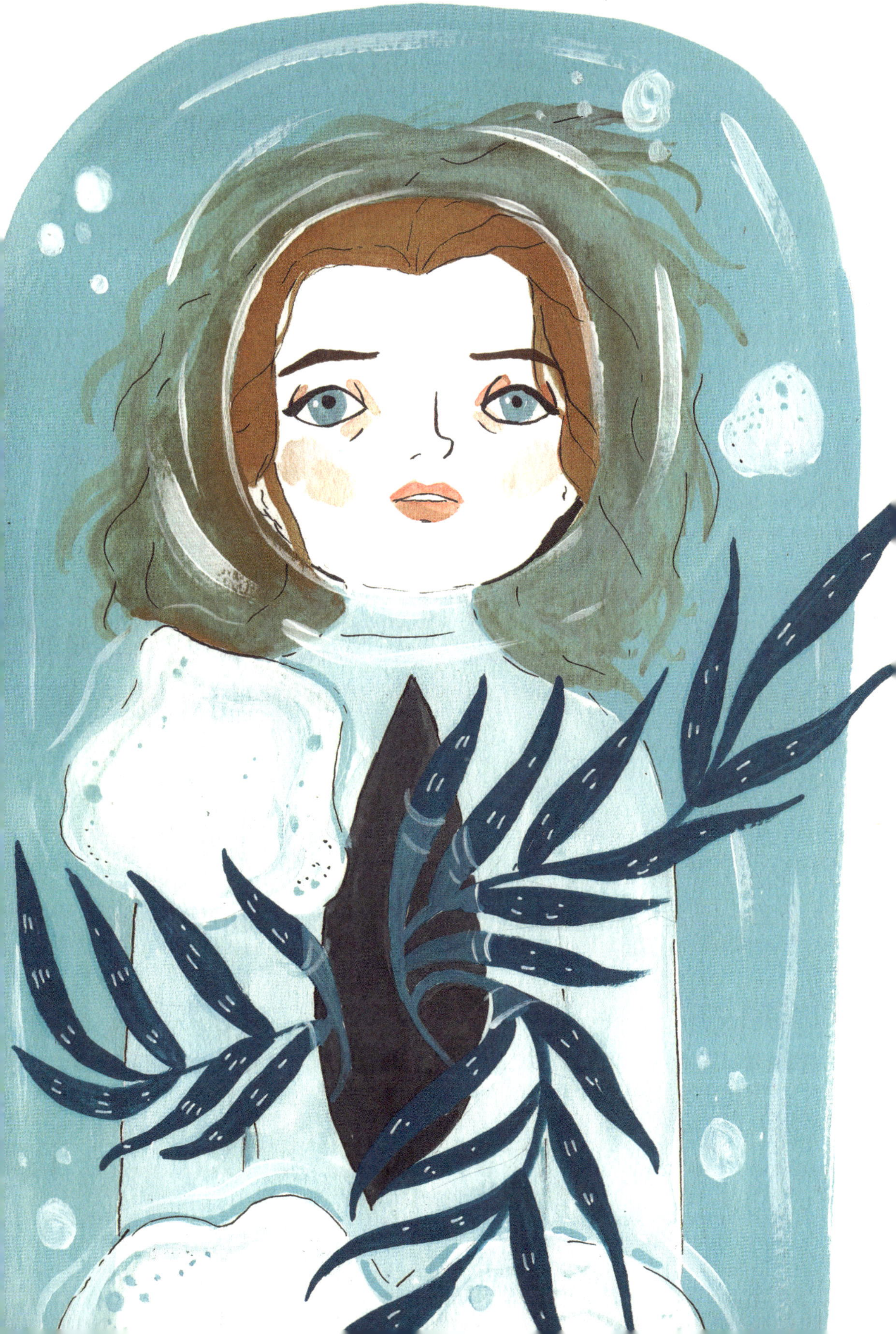

Con la tía Ana llegaron unos años de calma: si bien vivir con ella no era especialmente excitante, al fin tenía un hogar al que volver después de la escuela. Ella me quería de verdad y ese amor me cambió la vida.

Además, a los trece años mi cuerpo y todo lo que me rodeaba se transformaron. Me había desarrollado antes que mis compañeras de clase, y como no había dinero para renovar mi vestuario, la falda se ceñía cada vez más a mis caderas y el jersey no ocultaba la forma del pecho incipiente.

La menstruación apareció acompañada de unos dolores terribles (endometriosis, lo descubriría con el tiempo), pero el espejo me devolvía una imagen con la que me sentía cómoda, y a veces incluso me atrevía a no llevar sujetador o a pintarme los labios.

El mundo se convirtió en un lugar agradable porque ahora yo existía para los demás. De pronto ya no era invisible para las chicas del instituto de Emerson. Casi podía oírlas: «¡Alguien tiene que decirle algo a esta!». ¿Y qué podía hacer yo? Quería gustarles, pero a la vez no terminaba de fiarme. Imagino que los abandonos de Gladys y luego de Grace tendrían algo que ver con eso.

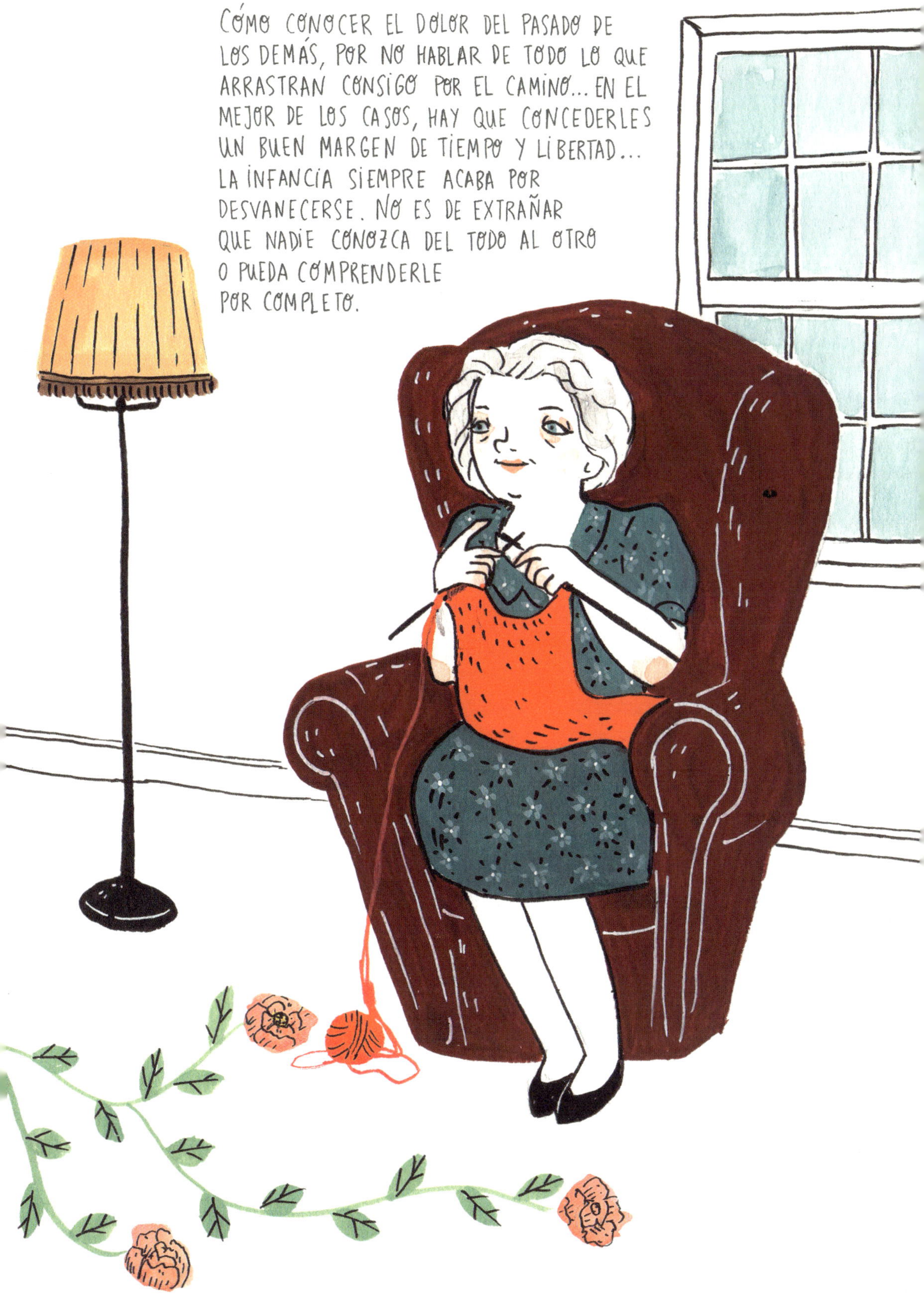
CÓMO CONOCER EL DOLOR DEL PASADO DE LOS DEMÁS, POR NO HABLAR DE TODO LO QUE ARRASTRAN CONSIGO POR EL CAMINO... EN EL MEJOR DE LOS CASOS, HAY QUE CONCEDERLES UN BUEN MARGEN DE TIEMPO Y LIBERTAD... LA INFANCIA SIEMPRE ACABA POR DESVANECERSE. NO ES DE EXTRAÑAR QUE NADIE CONOZCA DEL TODO AL OTRO O PUEDA COMPRENDERLE POR COMPLETO.

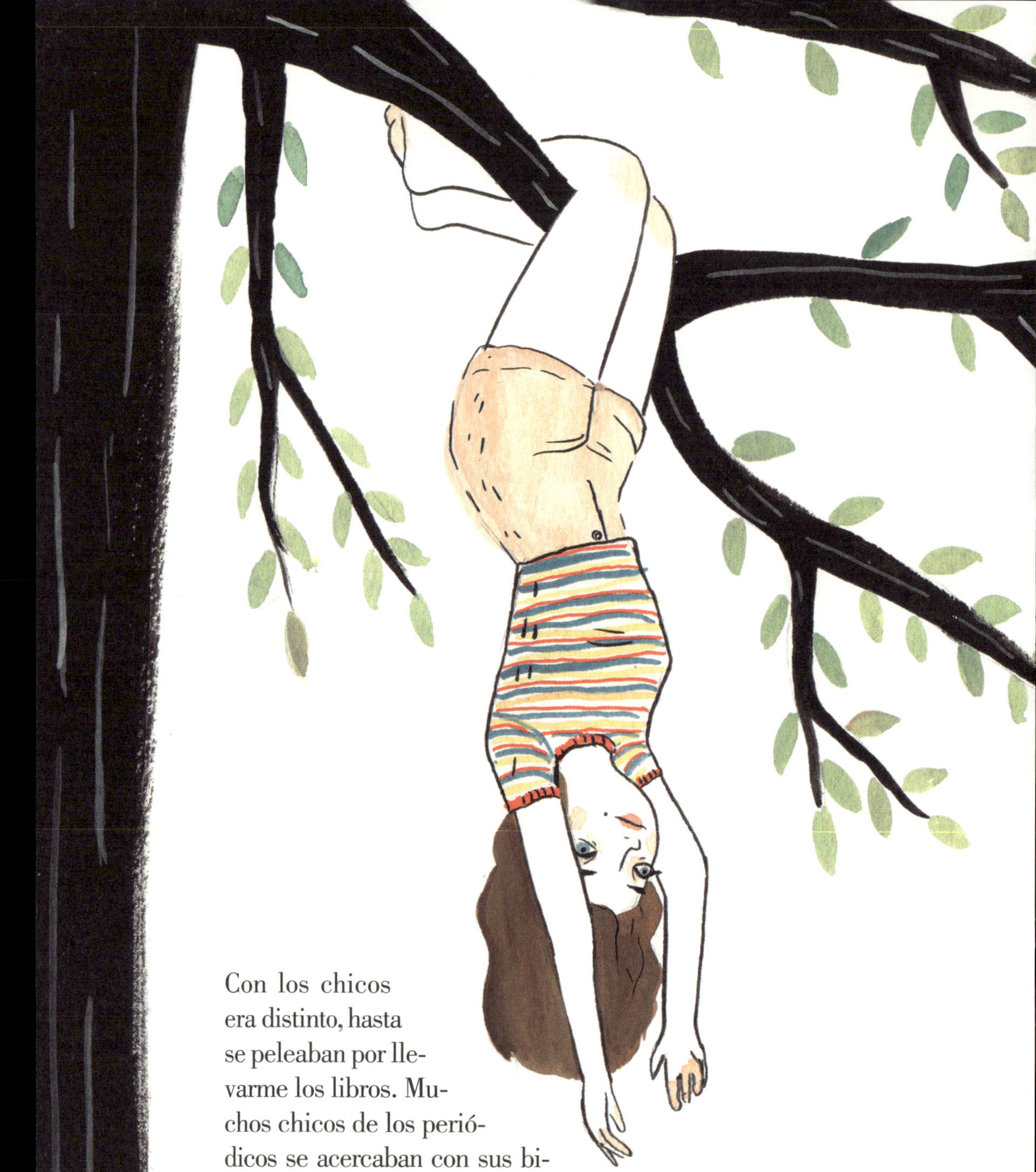

Con los chicos era distinto, hasta se peleaban por llevarme los libros. Muchos chicos de los periódicos se acercaban con sus bicis a casa de la tía Ana, y yo andaba colgada boca abajo como un mono de la rama de un árbol.

Dejaban las bicicletas alrededor del tronco, y aunque me daba un poco de vergüenza, al final bajaba y charlábamos mientras dábamos patadas a las hojas; yo sobre todo escuchaba. Y nos reíamos. Siempre he tenido una risa muy escandalosa.

Les preguntaba si me dejaban la bici un rato y decían que sí, y yo salía disparada, pedaleando y riéndome calle abajo, y por una vez eran otros los que se quedaban allí esperando a que volviese. Me encantaba sentir la libertad, la caricia del viento: parecía que todas mis inseguridades se habían escondido bajo la cama.

VIDA:
DE ALGÚN MODO,
VOY EN TUS DOS DIRECCIONES.
CASI SIEMPRE
COLGADA BOCA ABAJO,
PERO FUERTE
COMO UNA TELARAÑA AL VIENTO.

Solo regresaban en clase de retórica: cada vez que me tocaba hablar, se me trababa la lengua, me ponía nerviosa y era incapaz de leer en voz alta sin tartamudear, pero resultó que esa timidez atraía aún más a los chicos, así que aprendí a sacarle provecho.

Salí con algunos, sobre todo en el verano siguiente, con catorce años; íbamos a bailar a los muelles y nos sentábamos a beber un refresco. Yo llevaba las riendas, tenía el control, la capacidad de elegir con quién quería estar o hasta dónde quería llegar. Normalmente no pasaba de algún beso.

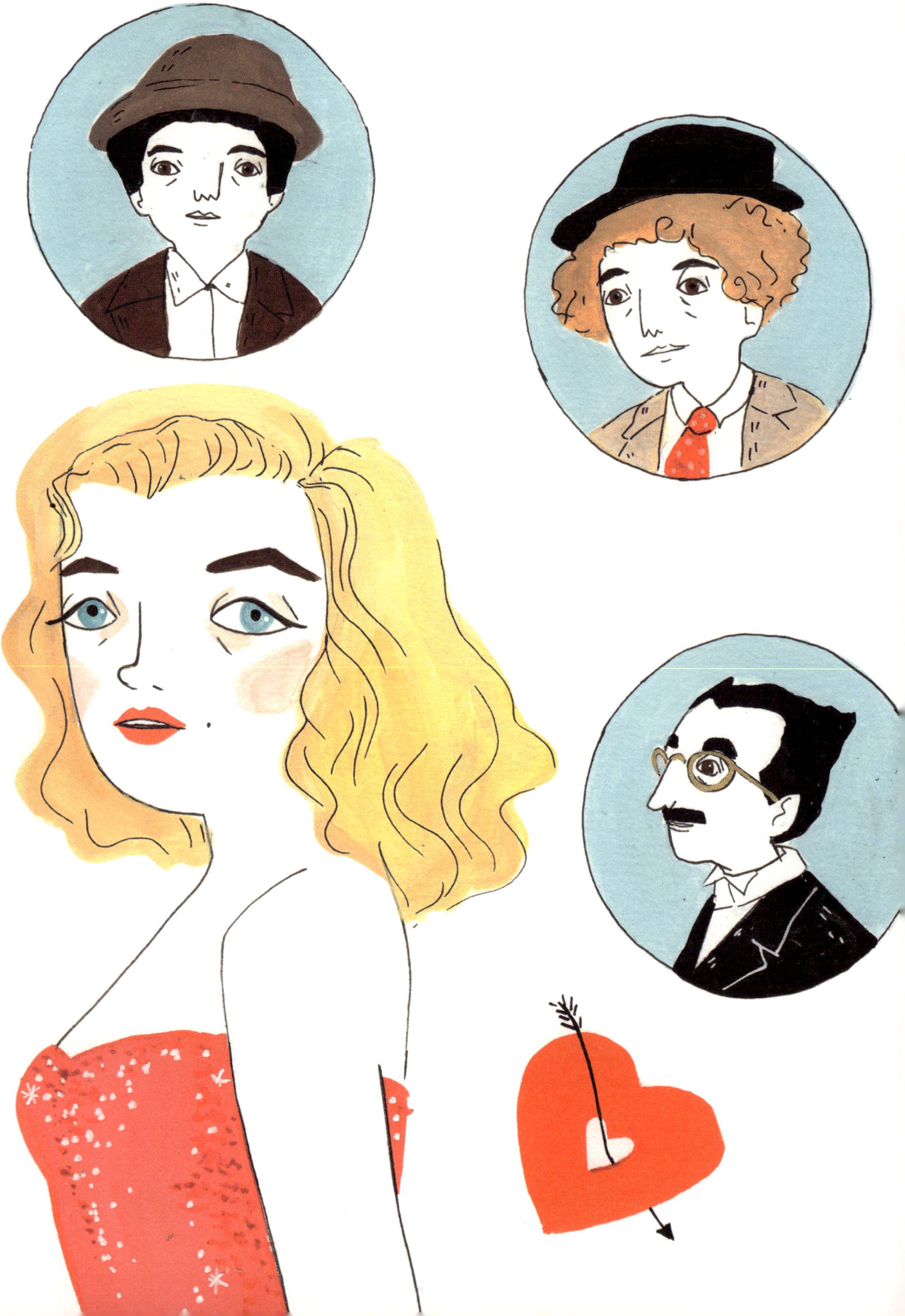

Amor en conserva

En 1940, la tía Ana empezó a tener problemas de salud y me tocó regresar a casa de Grace, como si lo que ocurrió aquella noche nunca hubiese pasado. Decidí mirar adelante, y ahí estaba mi primera amiga de verdad: Eleanor, la hija de Doc Goddard.

Bebe, como todos la llamábamos, también había crecido entre orfanatos y casas de acogida, y eso nos unió. Pasábamos el día juntas, compartíamos ropa, secretos y trayectos de vuelta a casa desde el instituto de Van Nuys.

Nos llevaba en su Ford azul nuestro vecino, James Dougherty, un chico alto, con bigotito y ojos azules, y cuatro años mayor que nosotras. A Jim le habían dado una beca universitaria de fútbol, pero la había rechazado para quedarse a ayudar a su madre y se ganaba la vida en Lockheed Aircraft, una fábrica aeronáutica. Por entonces tenían mucho trabajo, porque en Europa ya había estallado la guerra, y tendrían todavía más después del ataque a Pearl Harbor.

En aquella época comencé a aficionarme a la escritura. Tan pronto colaboraba en el periódico del instituto con un artículo como escribía un relato sobre mi perro Tippy. ¡Una vez gané un concurso! Era otra forma de crear mundos nuevos o, a lo mejor, de conocerme a mí misma.

Podría decirse que era feliz, aunque había aprendido que la felicidad era frágil.

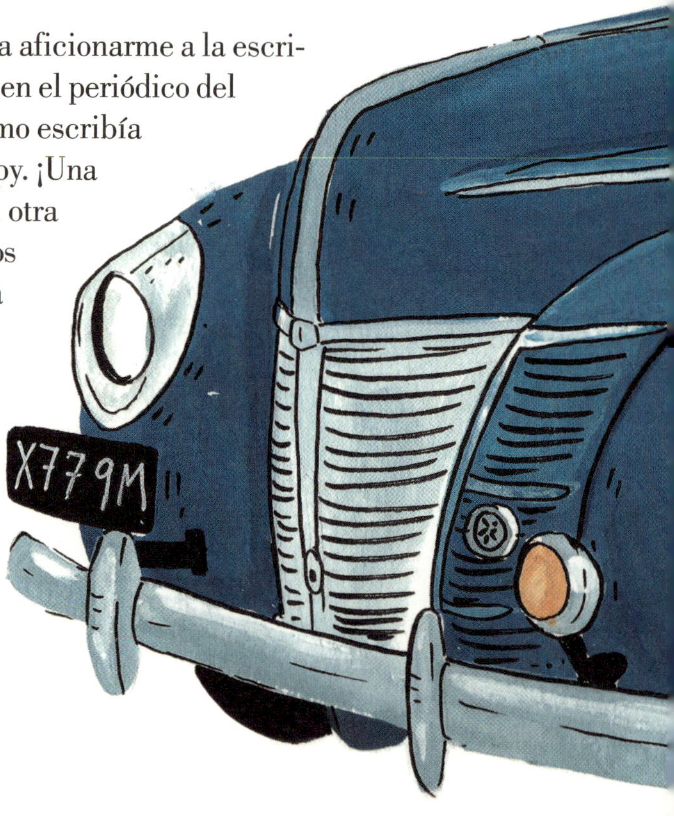
X779M

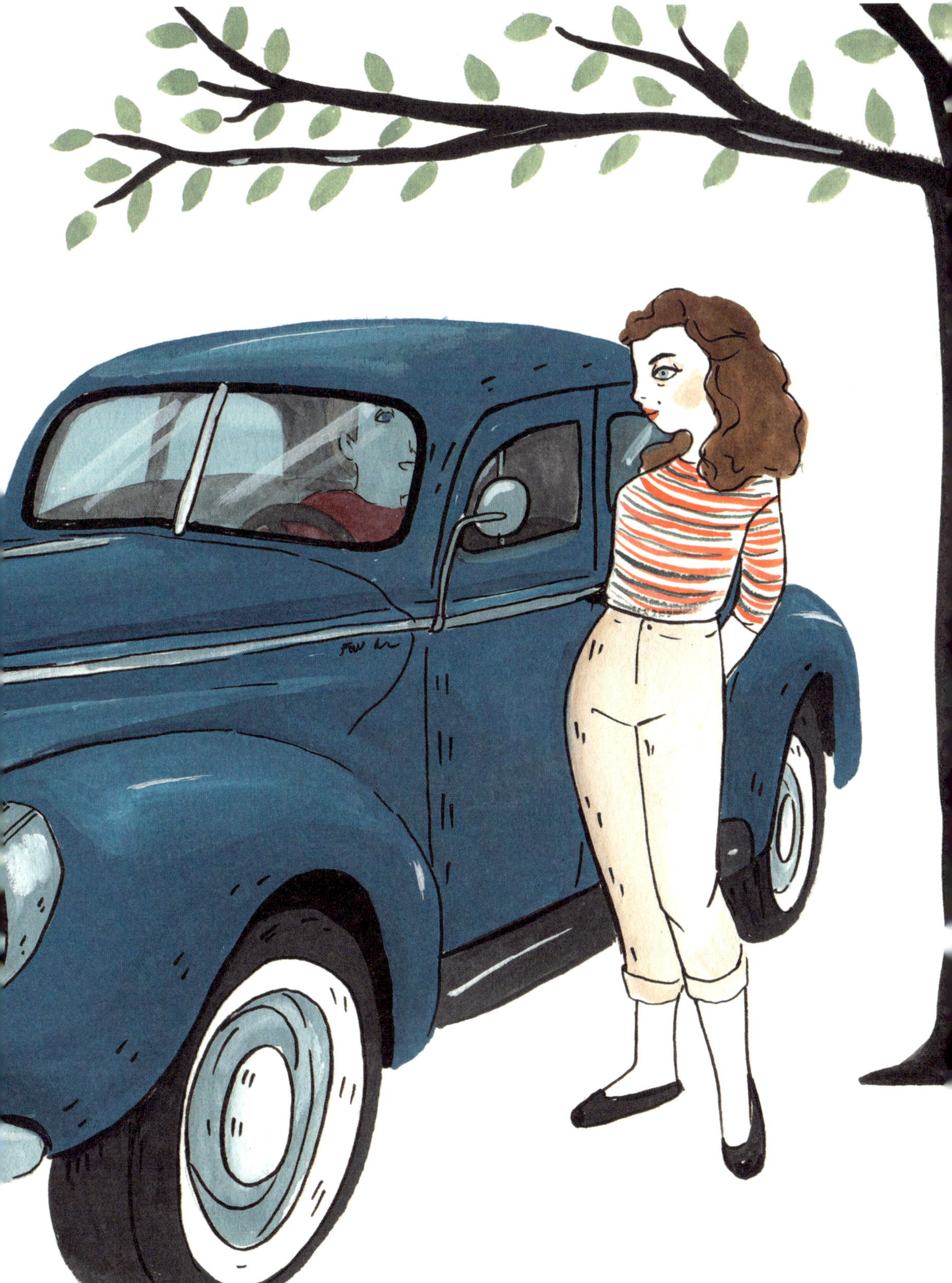

Tras dos años de convivencia con Grace y mi querida Eleanor, trasladaban a Doc a Virginia Occidental. En pocos meses se mudarían y yo tendría que volver al orfanato, porque mi madre jamás había accedido a mi adopción y las leyes me impedían abandonar el estado. La idea me aterraba, así que me sumé enseguida al plan de boda que Grace se sacó de la manga.

Jim y yo llevábamos saliendo un tiempo: íbamos de excursión a las colinas de Hollywood, a Mulholland Drive o al cine. A mí Jim me gustaba, aunque no tanto para pensar en casarnos, y creo que él sentía lo mismo, pero Grace no paraba de insistir y asegurarme que con el tiempo ese amor llegaría. Así que ¿por qué no?

Él se compadeció de mi situación, y el 19 de junio de 1942 nos casamos en una ceremonia casi improvisada, sin mi madre, ni Grace, ni Ida Mae, ni Bebe; solo con su familia y una amiga mía del instituto. Jim y yo temblábamos como animalillos.

Con dieciséis años recién cumplidos, los mismos que Jean Harlow en su primera boda, acababa de convertirme en una mujer casada, y a pesar de no tener claro qué significaba eso, no me atrevía a soltar el brazo de mi marido porque si lo hacía, ¿quién sabe si se esfumaría como todas las personas que habían pasado por mi vida?

A VECES, LO RECUERDO COMO UN SUEÑO QUE NUNCA SE HIZO REALIDAD. NO SALIÓ BIEN..., COMO TAMPOCO SALIÓ BIEN EL DE JEAN HARLOW. SUPONGO QUE ÉRAMOS DEMASIADO JÓVENES.

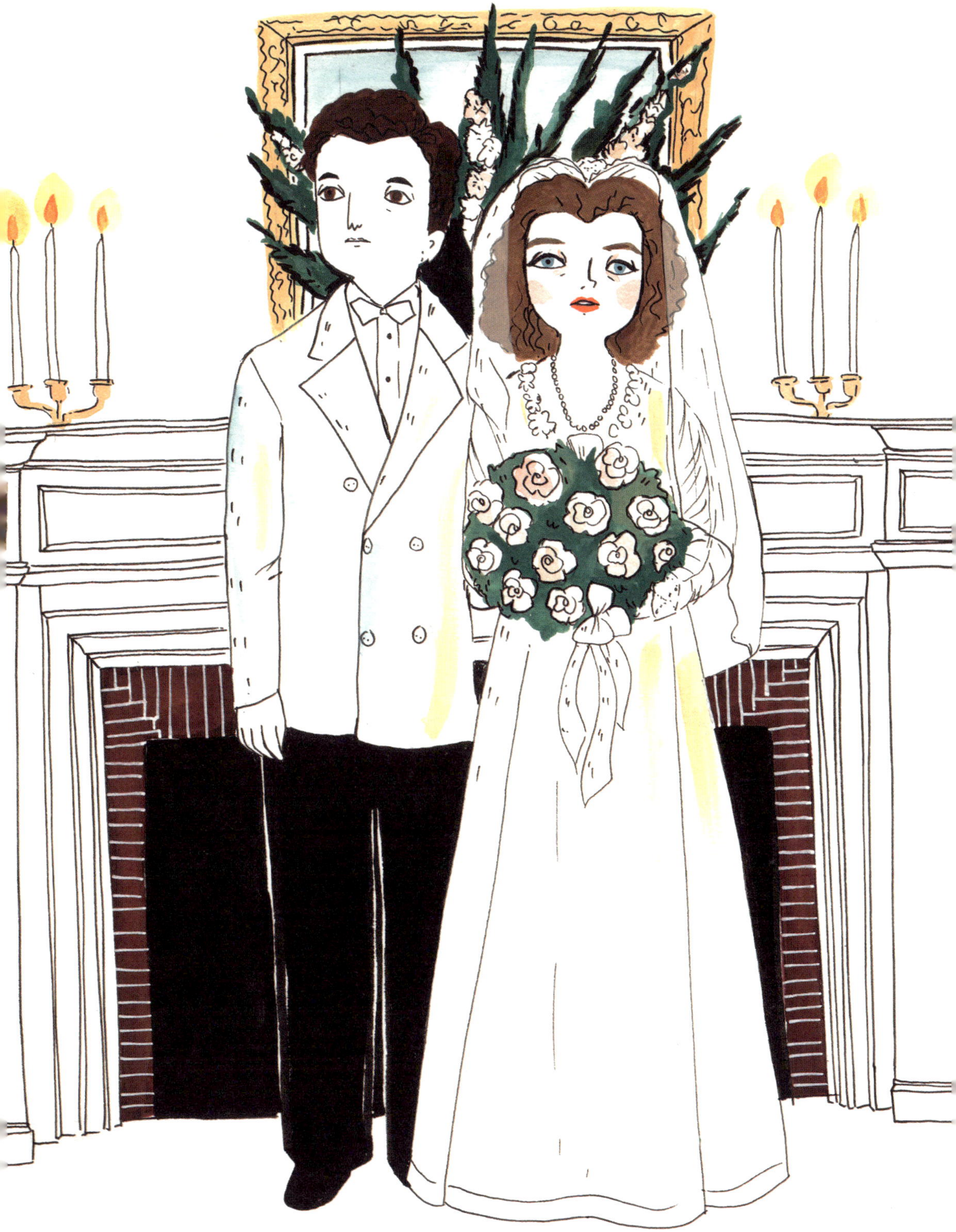

El amor no llegó y tampoco fue una sorpresa, porque no es que hubiese conocido muchos matrimonios que funcionaran.

Dejé el instituto e intenté cumplir con todo lo que se espera de una ama de casa, y cuidar de Jim lo mejor que sabía: le preparaba su comida para la fábrica y le dejaba notas dentro de la bolsa; a veces añadía uno o dos sándwiches extra para que los compartiera con Bob, un compañero de Lockheed Aircraft.

Doce años después, Bob Mitchum y yo trabajamos juntos en *Río sin retorno*, ¿no es increíble? Pero en ese primer año como Norma Jeane Dougherty mi sueño de ser actriz parecía solo eso: un sueño. Jim pasaba mucho tiempo fuera, y yo me quedaba horas y horas sola sin saber qué hacer, más allá de esperarle y pasear a Muggsy, un collie que me regaló Jim y me hacía compañía.

MI MATRIMONIO NO ME HIZO DESDICHADA, PERO TAMPOCO ME HIZO FELIZ. MI ESPOSO Y YO APENAS NOS HABLÁBAMOS. Y NO PORQUE ESTUVIÉRAMOS ENFADADOS. NO TENÍAMOS NADA QUE DECIRNOS. YO ME MORÍA DE ABURRIMIENTO.

¡Hasta el sexo con él era tedioso! En fin, ninguno de los dos tenía mucha información, y yo únicamente me preocupaba por complacerlo. Solo me divertía cuando salíamos de fiesta, aunque entonces él se ponía celoso al verme reír y bailar con otros. No sé si lo amaba, pero no quería que se fuera. Lo hizo de todos modos: en 1944 la guerra avanzaba y lo destinaron al Pacífico, y yo volví a quedarme atrás, otra vez. Esa primavera me mudé al norte de Hollywood con su madre, Ethel, y empecé a trabajar con ella en la fábrica militar Radioplane Co., revisando y plegando paracaídas.

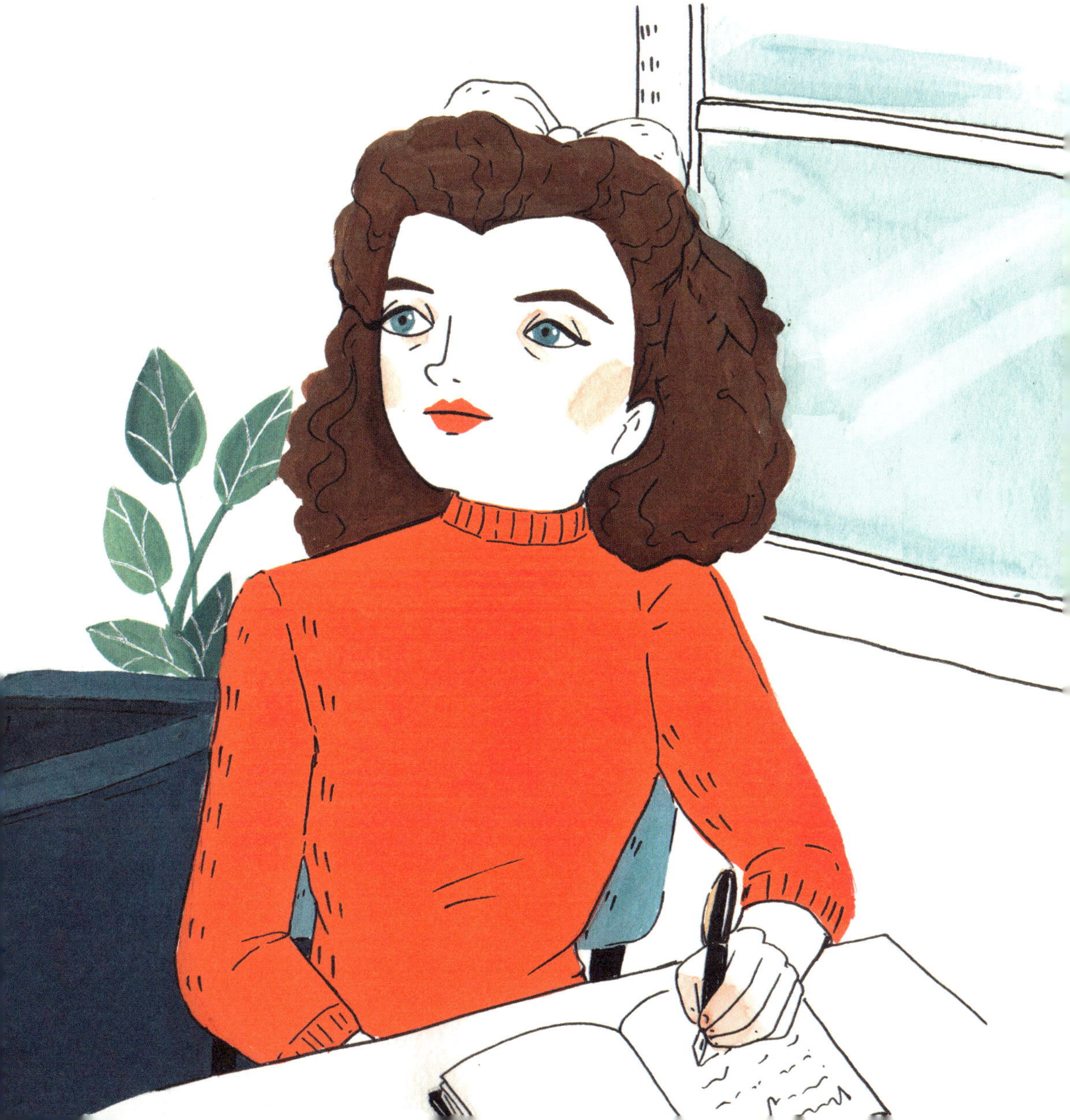

Un día vino al trabajo un equipo de fotógrafos de la Primera Unidad de Cine del ejército. Querían fotografiar «el otro lado de la guerra», las bellas mujeres que ayudaban a la patria en la cadena de montaje. Fue así como conocí a David Conover. Tenía un estudio fotográfico en Sunset Boulevard y me ofreció trabajar como modelo; acepté, y resultó que era buena. Ser modelo me divertía y además ganaba un dinero extra, aunque me trajo problemas con Jimmie por sus celos y porque me dolió que se empeñara en que tendría que dejar de posar a su vuelta. No me tomaba en serio, hablaba de mi trabajo como de una afición, pero yo no me veía como una ama de casa, dedicada a cuidar de su marido y sus hijos, ese no era mi papel en la vida. Pero, siendo realistas, ¿qué papeles podíamos desempeñar las mujeres?

Con diecinueve años entré en la agencia Blue Book, que me buscaba trabajo como modelo y como actriz; hasta participé en un cortometraje mudo, lo más emocionante que había hecho nunca. En menos de un año fui portada de más de treinta revistas, como *Parade* o *U.S. Camera*. Mi vida estaba cambiando y yo me sentía libre. Tenía amigos, iba a fiestas y me divertía. Incluso gané suficiente dinero para mudarme a mi propio apartamento y dejar el de Ethel.

PERO LA PROFESIÓN DE MODELO TAMBIÉN PUEDE SER UNA COSA DISPARATADA. UNA VEZ PREGUNTÉ POR QUÉ TENÍA QUE PONERME UN TRAJE DE BAÑO PARA UN ANUNCIO DE PASTA DENTÍFRICA. ¡ME MIRARON COMO SI ESTUVIERA CHIFLADA!

Fue Emmeline Snively, la dueña de Blue Book, quien me convenció para cambiarme el pelo castaño a un rubio más claro, y con ese nuevo *look* me encontró Jim cuando volvió en las navidades de 1945. Hubiese lo que hubiese entre nosotros, ya estaba roto, aunque aún tardamos otros nueve meses en divorciarnos.

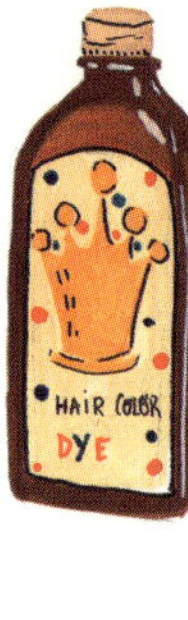
HAIR COLOR
DYE

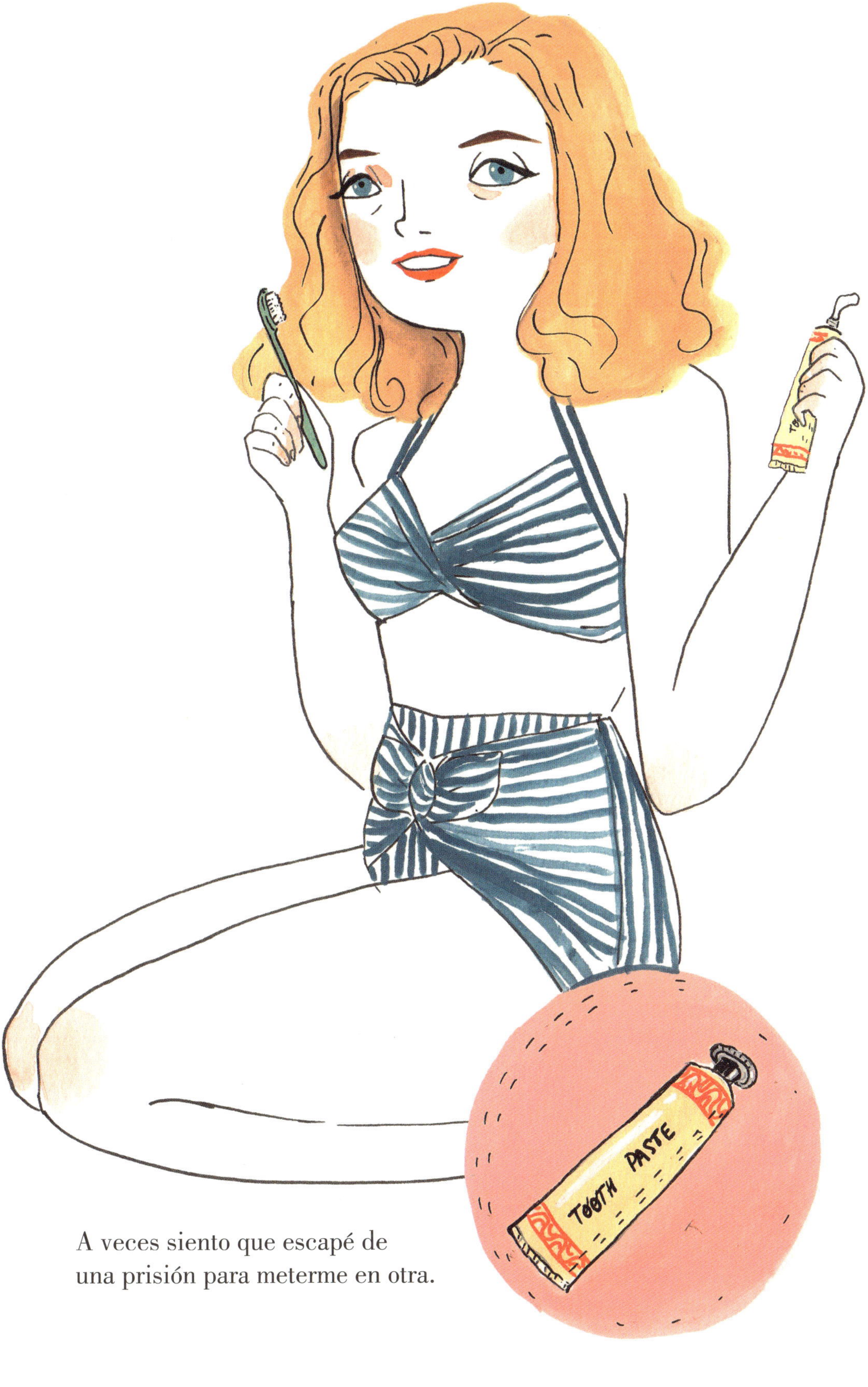
TOOTH PASTE

A veces siento que escapé de
una prisión para meterme en otra.

André de Dienes, que había fotografiado a estrellas como Ingrid Bergman o Shirley Temple, me hizo posar descalza en plena recta de una carretera. Me convertí en una de las chicas *pin-up* de Earl Moran. Posé para László Willinger, fotógrafo de Lamarr y Dietrich. Fui a Zuma Beach con Joseph Jasgur, y a Santa Mónica con Bill Burnside...

Algunos de ellos se convirtieron en amigos y muchos se encapricharon conmigo. A veces, tras una sesión de fotos me dejaba llevar por el momento. Me encantaba juguetear y alargar la espera hasta que llegaba la hora de entregarme. El sexo comenzó a ser divertido para mí, sin juicios ni ataduras. No me vinculaba a ellos. Simplemente lo pasábamos bien.

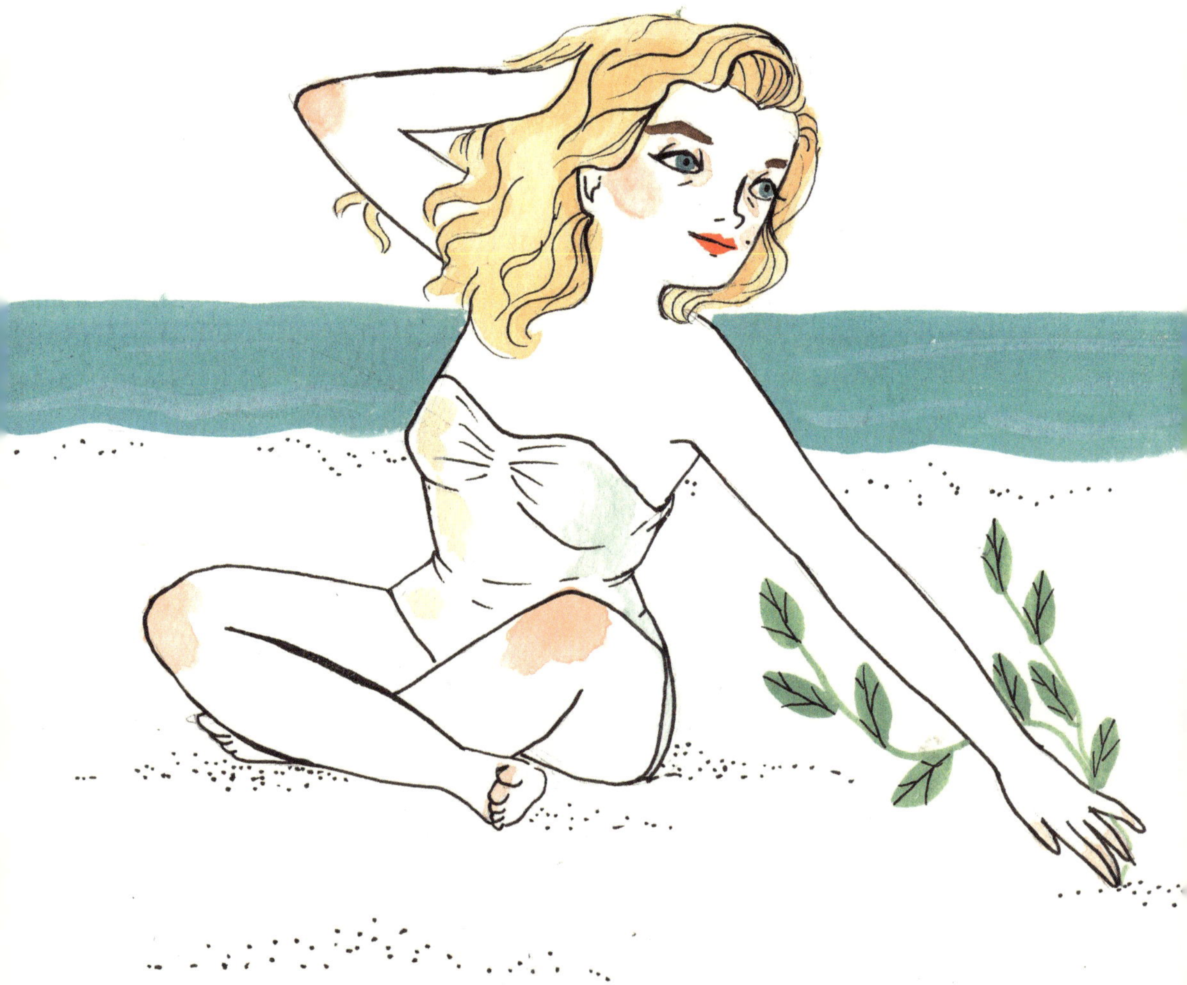

TODOS NACEMOS COMO CRIATURAS SEXUALES, GRACIAS A DIOS... DE AHÍ PROCEDE EL ARTE, EL VERDADERO ARTE, Y TODO.

Aun así, mi meta seguía siendo el cine, y la oportunidad llegó en julio de 1946, después de que Snively me consiguiera una reunión en los estudios de la Twentieth Century-Fox.

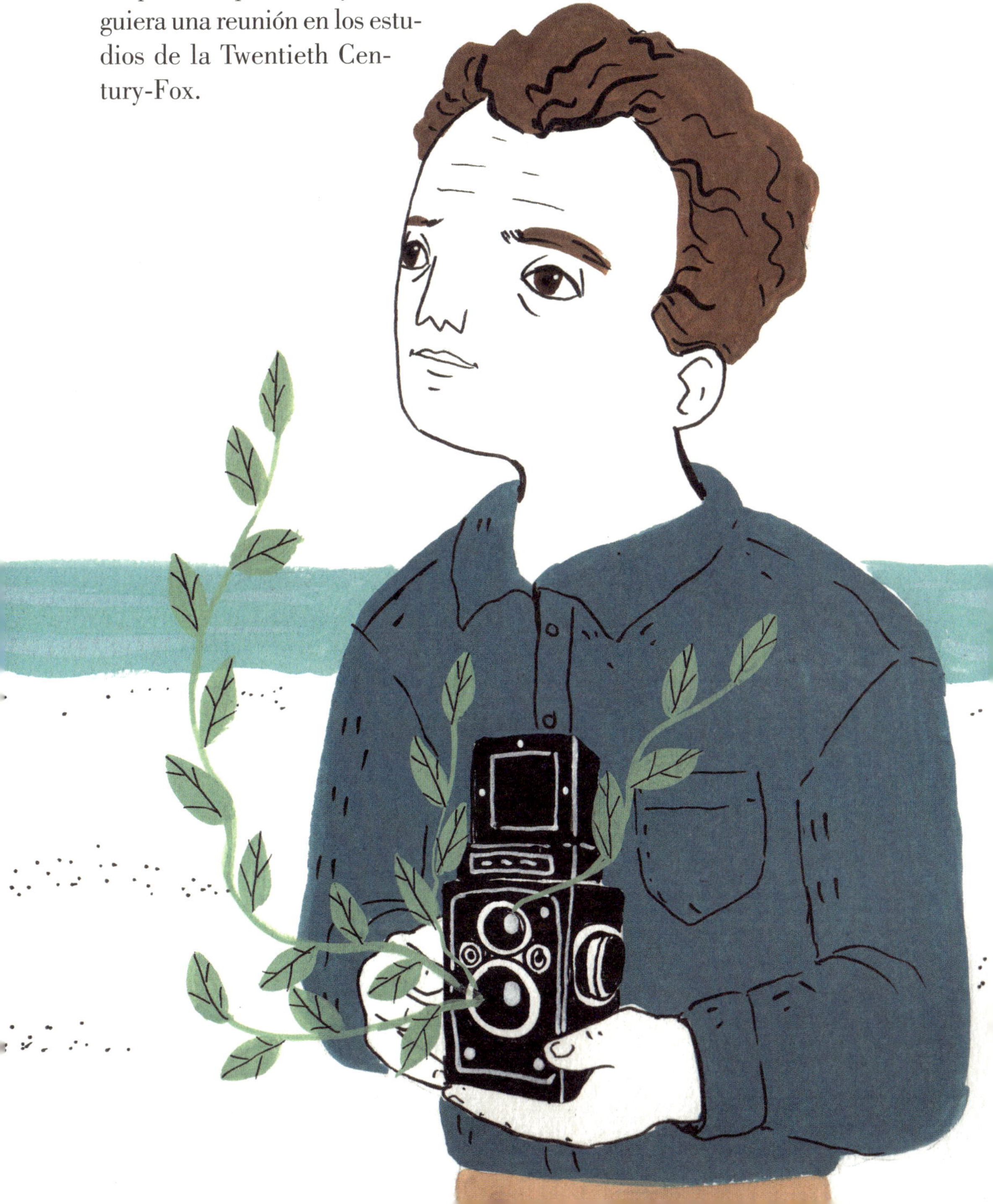

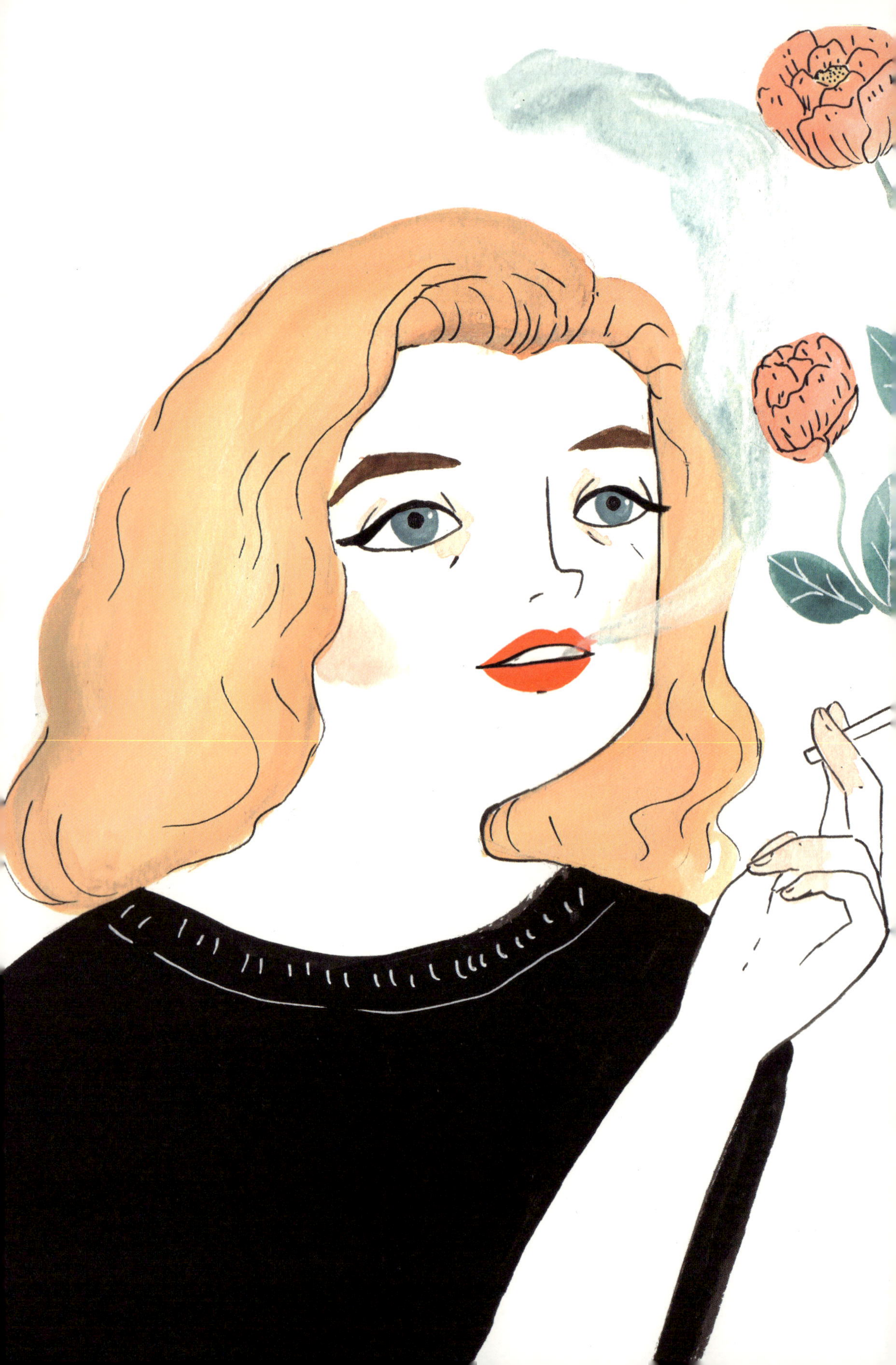

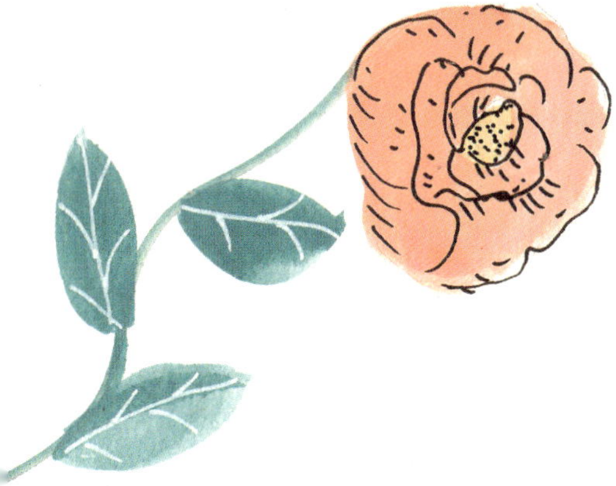

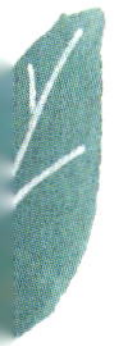

Ben Lyon había trabajado con Mary Astor y Gloria Swanson, pero a mí me impresionaba sobre todo porque fue el protagonista de *Los ángeles del infierno* con Jean Harlow. En ese entonces era directivo de los estudios, y tras una primera reunión me llamó para hacerme una prueba de cámara: me dijo que si le gustaba a Darryl F. Zanuck, jefe de producción y vicepresidente, me contratarían.

ENSAYAMOS MI PRIMERA ESCENA IMPORTANTE. Y CUANDO EMPECÉ, RECÉ PARA MIS ADENTROS POR QUE ESE FUERA MI LANZAMIENTO, EL COMIENZO DE MI CARRERA COMO ACTRIZ DE CINE. EN ESTO CONSISTÍA LA ESCENA: CRUZABA EL PLATÓ; TENÍA QUE ENCENDER UN CIGARRILLO, INHALAR Y EXPULSAR HUMO, LEVANTARME, IR AL ESCENARIO SUPERIOR, CRUZAR, ASOMARME A UNA VENTANA, SENTARME, BAJAR Y LUEGO SALIR DEL PLATÓ.

A Zanuck no le entusiasmé, pero sí a Ben y a Leon Shamroy, que ya había ganado tres Oscar como director de fotografía, y con veinte años firmé mi primer contrato de un año con un estudio de Hollywood.

Solo faltaba un detalle: «Norma Jeane Dougherty» les sonaba a trabalenguas y tenía que cambiármelo. Para mí fue una señal, el comienzo de una nueva vida: la mía.

Ben Lyon propuso «Marilyn», por la actriz Marilyn Miller, una estrella de los musicales de la que había estado enamorado. Yo sugerí el apellido «Monroe», que era el de mi abuela. No quería olvidar del todo de dónde venía.

Les encantó. Así fue como en agosto de 1946 nació Marilyn Monroe.

El primer año en la compañía fue un completo desastre. A Zanuck no le caía bien, me consideraba tonta y hacía como si no existiera. Apenas participé con papeles sin relevancia en dos películas que fueron un fracaso, pero al fin interpreté una frase delante de la cámara. Fue en *Scudda Hoo! Scudda Hay!* Estábamos a la salida de una iglesia, yo decía: «¡Hola, Rad!», y June Haver, que llevaba a la pequeña Natalie Wood de la mano, contestaba: «Hola, Betty».

Mi nombre ni siquiera salió en los créditos, pero aun así me esforzaba a diario; no sabía cuándo se presentaría mi oportunidad, pero estaría lista cuando llegase. Traté de aprender sobre iluminación, dicción y maquillaje para quedar bien delante de la cámara. Me apunté a clases de baile y canto. Hacía ejercicio para cuidar mi cuerpo y aprendí a montar a caballo. Empecé a ir a clases de interpretación en el Actors Lab, al sur de Sunset, donde conocí a otros actores y descubrí lo distinto que era Broadway de Hollywood.

También compraba guiones y los leía frente al espejo. Leí mucho, me encantaba leer, igual que escribir.

HE ESCRITO ALGUNOS POEMAS. ME LOS GUARDO PARA MÍ MISMA. ¡OH! SON PERSONALES, TRATAN TODOS DE LO QUE HE OBSERVADO.

No es que llevase exactamente un diario, pero cuando me pasaba algo, lo anotaba en folios sueltos, en cuadernos, en cualquier parte, y luego muchas veces simplemente lo rompía. Escribir me ayudaba. Leer y escribir siempre me ha ayudado en los momentos difíciles de mi vida. También lo hizo cuando los estudios decidieron no renovarme el contrato.

Sin embargo, tenía claro que ese no era el final de mi carrera, no podía serlo.

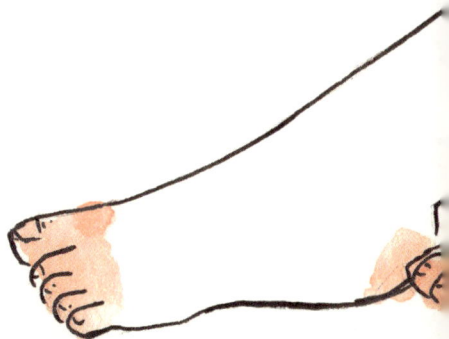

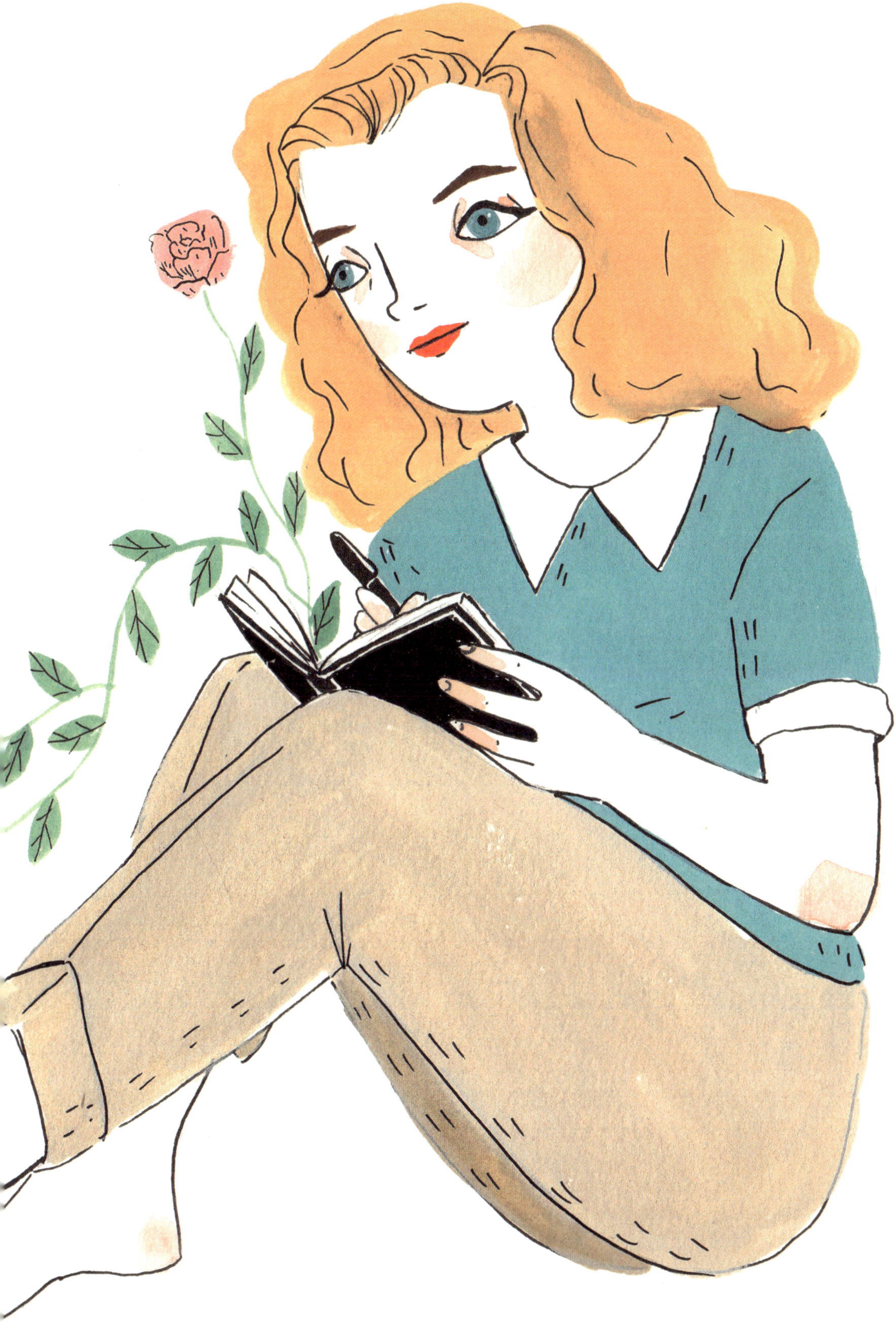

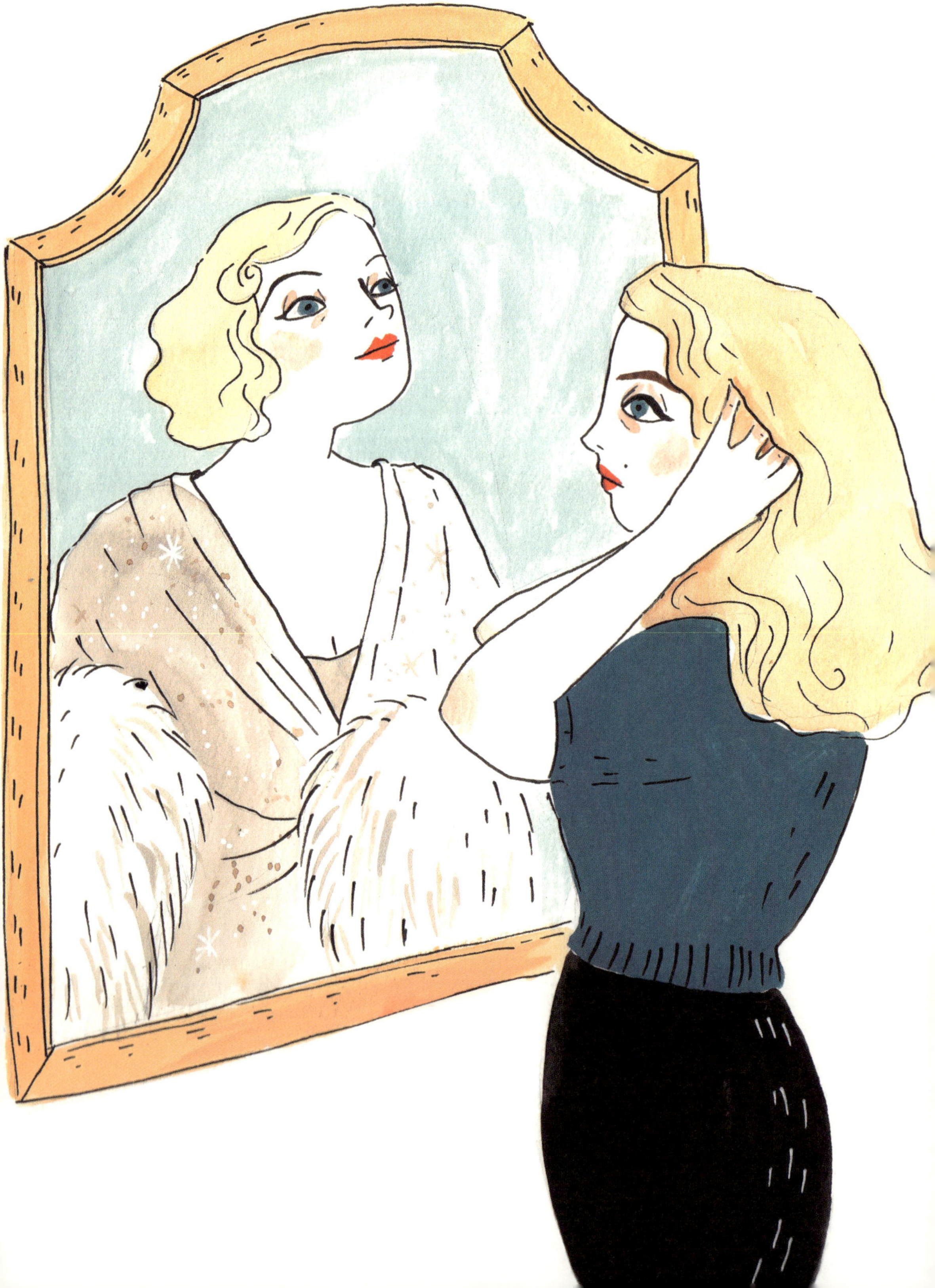

Una de las formas habituales que teníamos los actores y las actrices de buscar trabajo era asistir a fiestas. A mí me aburrían bastante, pero entendía que era necesario; incluso tenía mis propios trucos para sobrellevarlas. Uno de ellos era aparecer dos horas tarde. No solo me ahorraba tiempo de aburrimiento, sino que además la gente se fijaba más en mí al llegar.

Casi por casualidad, o quizá de manera intencionada pero no del todo consciente, estaba creando mi personaje; esa mezcla contradictoria de timidez y sensualidad desconcertaba a la gente y me convertía en un misterio que querían desentrañar.

Fue en una de esas fiestas donde apareció una nueva oportunidad. En ella se encontraba Joseph Schenck, fundador de Twentieth Century Pictures con Zanuck; ahora, como productor ejecutivo de la 20th Century-Fox, era uno de los hombres más poderosos de Hollywood y no me quitó ojo en toda la noche.

Insistió en que cenara con él al día siguiente, y aunque esa cena no me abrió la puerta de sus estudios, sí me procuró una cita con Harry Cohn, jefe de Columbia Pictures Corporation, que me contrató en el acto con la única condición de que me aclarara aún más el pelo.

No pude evitar acordarme de la actriz favorita de mi madre y Grace, Jean Harlow, en la película *La pelirroja*, donde mirándose en un espejo decía: «De modo que los caballeros las prefieren rubias, ¿eh?».

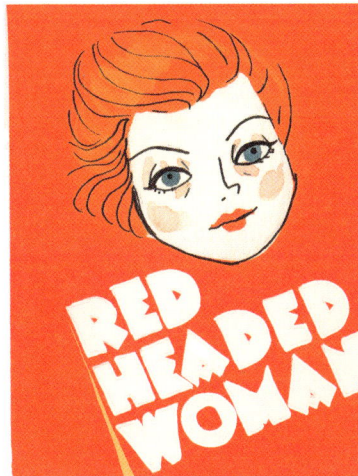

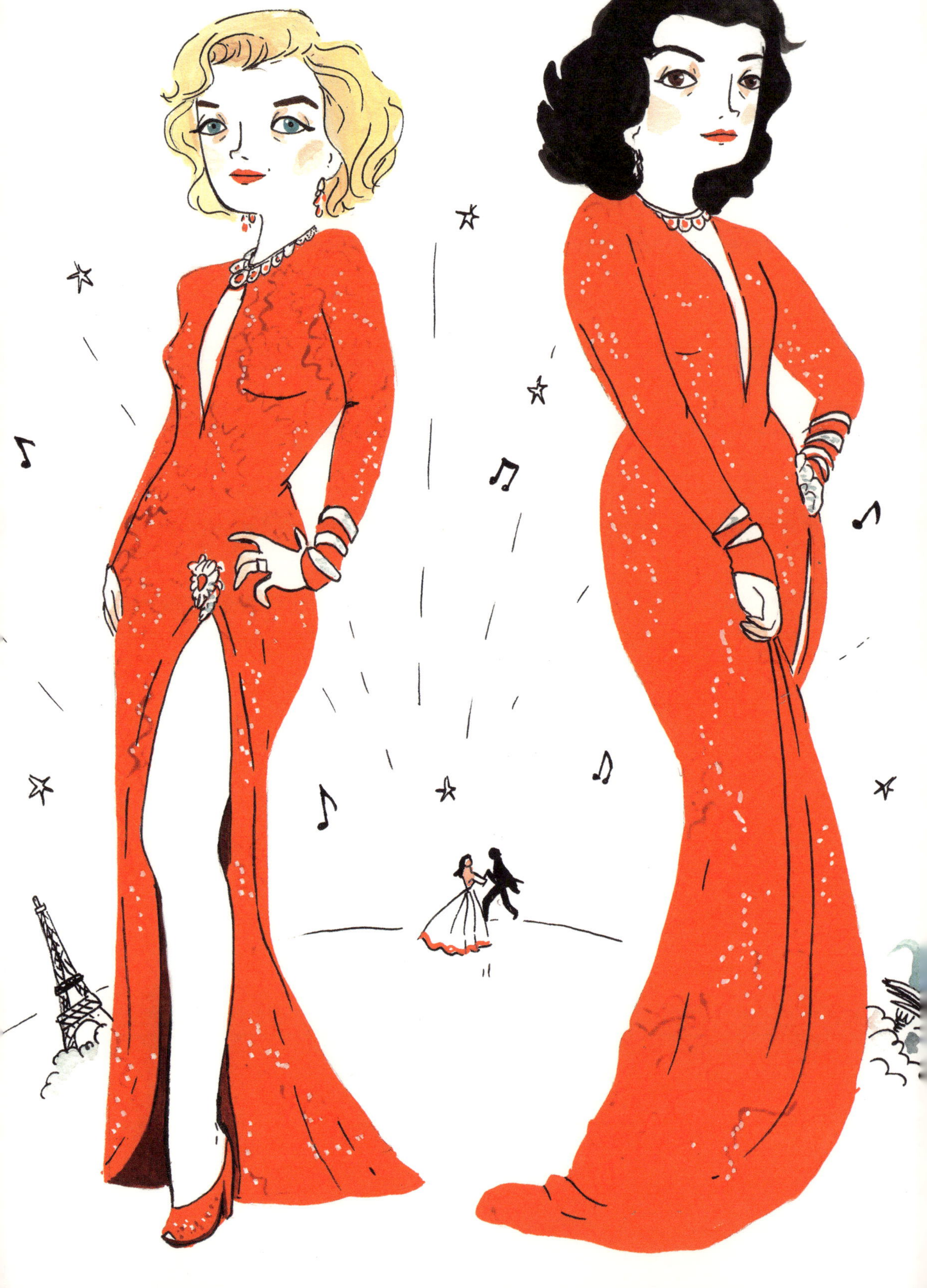

Los Caballeros las Prefieren RUBIAS

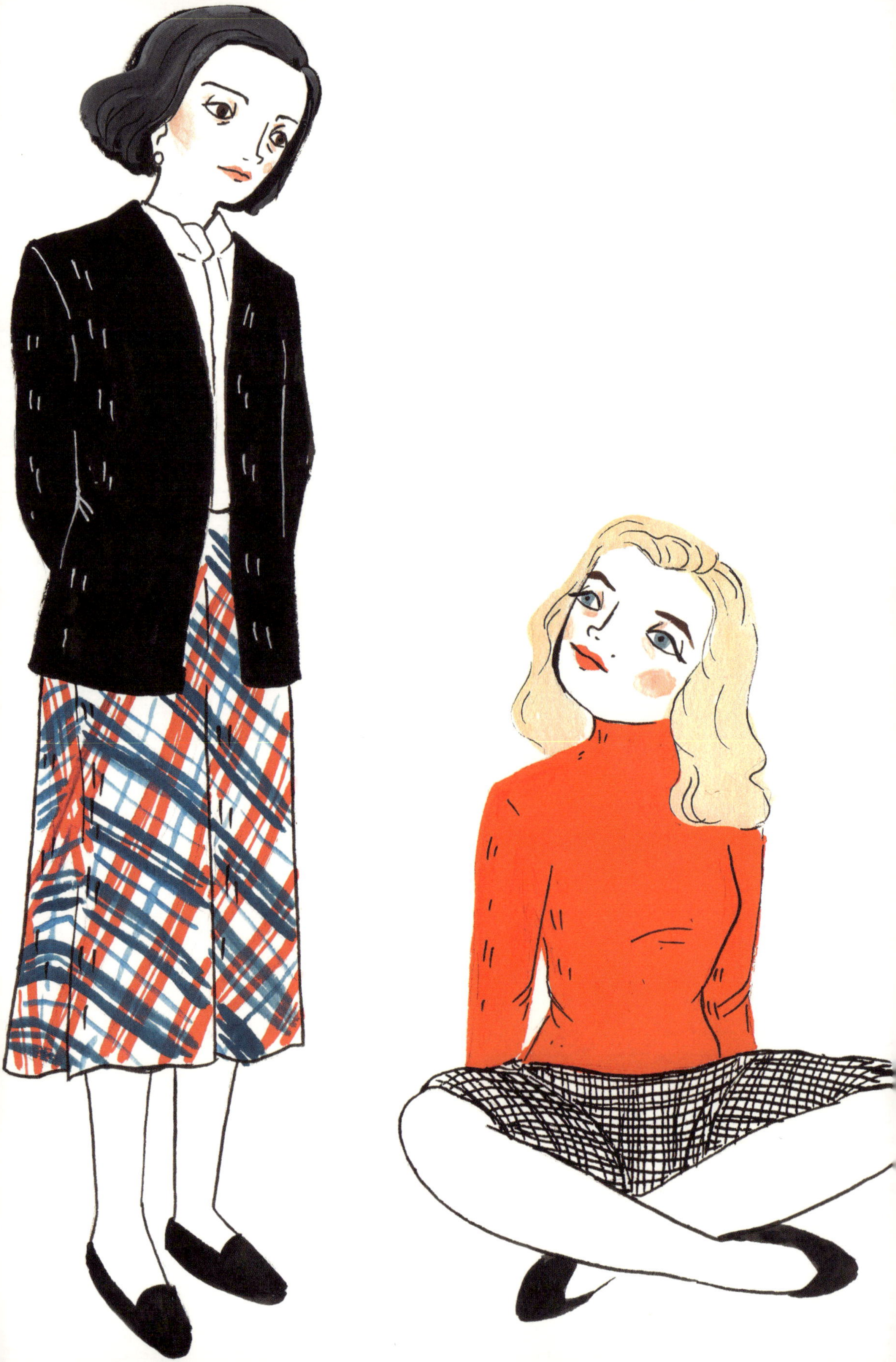

Poca gente era capaz de mantenerle la mirada a Natasha Lytess, mi nueva profesora de interpretación; hasta los ejecutivos y los directores de Columbia evitaban su mal genio. La respetaban, pero no le tenían afecto. Al principio a mí también me daba miedo, tan excesiva y tajante, y con ese acento alemán, porque Natasha había llegado a Estados Unidos huyendo del nazismo, igual que Fritz Lang, Billy Wilder y tantos en Broadway y en Hollywood, y al terminar la guerra, cuando su marido las abandonó a ella y a su hija, se quedó en Los Ángeles.

Era una mujer muy culta y fuerte, una profesora dura de verdad, tanto que su antigua alumna Ann Savage debía su nombre artístico a una pelea con ella en la que casi llegan a las manos.

El primer día de clase resultó horrible, no le gustaba nada de lo que yo hacía. No era personal, se comportaba igual con todos sus alumnos, pero me hacía sentir tan insegura que me costaba hablar.

SI OTRAS CHICAS QUE EMPIEZAN SUPIERAN LO HORRIBLE QUE ERA YO CUANDO EMPECÉ, DESDE LUEGO SE ANIMARÍAN. AL FINAL DECIDÍ QUE NO DEJARÍA QUE MI FALTA DE CONFIANZA GANARA LA PARTIDA.

Una y otra vez me decía a mí misma que tenía que esforzarme más, y lo hice. No falté a ninguna clase, ni siquiera cuando murió la tía Ana, en la primavera de 1948.

Natasha se convirtió en una guía y una amiga, con quien incluso conviví una temporada, y estuvo a mi lado durante seis años y veintidós películas. Sin embargo, no hallé un ejemplo en ella en lo personal. A sus espaldas la llamaban «la solterona», y yo tenía claro que no quería estar sola, pero ¿qué era lo que quería? Hacía tiempo que había comprendido que el papel de esposa y ama de casa no era para mí.

Ese año, en *Las chicas del coro* interpreté a la corista Peggy Martin, acostumbrada a recibir proposiciones de hombres con dinero que quieren pasar un rato con ella. No es que algo así solo se viera en los salones de baile: Hollywood estaba lleno de lobos. Harry Cohn, el director de los estudios, me invitó a una fiesta privada en su yate, solos él y yo. Ya hacía tiempo que había aceptado las reglas no escritas del juego: para triunfar en Hollywood había que ser «agradecida» con los poderosos, y en realidad no tenía mayor problema con eso, solo era sexo, sabía manejarme con ellos.

Lo peor era que esto provocaba muchos recelos entre las actrices y, en lugar de unirnos para atacar a un sistema que se estaba aprove-

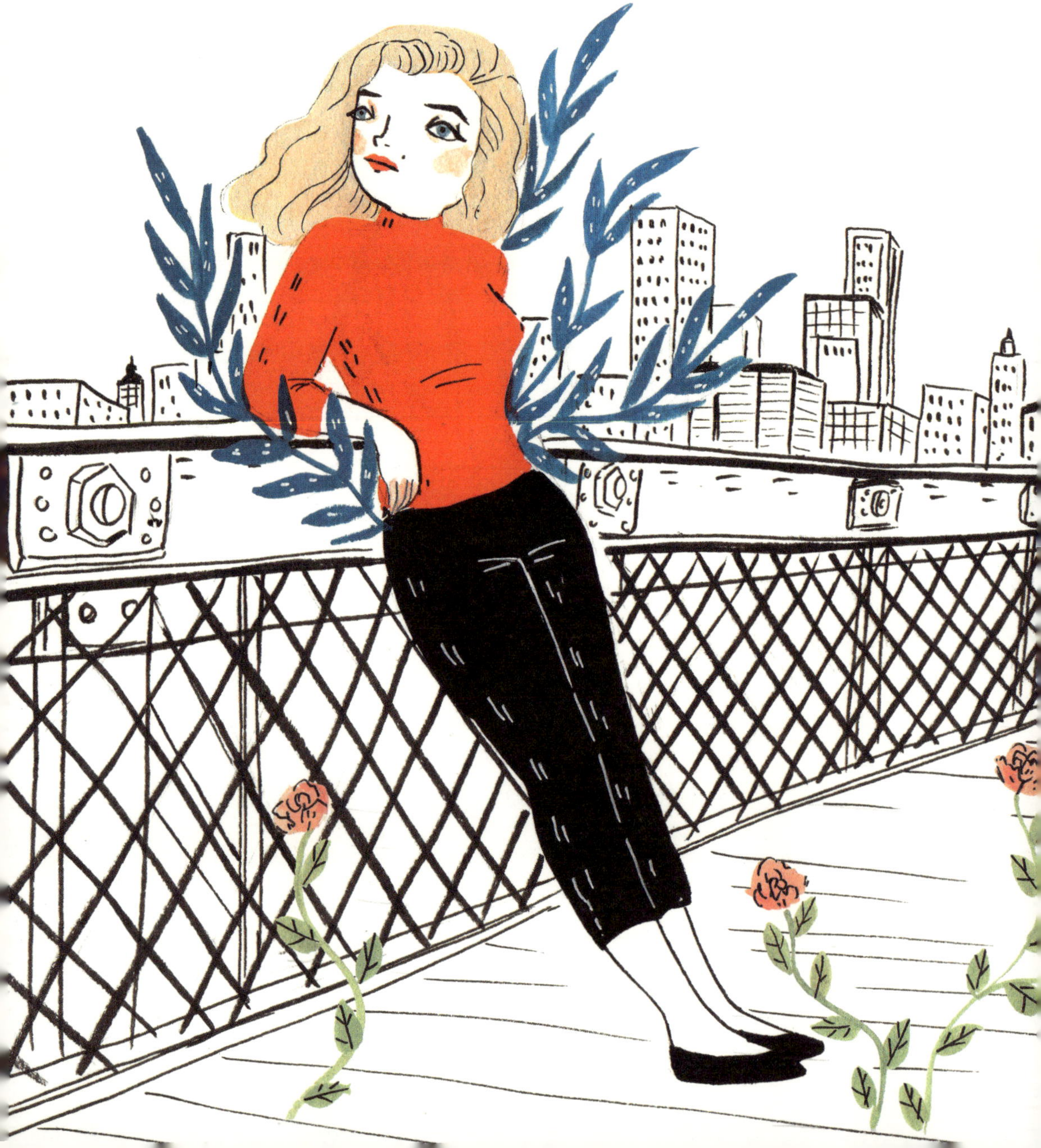

chando de nosotras, nos enemistábamos. Al final rechacé la oferta de Cohn, porque algunos lobos son más peligrosos que otros. Por desgracia, yo no era nadie en Columbia Pictures Corporation. Rita Hayworth llevaba años esquivando a Cohn; incluso casada con Orson Welles seguía acosándola y ella no cedió nunca, pero Rita podía hacerlo porque era una gran estrella, y más aún después de *Gilda*. Yo acababa de empezar, y unos días después de rechazarle canceló mi contrato, y yo sentí que volvía al punto de partida.

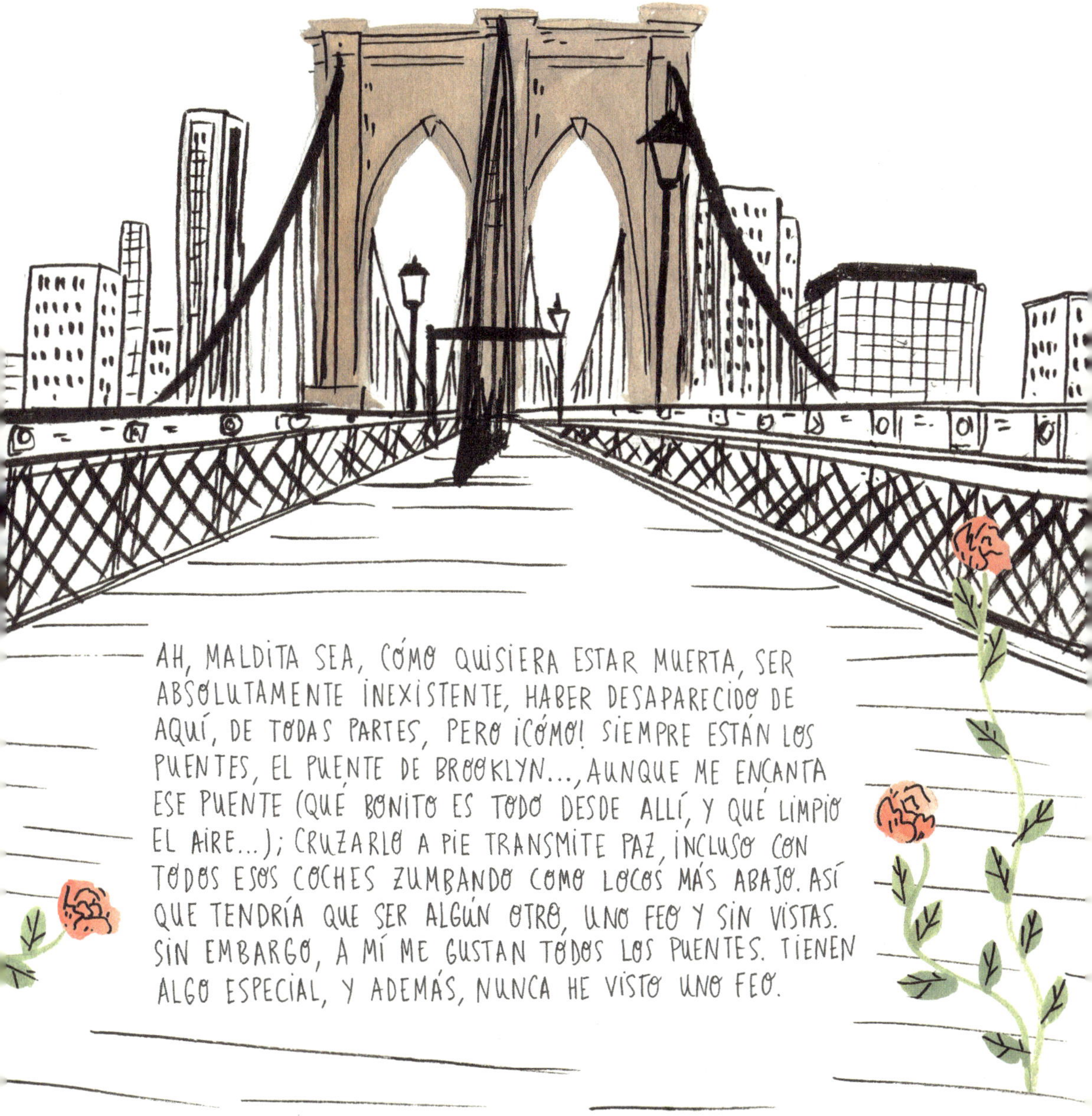
AH, MALDITA SEA, CÓMO QUISIERA ESTAR MUERTA, SER
ABSOLUTAMENTE INEXISTENTE, HABER DESAPARECIDO DE
AQUÍ, DE TODAS PARTES, PERO ¡CÓMO! SIEMPRE ESTÁN LOS
PUENTES, EL PUENTE DE BROOKLYN..., AUNQUE ME ENCANTA
ESE PUENTE (QUÉ BONITO ES TODO DESDE ALLÍ, Y QUÉ LIMPIO
EL AIRE...); CRUZARLO A PIE TRANSMITE PAZ, INCLUSO CON
TODOS ESOS COCHES ZUMBANDO COMO LOCOS MÁS ABAJO. ASÍ
QUE TENDRÍA QUE SER ALGÚN OTRO, UNO FEO Y SIN VISTAS.
SIN EMBARGO, A MÍ ME GUSTAN TODOS LOS PUENTES. TIENEN
ALGO ESPECIAL, Y ADEMÁS, NUNCA HE VISTO UNO FEO.

Para colmo de males, me había enamorado de Fred Kargel, profesor de vocalización en *Las chicas del coro*, y mi relación no iba del todo bien. Fue muy doloroso, porque creo que él fue mi primer amor.

Fred era de los que te dan una de cal y otra de arena. A nivel profesional me ayudaba, pero tenía la capacidad de hacerme sentir como un trapo. Un trapo bonito, eso sí, porque mi cuerpo le volvía loco, pero se divertía burlándose de mi manera de hablar, de vestir, de lo tonta que era o de lo mucho que lloraba. Incluso de los vanos intentos que hice de formar parte de su familia y de acercarme a su hijo, para el cual, según Fred, no se me podía considerar un buen ejemplo.

Él conocía las heridas de mi pasado, y, lejos de ayudarme a que cicatrizaran, se encargó de meter el dedo en la llaga y de dejar más huella.

En aquellos días solía soñar con mi padre. En mis sueños, su cara se desdibujaba, como si nunca hubiera existido.

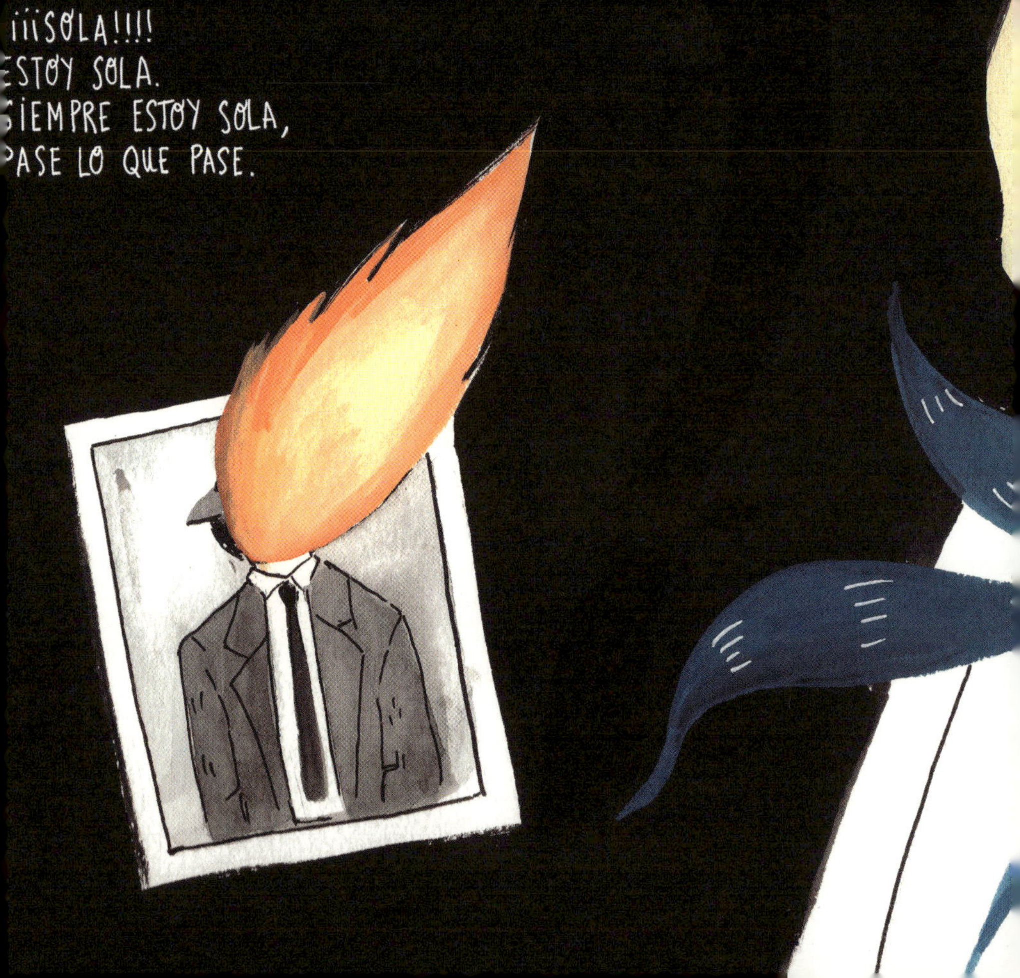
¡¡¡SOLA!!!!
ESTOY SOLA.
SIEMPRE ESTOY SOLA,
PASE LO QUE PASE.

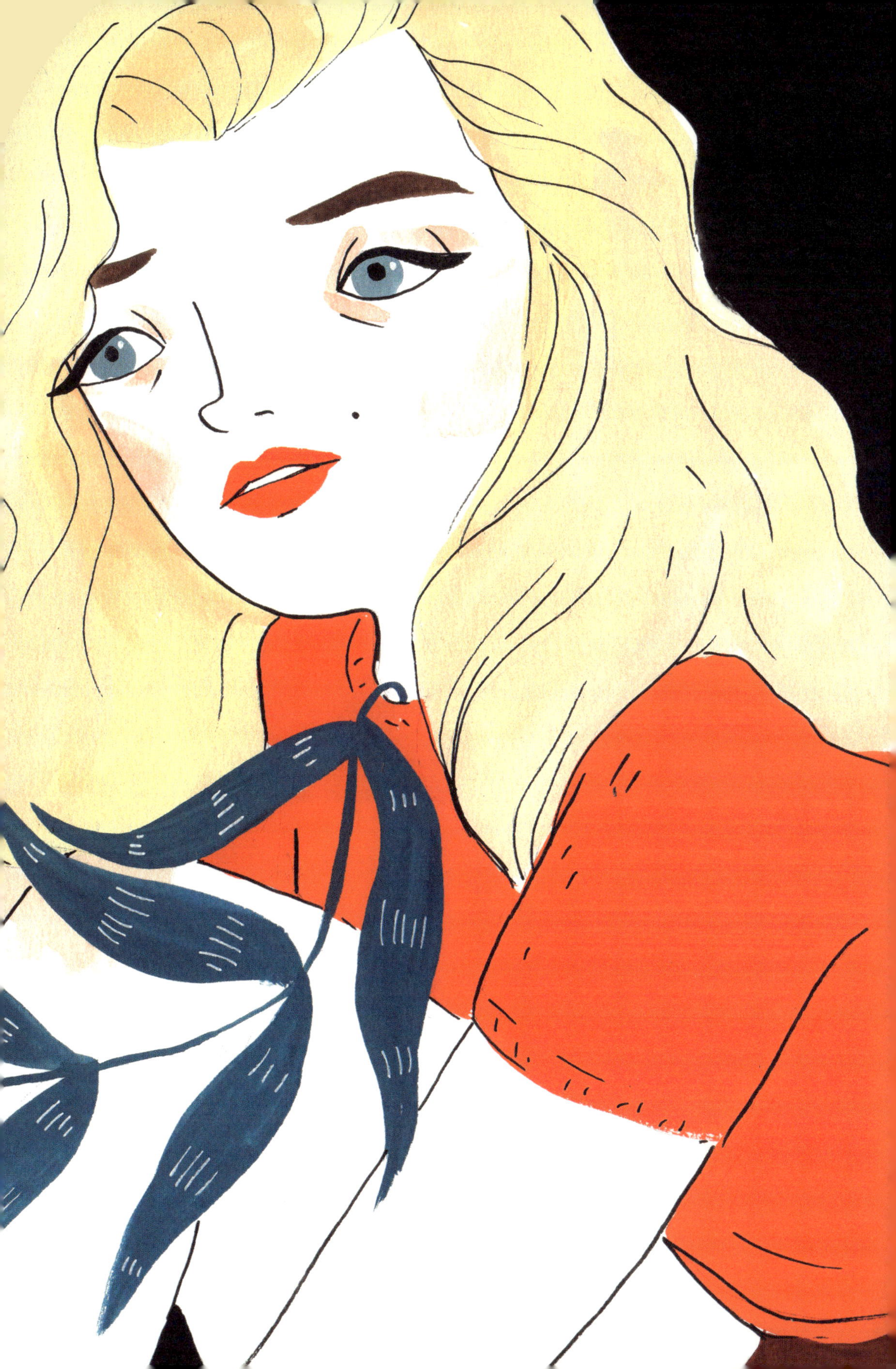

Si pude dejar atrás a Fred, fue gracias a Johnny Hyde. Era vicepresidente de la agencia William Morris, que representaba a estrellas como Lana Turner o Esther Williams.

Cuando le conocí, yo tenía veintidós años y él cincuenta y tres, y no era especialmente atractivo, pero me hacía reír y me trataba bien. Muchas veces me pidió que me casara con él, y yo siempre lo rechacé, aun cuando insistía en que moriría pronto y yo heredaría hasta un millón de dólares. Fui honesta con él: una cosa era el sexo, y otra bien distinta casarme por dinero con alguien a quien no amase. En realidad, siempre lo vi más como un padre que como un marido. Y lo quise muchísimo, pero no como él deseaba.

ÉL ESTABA DISPUESTO A ACTUAR COMO AGENTE PARA MÍ, ME SUGERÍA QUE LEYERA BUENOS LIBROS, QUE DISFRUTARA DE LA BUENA MÚSICA, Y ME AYUDÓ A HABLAR OTRA VEZ. DESDE JOVENCITA HABÍA DECIDIDO QUE SI NO HABLABA, NADIE PODRÍA CULPARME DE NADA.

Johnny me dio libertad para hacer lo que quisiera y me ayudó a recuperar la confianza perdida, y le fui fiel durante mucho tiempo.

En 1949 me pagó dos operaciones de estética para corregir mi mandíbula y mi nariz. Yo recordaba cómo Grace me ponía el dedo en la punta de la nariz, cuando era pequeña, y me decía que salvo «por esto» sería como Jean Harlow, y desde que Zanuck me había dicho que no era fotogénica, se me había metido en la cabeza que ese era el motivo de que mi carrera no despegara.

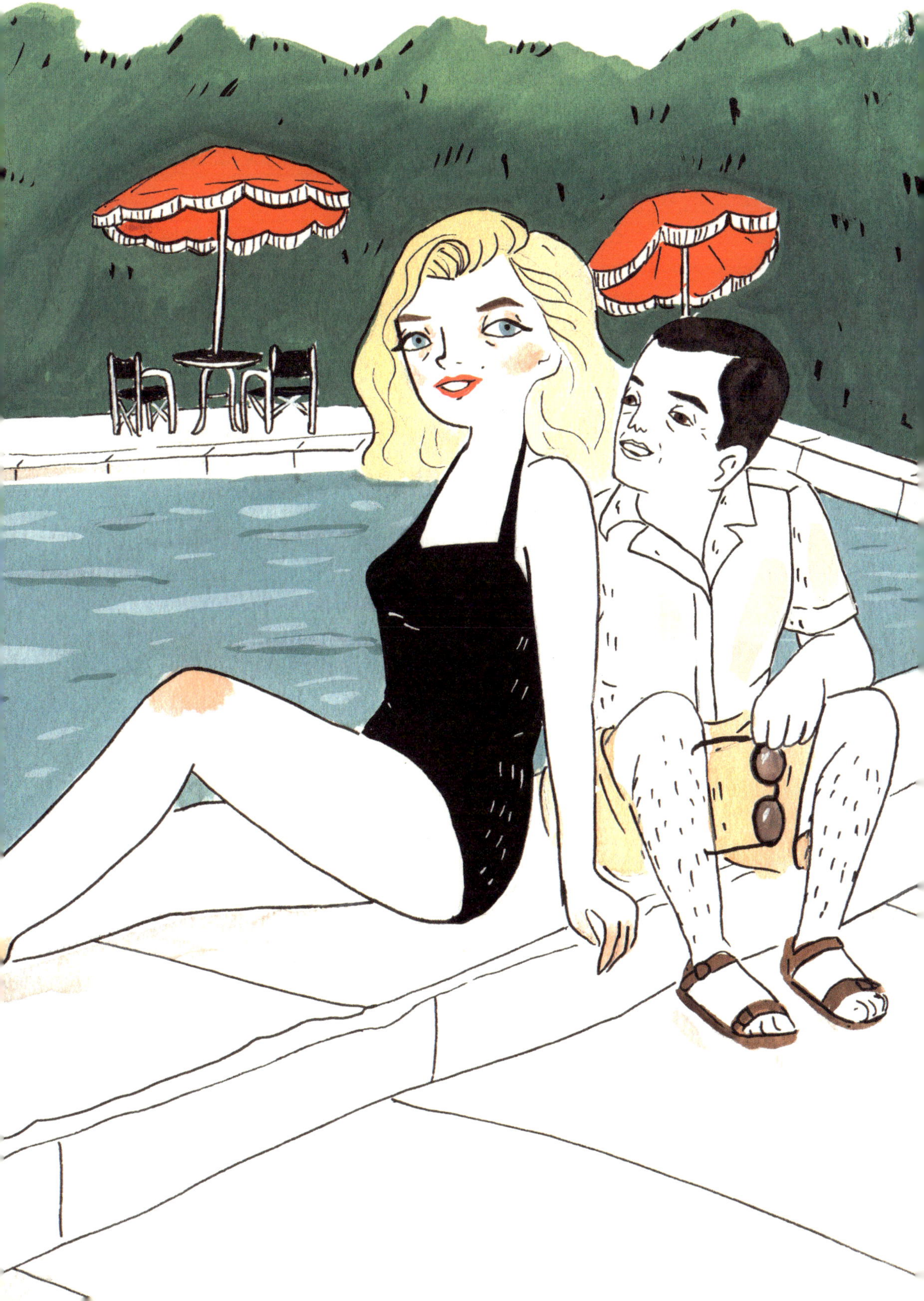

Mi papel como corista había tenido buenas críticas, y Johnny me consiguió una escena en la película *Amor en conserva*, de los hermanos Marx. Yo entraba contoneándome en el despacho del detective Sam Grunion y le decía que necesitaba su ayuda porque unos hombres me seguían. «No me diga, no entiendo por qué», me contestaba Groucho.

Solo decía dos frases, pero todos quedaron sorprendidos con mi actuación, y el propio Groucho llegó a decir que era como la unión de Mae West, Theda Bara y Bo Peep. Aquello supuso un punto de inflexión en mi carrera, pero esas pocas frases también fueron un adelanto del papel que me reservaban.

Todo lo que había imaginado sobre las entrevistas que me harían, cómo respondería a las preguntas de los reporteros, lo que les contaría acerca de mi interpretación, de mis lecturas, o incluso de mi afición a la escritura, quedó en nada en la promoción de ese verano, porque ellos una y otra vez se centraban en mi cuerpo y casi ni hablaban de mí como actriz, y me interrumpían cuando intentaba sacar algún tema que me parecía interesante.

Durante esa promoción, en el tiempo entre sesiones de fotos, entrevistas y visitas a salas de cine, me saltaba el programa y visitaba orfanatos o clínicas para pobres. Allí dentro no dejaba que entrasen las cámaras: ese espacio era mío y de mi infancia y me seguía conectando con Norma Jeane.

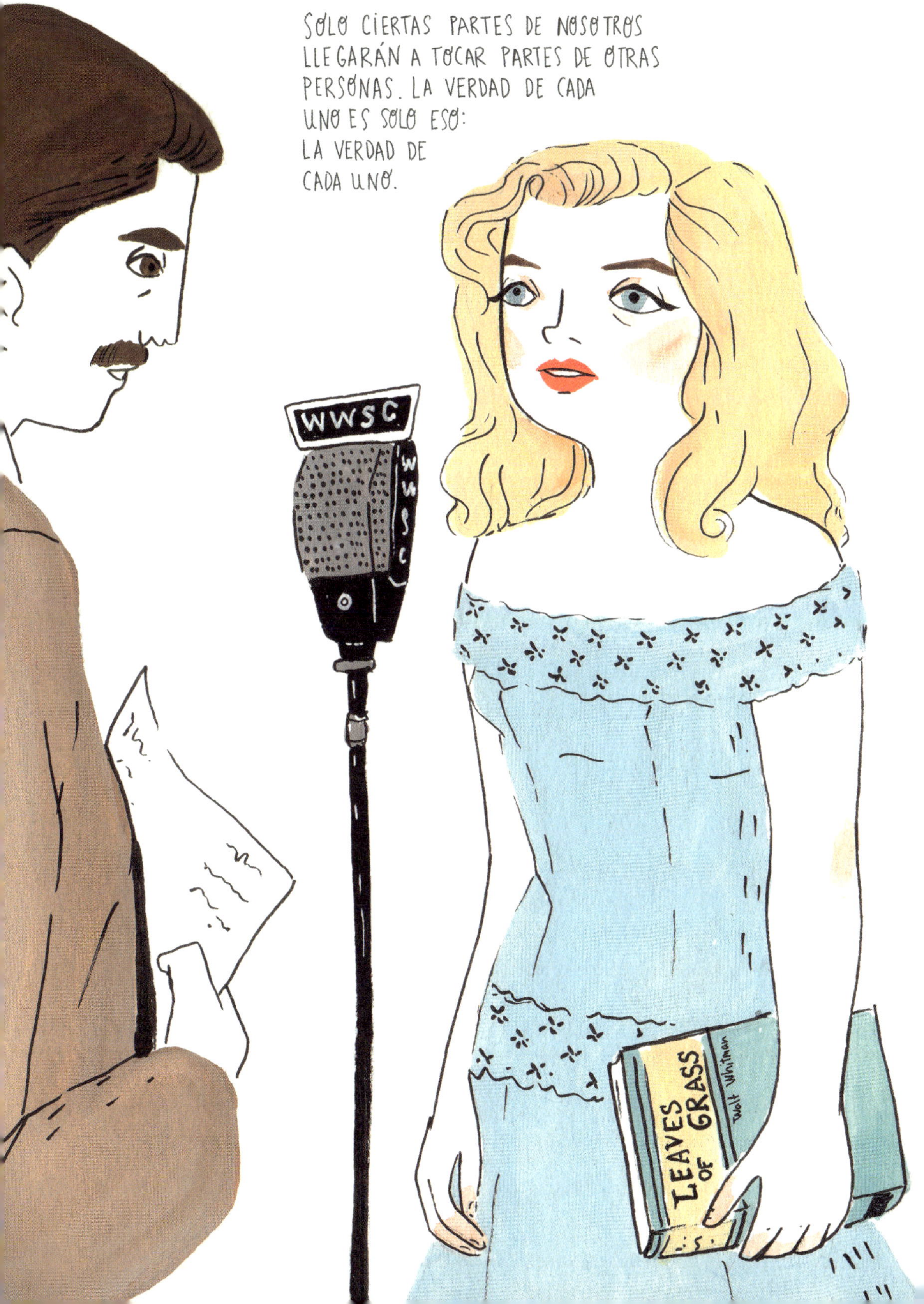
SOLO CIERTAS PARTES DE NOSOTROS LLEGARÁN A TOCAR PARTES DE OTRAS PERSONAS. LA VERDAD DE CADA UNO ES SOLO ESO: LA VERDAD DE CADA UNO.
WWSC
WWSC
LEAVES OF GRASS
Walt Whitman

En esa época intentaba aprender algo de arte y leía sobre todo autores rusos, por Natasha, por la influencia del Actors Lab y también por Johnny, que había nacido en Rusia. Yo leía poesía de Pushkin y a Dostoievski, y cuando hablábamos sobre literatura y política, el mundo se hacía más grande. Con ellos sentía que me faltaba tanto por aprender..., tanto que no sabía por dónde empezar, así que algunos días iba a Pickwick, una librería en Hollywood Boulevard, y echaba un vistazo; pasaba las páginas de los libros y cuando leía algo que me interesaba, lo compraba.

Se lo conté a Mankiewicz, que vino a hablar conmigo al verme con un libro de Rilke en el rodaje de *Eva al desnudo*, y me dijo que esa era la mejor forma de elegir una lectura. Al día siguiente le envié un ejemplar de *Cartas a un joven poeta* de regalo.

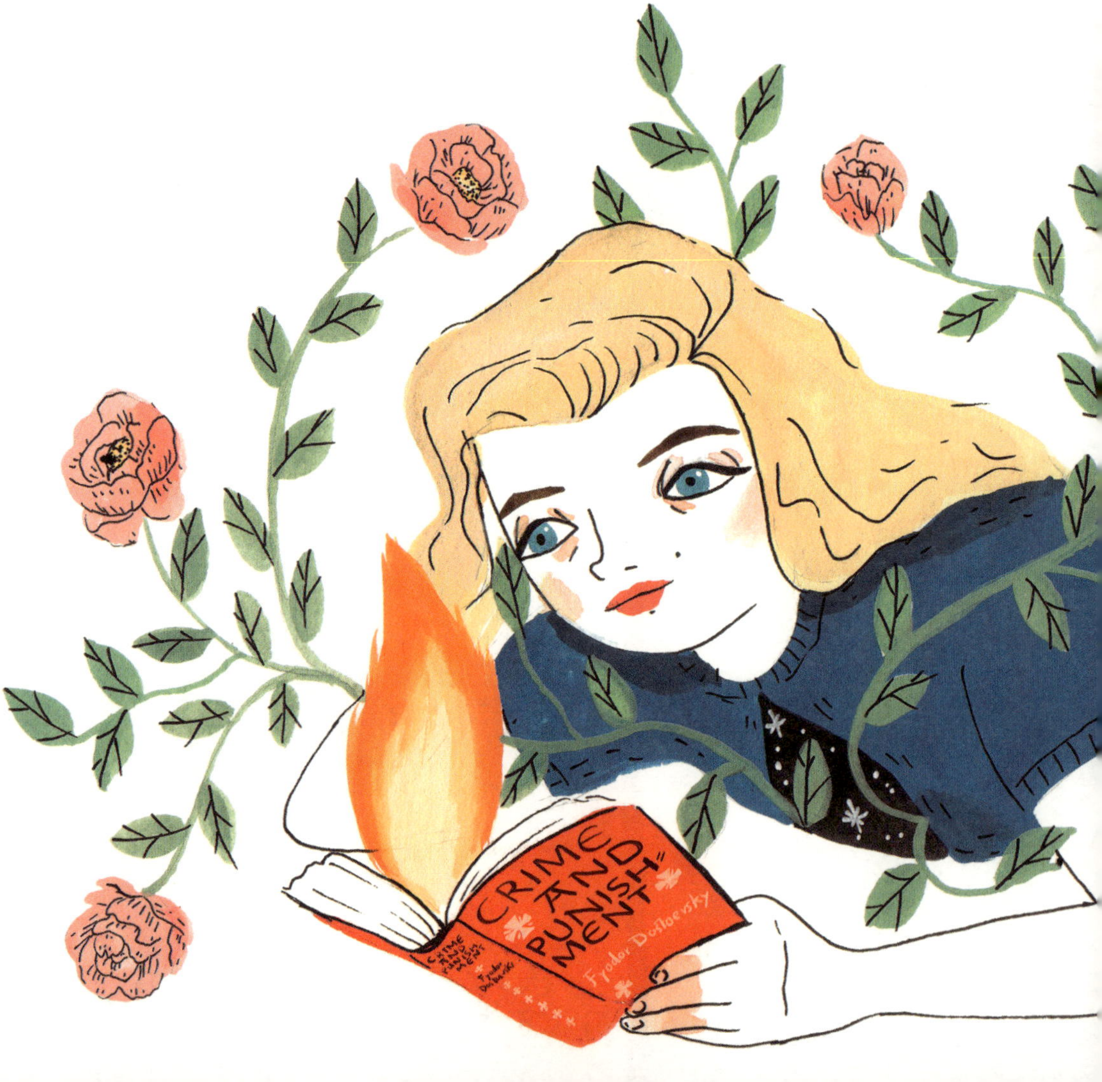
CRIME
AND
PUNISH-
MENT
Fyodor Dostoevsky

Eso fue ya en 1950, después de que mi breve papel en *Jungla de asfalto*, con John Huston, pasara sin pena ni gloria; lo mejor fue que a través de Huston conocí a Truman Capote, que se convirtió en un buen amigo.

En otoño me apunté a un curso de literatura en la Universidad de California y seguí yendo a clases de Natasha. Como los ingresos no llegaban y necesitaba el dinero, a veces trabajaba de modelo para anuncios o calendarios, como el que había hecho el año anterior: unos desnudos sensuales, artísticos, por los que cobré cincuenta dólares.

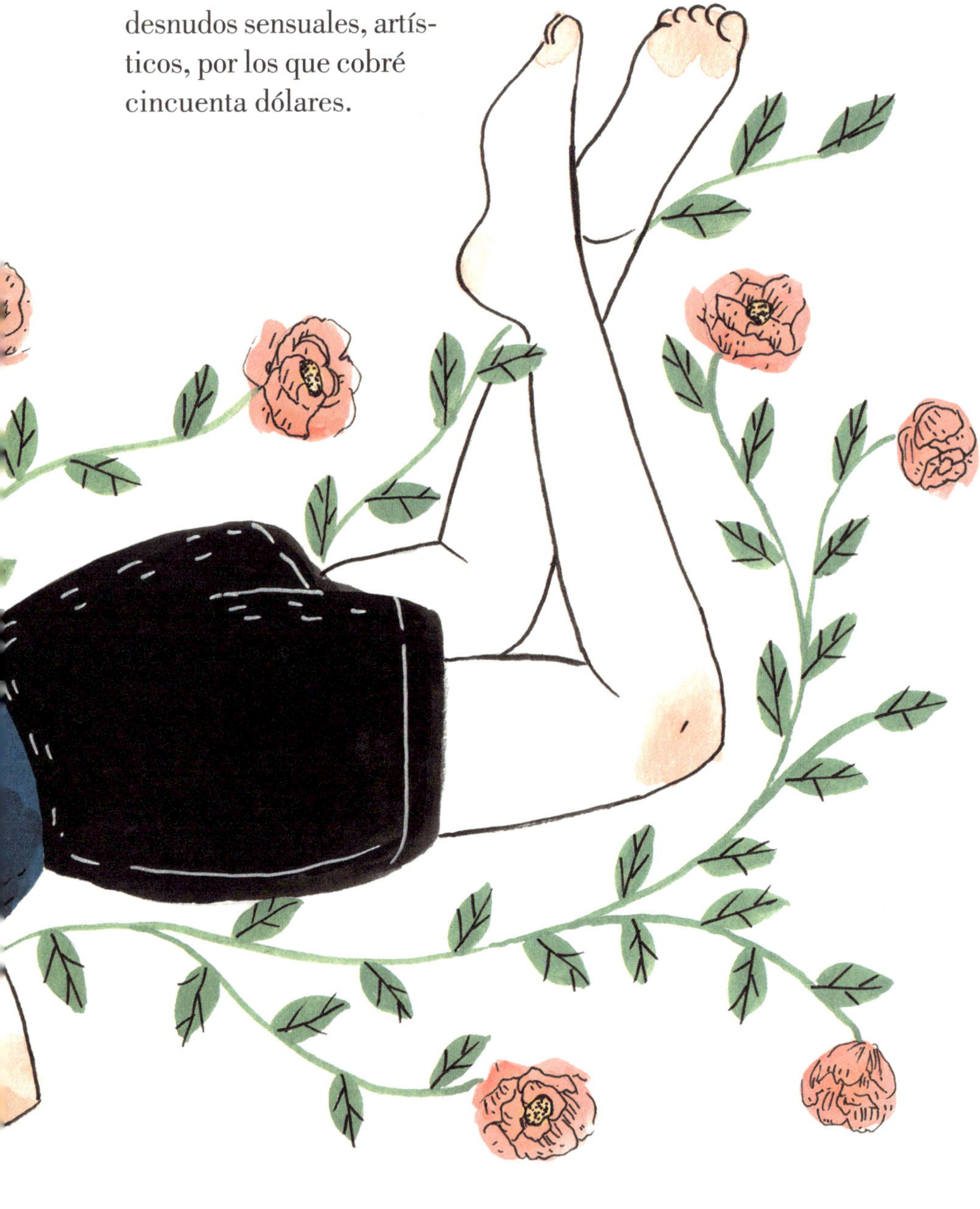

Poco a poco me había ido alejando de Johnny Hyde. Nunca dejó de ser mi representante, pero se estaba extendiendo el rumor de nuestra relación y yo sabía que eso no era bueno para mi carrera. Además, no era justo: él seguía tan enamorado de mí que hasta se había divorciado, y yo jamás sería su mujer.

A veces me arrepiento de ese distanciamiento. A pesar de haberle dejado, Johnny logró que Zanuck volviera a contratarme en la Fox para un papel en *Tan joven como te sientas* y un acuerdo de publicidad para que el estudio me presentara como una de sus jóvenes promesas

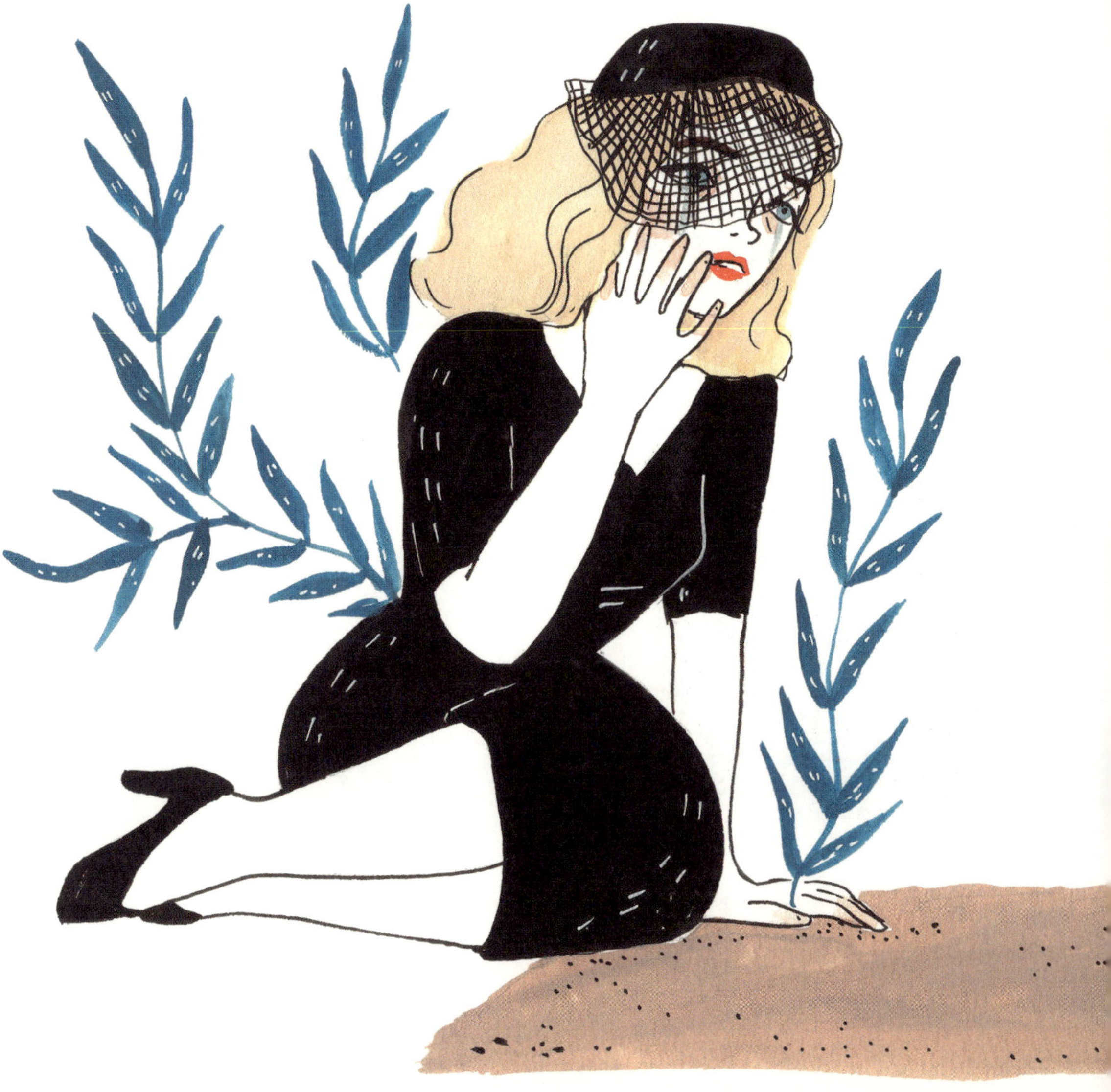

en la revista *Life*. No pude agradecérselo como se merecía: al poco tiempo, en diciembre de 1950, un infarto acabó con su vida.

Ninguno antes que él me había visto tal como era, había creído en mí, me había querido de verdad. Con él no había habido máscaras ni mentiras.

CREO QUE NINGÚN HOMBRE ME AMÓ TANTO COMO ÉL.

La exmujer y los hijos de Johnny no me dejaron acudir al entierro, pero aun así Natasha y yo conseguimos colarnos ocultas bajo un velo. Cuando todos se fueron, me senté junto a su tumba y permanecí allí hasta que anocheció y me obligaron a irme.

Ese abandono fue el que más me dolió.

JOHNNY HYDE
1895 – 1950

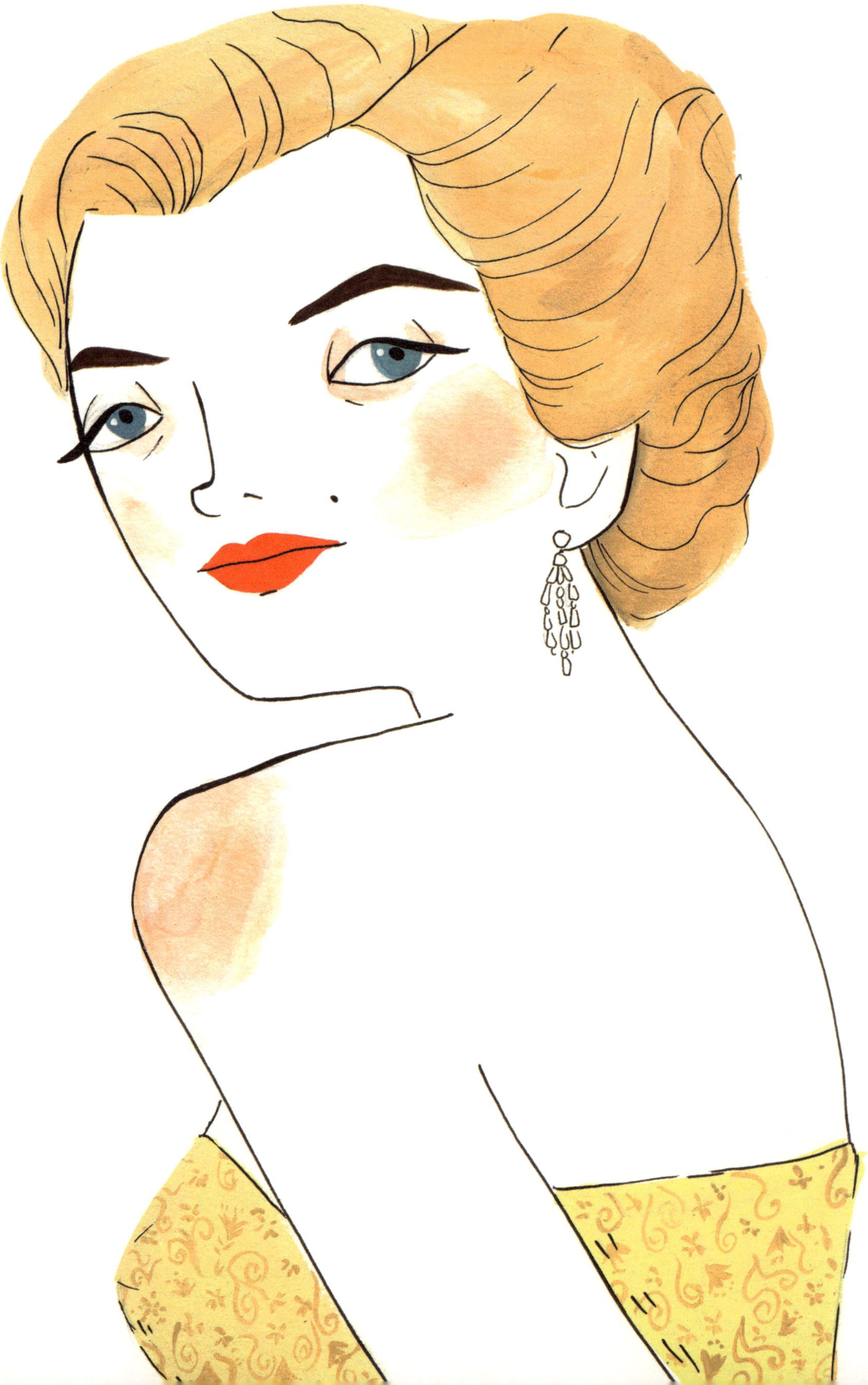

EVA al DESNUDO

Pasó medio año hasta que al fin la Fox me hizo un segundo contrato, aunque todos los papeles que me daban eran el mismo: un mero adorno, unas pocas escenas que servían como reclamo por mi físico. Tenía buenas críticas, pero Zanuck seguía ignorándome, y cuanto más me ignoraba, más me esforzaba yo.

DIOS MÍO, ¡CÓMO DESEABA APRENDER! ¡CAMBIAR, MEJORAR! NO DESEABA OTRA COSA. NI HOMBRES, NI DINERO NI AMOR. SOLO LA HABILIDAD DE ACTUAR.

A veces dudaba de que fuese capaz de lograrlo sin Johnny a mi lado, pero no iba a dejar de intentarlo en cada película. Fue en una de ellas, en el rodaje de *Tan joven como te sientas*, cuando me presentaron a Arthur Miller y el tiempo se detuvo.

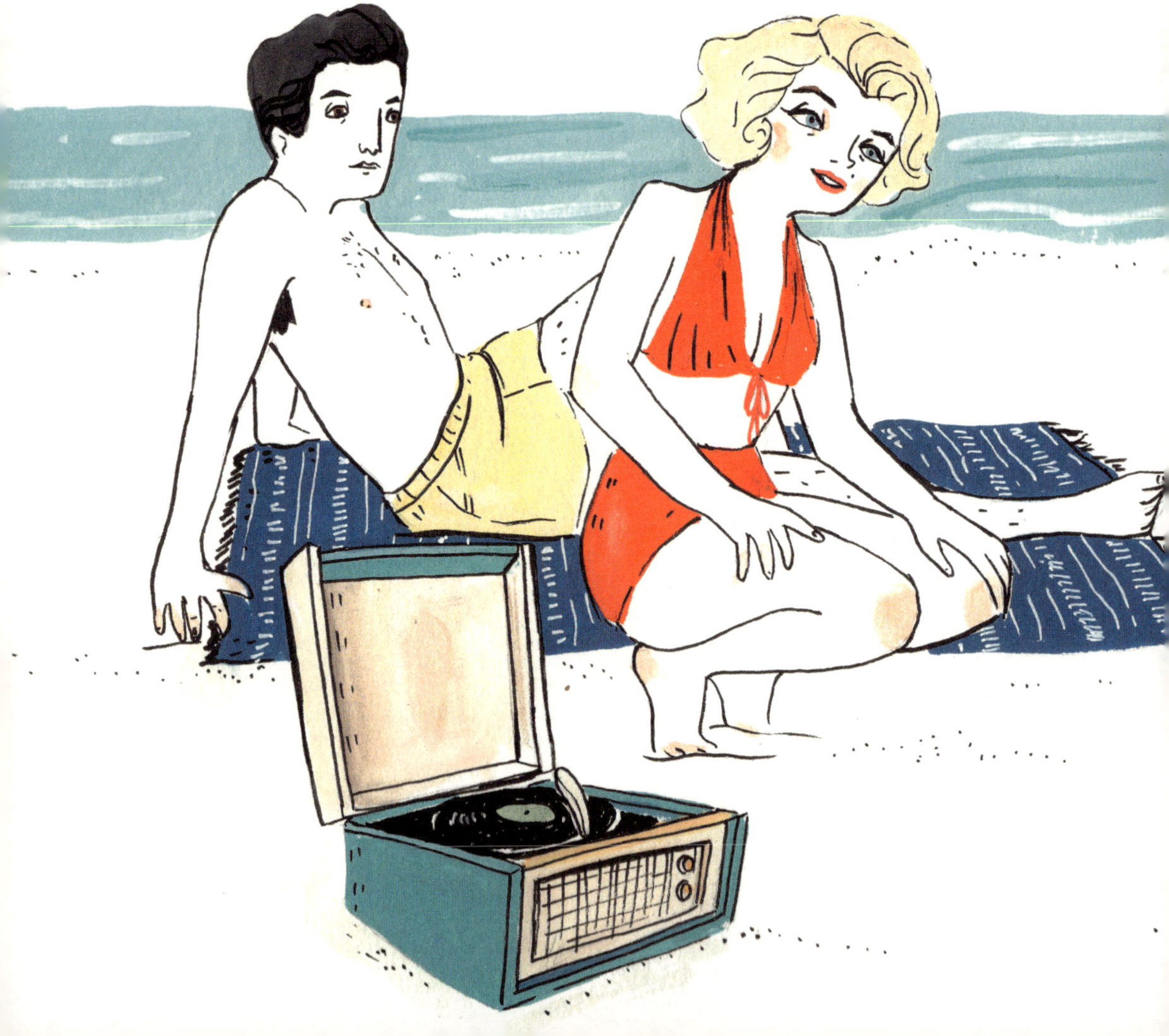

Estaba de visita en Hollywood con su amigo Elia Kazan: los dos eran ídolos en el teatro, y más después del éxito de *Muerte de un viajante*, y los siguientes días fuimos juntos a la playa, a librerías y a fiestas, hasta que Arthur regresó a casa con su mujer.

Ese verano tuve una aventura con Elia, aunque fue Arthur quien me deslumbró con su inteligencia y también sus principios y su implicación política, en esos tiempos en los que el senador McCarthy estaba empezando la «caza de brujas».

Mi *affaire* con Elia acabó enseguida, mientras que Arthur y yo todavía continuamos escribiéndonos durante cinco años.

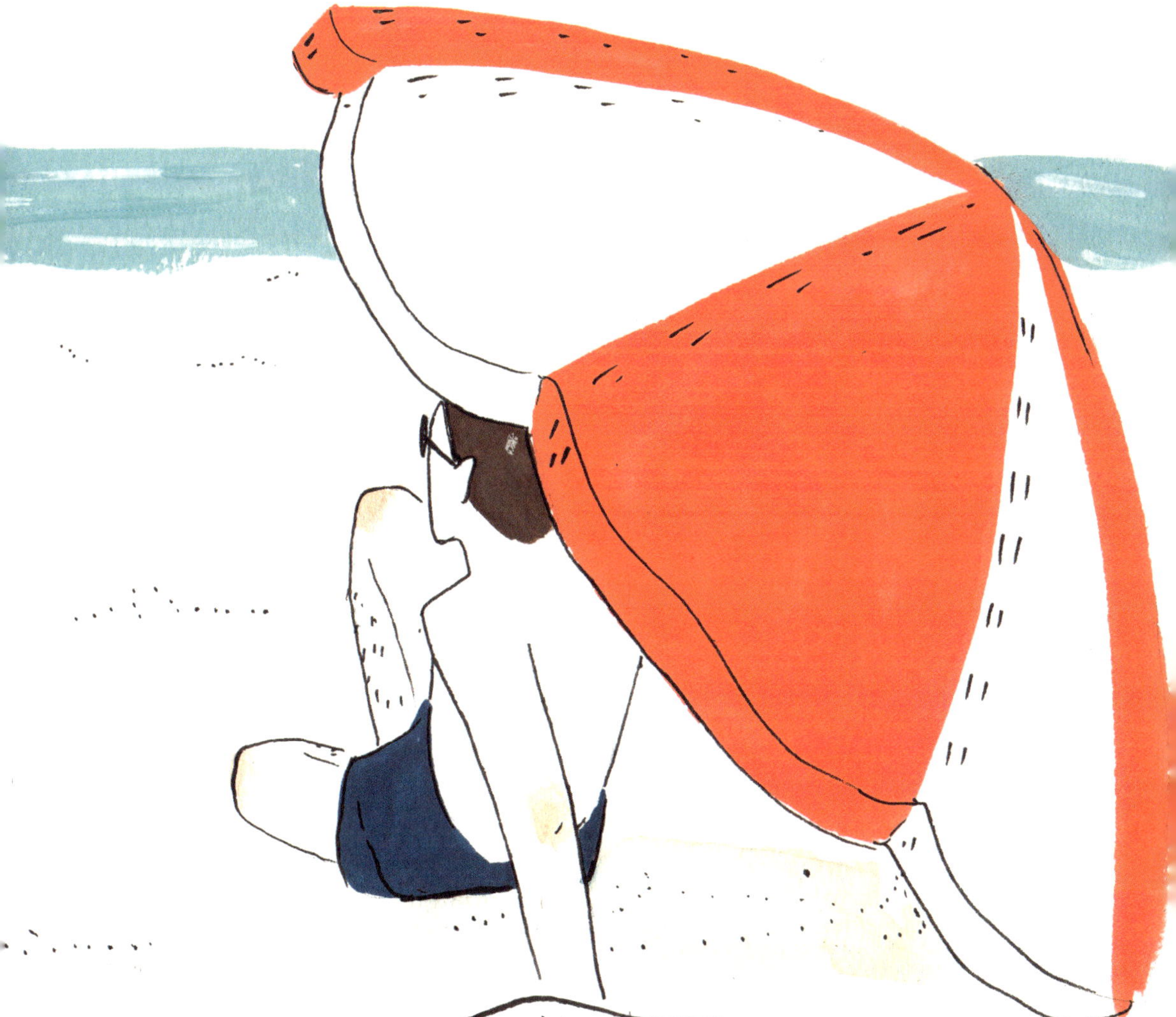

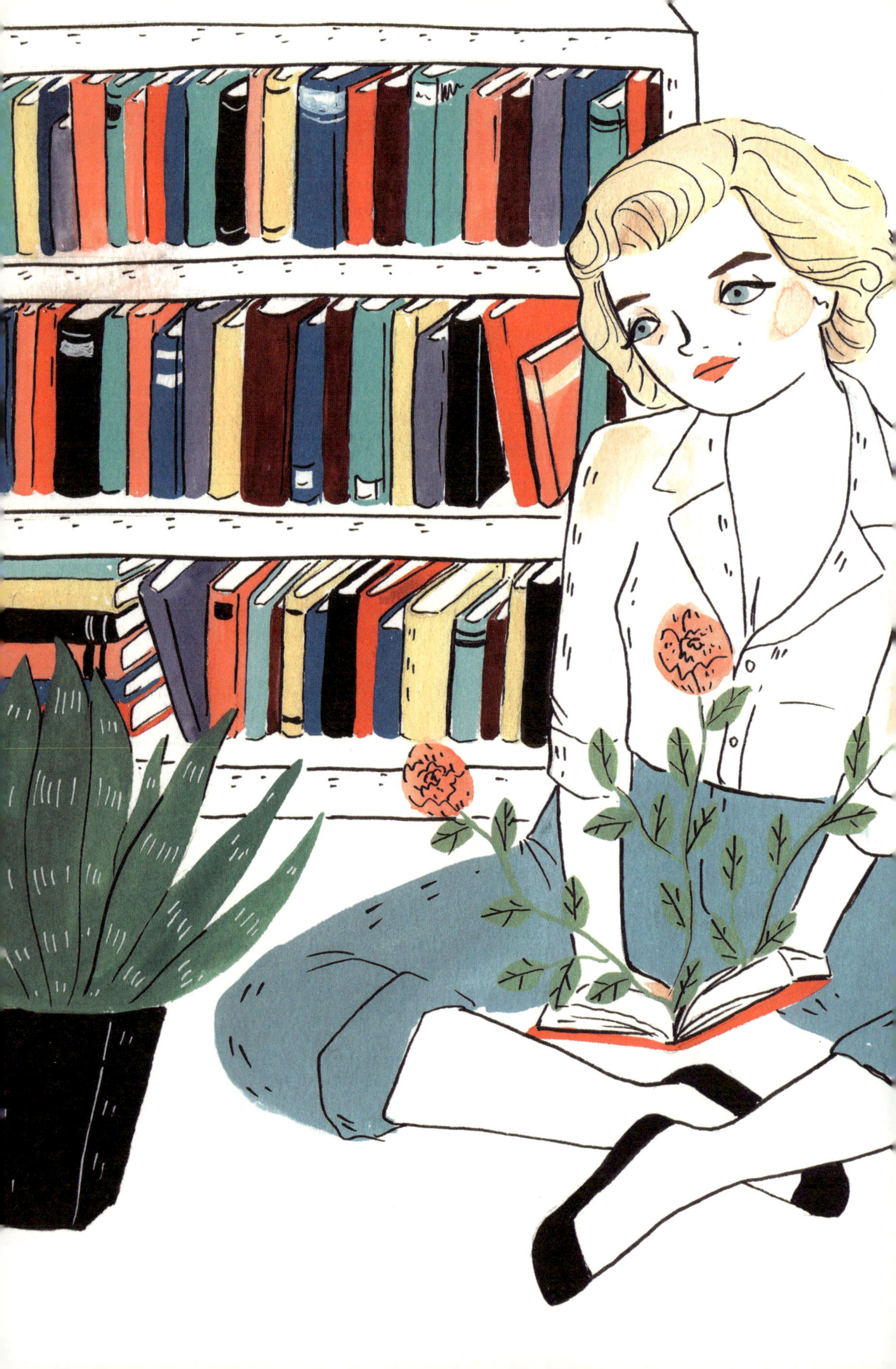

El Actors Lab se había visto obligado a cerrar a principios de 1950, después de que una columna de la influyente Hedda Hopper publicada en *Los Angeles Times* los tachase de comunistas por no mantener separados a blancos y a negros. Yo quería seguir aprendiendo, así que empecé a asistir a clases de Mijaíl Chéjov.

En ese momento, él tenía sesenta años y estaba escribiendo un libro sobre la técnica en escena, basada en la de su maestro Stanislavski, aunque centrada en la imaginación y el movimiento. Me decía que no basta con analizar o hablar de un personaje para convertirse en él; pero que si creaba un «cuerpo imaginario», todo mi ser buscaría transformarse en ese personaje.

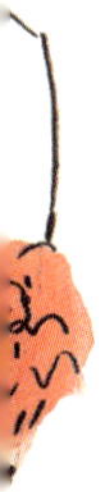

Sin embargo, cuanto más trabajaba, más insegura me sentía, y Natasha no ayudaba: le había conseguido un contrato como profesora en la Fox, y siempre me acompañaba al plató. Me había acostumbrado a buscar su aprobación y ella se había acostumbrado a sentirse necesaria; quizá por eso me corregía continuamente.

Yo deseaba ser buena actriz, pero tenía la impresión de que todos creían que solo triunfaría por mi cuerpo, así que es lógico que tardase horas en elegir ropa, peinado o maquillaje, y no me atrevía a salir hasta verme perfecta, incluso sabiendo que la perfección no existe. Así empecé a ganarme fama de llegar tarde a todos los sitios.

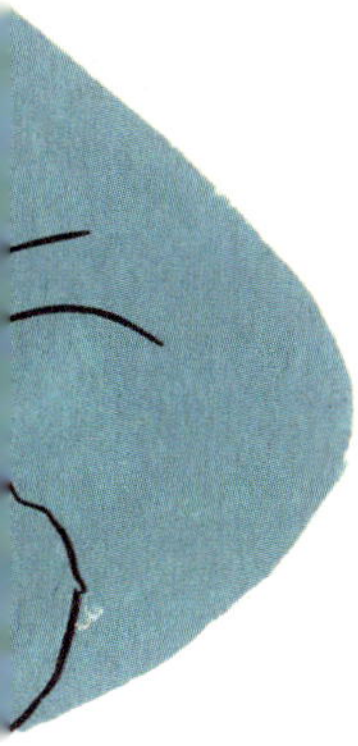

Seguían viendo solo una de mis caras, a la que apuntaban los focos. No sabían que las estanterías de mi casa iban llenándose de libros de Whitman o Tolstói, con anotaciones y esquinas dobladas.

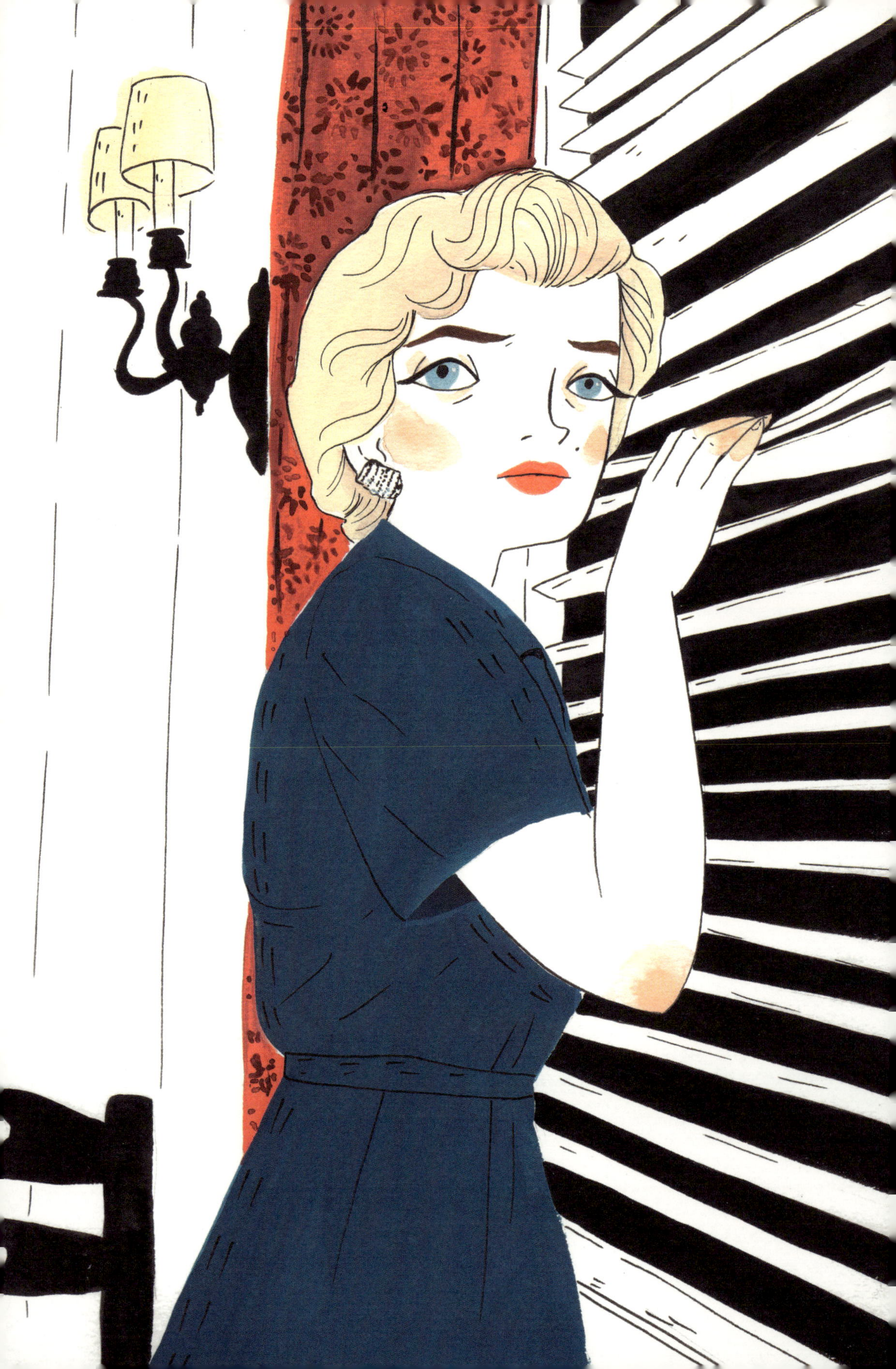

Cuando por fin me llegó un papel dramático y principal con *Niebla en el alma*, lo primero que sentí fue miedo, aunque Natasha decía que me iba como anillo al dedo. Puede que fuera por eso. Yo era Nell Forbes, una chica con una infancia muy pobre y recién salida de un sanatorio mental, que acepta un trabajo de niñera en un hotel y empieza a tener peligrosos impulsos cuando conoce a un hombre que le recuerda al novio que perdió.

Nell Forbes me recordaba mucho a mí en algunas cosas (en una de mis líneas de diálogo hasta decía que nunca había tenido vestidos bonitos cuando iba al colegio), y en otras, como en la crisis mental, a mi madre. Yo había ido perdiendo el contacto con Gladys: sabía que había salido del sanatorio e incluso se había vuelto a casar, pero aunque nunca dejé de enviarle dinero, no era capaz de ir a verla. En realidad, prefería decir que era huérfana.

Durante el rodaje, todos los días me costaba reunir ánimos para salir del camerino, pero quizá por la sensación de que podría ser mi última oportunidad, logré superar el miedo y hacer un buen trabajo.

A todo el mundo le encantó mi interpretación. A todos, salvo a Zanuck, que siguió empeñado en darme papelitos de mujer florero, como el de tonta secretaria de Cary Grant en *Me siento rejuvenecer*, de Howard Hawks.

A principios de 1952 me dijeron que Joe DiMaggio me había visto en una foto vestida con equipación de béisbol y quería invitarme a cenar, para conocerme. Él acababa de retirarse del béisbol y era un héroe nacional y toda una leyenda de los Yankees, mientras que yo, a pesar de esa foto, no sabía nada de ese deporte y nunca habría relacionado «béisbol» y «diamante». Acepté de todos modos, y quedamos en el Villa Capri, el italiano de McCadden Street, donde era fácil toparse con Frank Sinatra, James Dean y tantos otros.

Joe era un hombre guapo y elegante, divorciado, doce años mayor que yo y muy alto. También era reservado y solitario, y a la vez sereno y muy seguro. Su exmujer había sido actriz y él desconfiaba terriblemente del mundo del espectáculo, pero me trataba como si yo fuera alguien especial, me hacía sentir buena persona, decente. Protegida. Y sin darnos cuenta, tras muchas cenas, paseos y conversaciones, nos habíamos enamorado. Éramos tan diferentes que encajábamos a la perfección. Él me daba calma. Yo le daba pasión a su vida.

Ya estábamos juntos cuando, en marzo de ese año, salieron a la luz las fotografías que me había hecho desnuda en 1949 para un calendario.

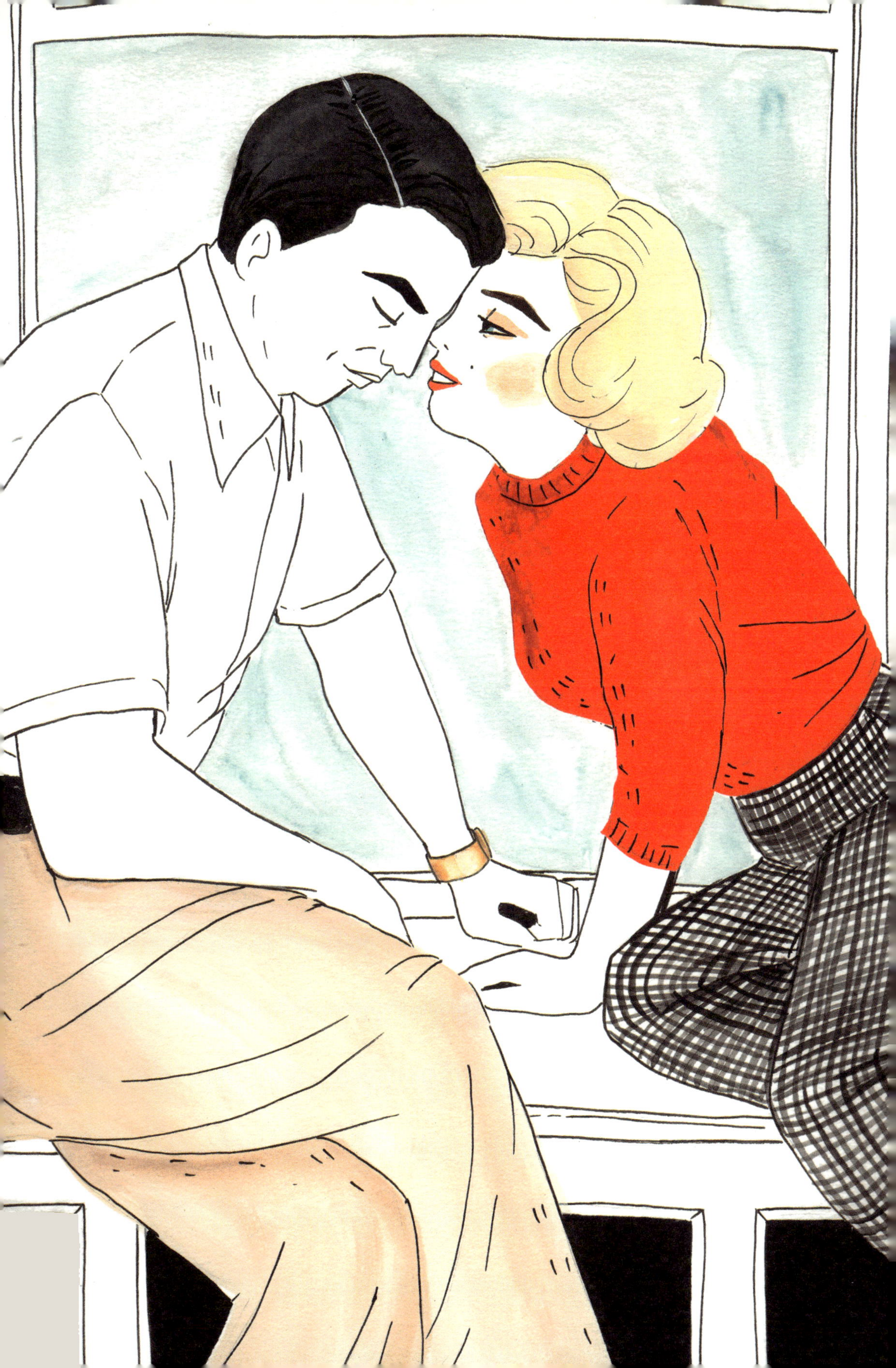

El teléfono de la Fox empezó a sonar sin parar y estaban aterrorizados. No podían creer que yo fuera la de las fotos de ese calendario que se vendía bajo el nombre de «Sueños dorados», y yo no entendía a qué venía tanto escándalo. Eran fotos artísticas, ¿qué veían de malo en ellas?

Estaban paralizados, porque el senador McCarthy no paraba de advertir sobre el derrumbe de los valores morales americanos, y la censura era cada vez mayor. En los estudios no sabían cómo afrontarlo.

Llegaron a prepararme un guion, aunque a mí me pareció mejor hacer mis propias declaraciones. No negué que fuera yo la que aparecía en las fotos, pero en lugar de mostrarme avergonzada o de pedir disculpas, conté la verdad: que en aquel momento pasaba hambre, y que necesitaba esos cincuenta dólares. La actitud del público cambió de pronto, y se difundió una imagen de mí inocente y necesitada, de una mujer que merecía su compasión. Y así, como por arte de magia, mi fama se consolidó.

No paraba de recibir cartas de admiradores y aparecer en revistas y portadas, era una avalancha. El público comenzó a comparar mi vida con la de la trágica protagonista de *Niebla en el alma*, la niña pobre y huérfana, y querían que triunfara. De repente me había convertido en el sueño americano.

Fue entonces cuando Zanuck vio que le podía generar dinero, y comenzó a buscarme papeles para todas las películas.

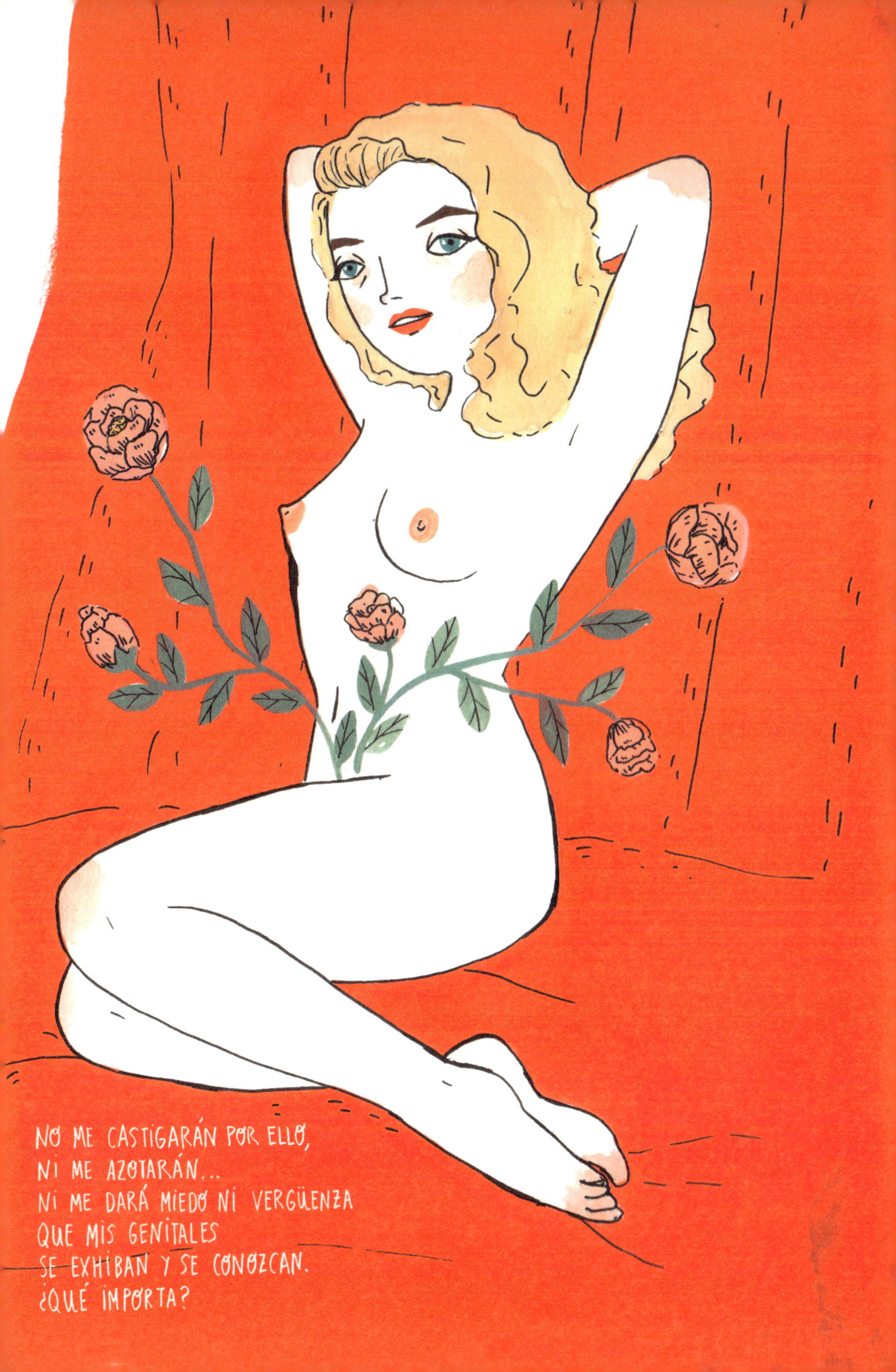
NO ME CASTIGARÁN POR ELLO,
NI ME AZOTARÁN...
NI ME DARÁ MIEDO NI VERGÜENZA
QUE MIS GENITALES
SE EXHIBAN Y SE CONOZCAN.
¿QUÉ IMPORTA?

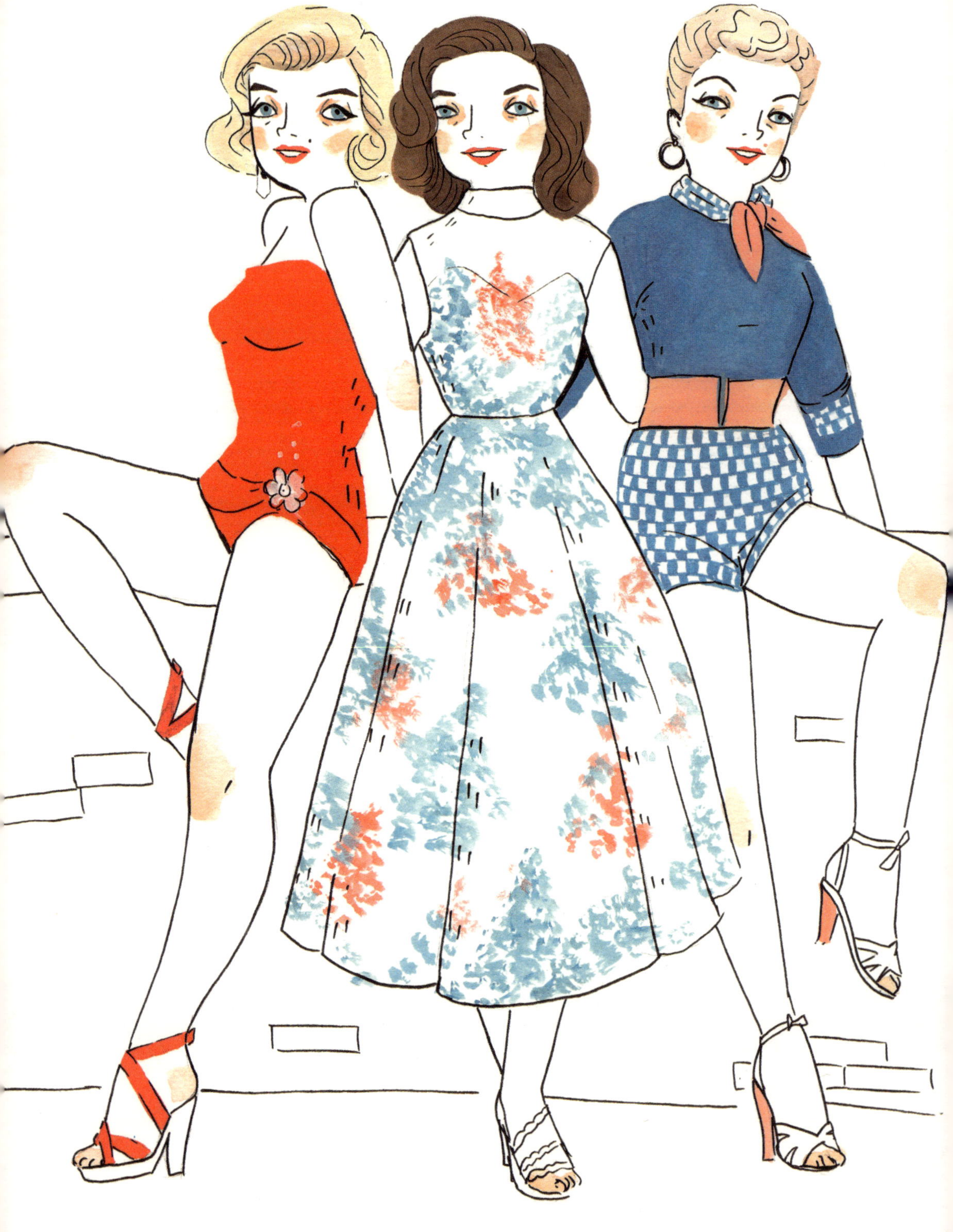

Cómo Casarse con un MILLONARIO

Entre ese año y el siguiente grabé tres de mis películas de más éxito: *Niágara, Los caballeros las prefieren rubias* y *Cómo casarse con un millonario*. No paraba de trabajar, por fin era una estrella, y aunque cada vez que me tocaba ponerme delante de una cámara sentía el mismo pánico que la primera, en el momento en que aparecía surgía la magia; eso me decían. Cantaba y actuaba y todo el mundo iba al cine a verme.

MIEDO DE QUE ME PASEN EL GUION Y NO SEA CAPAZ DE APRENDER MIS FRASES. QUIZÁ ME EQUIVOQUE, Y ENTONCES LA GENTE PENSARÁ QUE NO VALGO, O SE REIRÁ, O ME MENOSPRECIARÁ, O CREERÁ QUE NO SÉ ACTUAR.

Fue en *Niágara* cuando introduje una nueva manera de caminar que se convertiría en mi sello personal. Por indicación de Chéjov, había leído *El cuerpo pensante*, que trataba de la respiración y la anatomía: en él describía un ejercicio que consistía en andar como suspendida de una cuerda que, atada a una nube, te saliera de la coronilla. Con solo cambiar mis andares, mi peinado, mi forma de hablar y vestir, con la ropa bien ceñida al cuerpo, nacía Marilyn.

El problema era que cuanta más atención atraía, más celoso se ponía Joe.

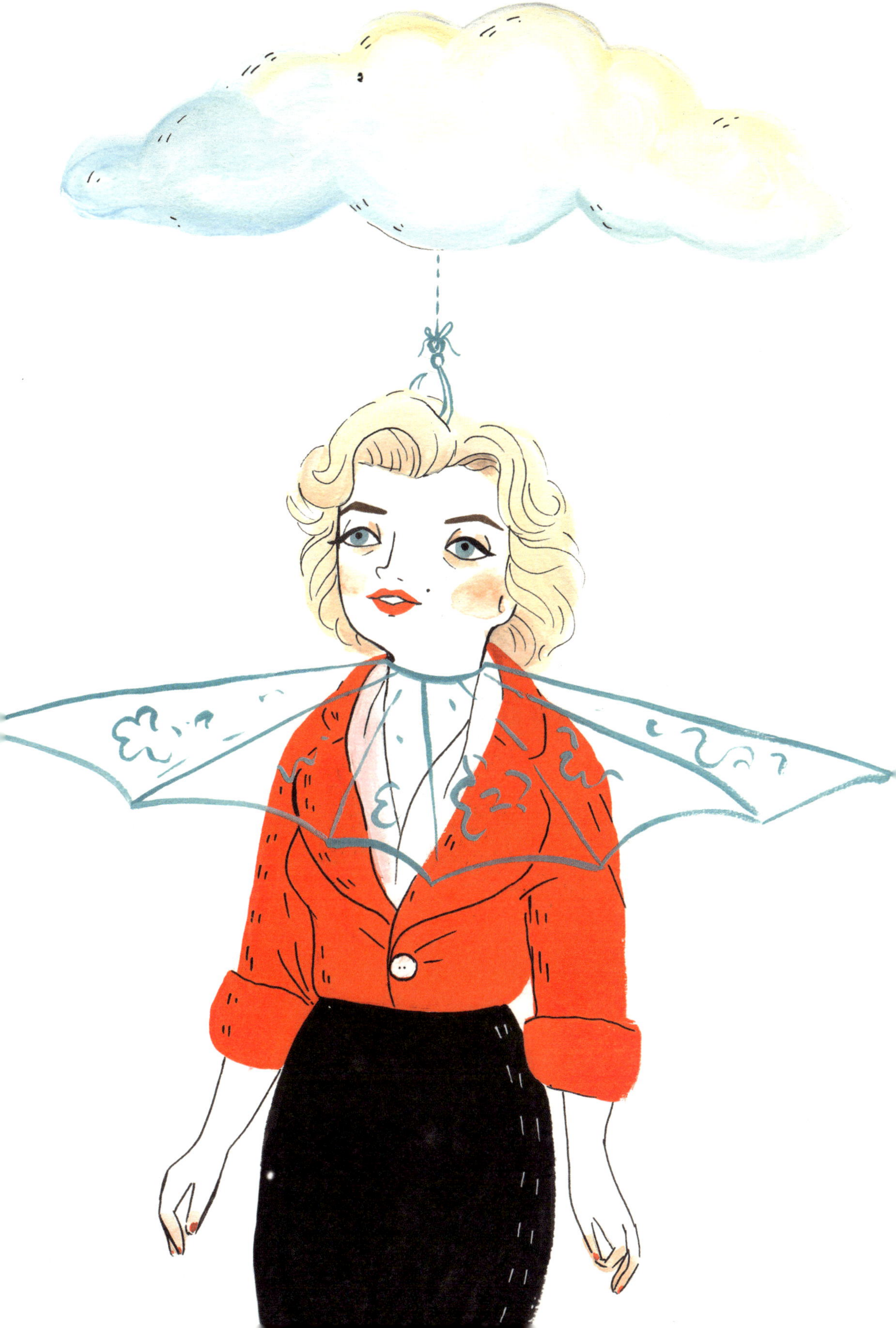

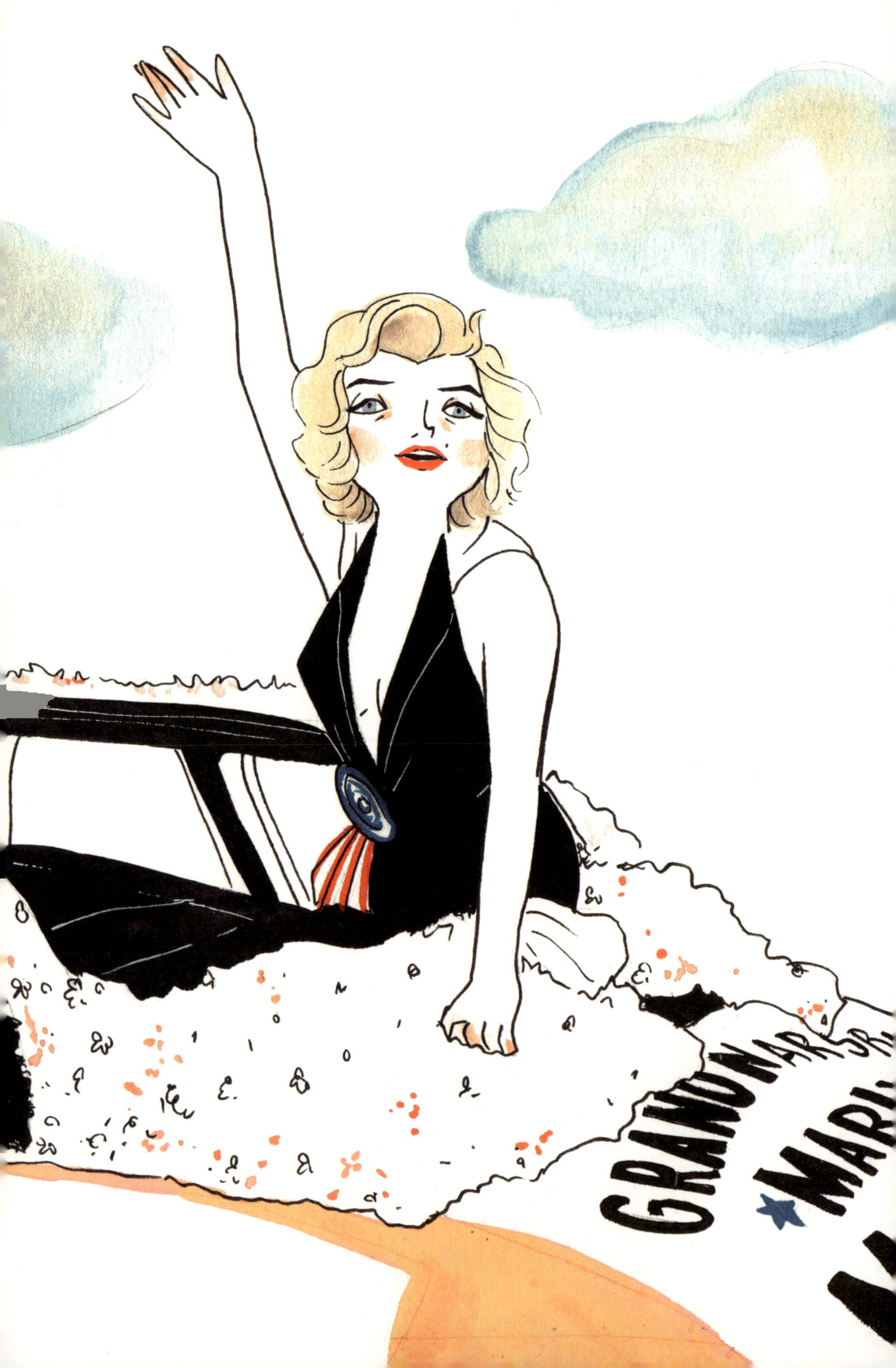

Joe me quería solo para él, pero yo ya me estaba convirtiendo en la novia de América, y aunque le era fiel, me encantaba la idea de que los demás soñaran conmigo. Nos queríamos, y era alucinante en la cama, pero por mucho que él insistiera, no iba a abandonar el cine, justo en mi mejor momento, así que iba sorteando los conflictos según llegaban.

Como cuando en una entrevista dije que no llevaba ropa interior, que me gustaba sentirme libre. O con aquella polémica cuando oficié el desfile de Atlantic City para el concurso de Miss América: el día anterior me habían hecho fotos con mujeres militares para ayudar a las fuerzas armadas en una campaña para reclutar a más mujeres. El fotógrafo tomó la foto desde un balcón y la perspectiva hizo que mi escote se viera más pronunciado de lo que realmente era. No usaron las fotos: juzgaron que la imagen que daba era escandalosa y no favorecería a la campaña.

Aquello me dolió, y en respuesta salí en el desfile con un vestido negro escotado de verdad, con el que se intuía que no llevaba ropa interior. Aquello provocó quejas indignadas por parte de grupos religiosos, y Joe se enfadó conmigo por aquella «exhibición pública».

MI CUERPO ES MI CUERPO, TODAS Y CADA UNA DE SUS PARTES.

Me debatía entre el deseo de vivir libremente y sin prejuicios y el ansia de que me reconocieran por mi talento, sin entender por qué debía elegir entre dos opciones que para mí no se contradecían. Quizá había llegado a creerme que, como me decía Natasha, mi cuerpo era mi mejor herramienta y me daba pánico tener que prescindir de ella.

Antes de cumplir los veintisiete años había rodado veinte películas, en su mayoría con el papel de rubia tonta. Lo peor era que esa imagen traspasaba la pantalla y todos parecían creer a pies juntillas en el personaje que yo misma había contribuido a crear. Caía en una trampa que a la vez me estaba proporcionando todo mi éxito.

Lo sabía cuando empecé a rodar *Los caballeros las prefieren rubias*. En la película, Jane Russell y yo somos dos bailarinas de cabaret con ganas de cazar a un buen partido, que viajan a París y se ven envueltas en un robo. Mi personaje, Lorelei Lee, está prometida a un millonario y es una chica superficial y sin muchas luces, al menos en apariencia. Pero para mí era importante que quedase claro que no todo es lo que parece, y en una pequeña victoria personal conseguí que colaran en el guion esta frase:

PUEDO SER INTELIGENTE CUANDO ME CONVIENE, PERO ESO A LOS HOMBRES NO LES GUSTA.

Aun así, el público recordaría para siempre la película por la escena en la que cantaba «Diamonds Are a Girl's Best Friend», y que tan poco me reflejaba. A diferencia de Lorelei Lee, a mí el dinero me daba igual: nunca supe ahorrarlo, y tan pronto como llegaba me lo gastaba en las clases, en regalos para amigos y en más libros.

NO ME INTERESABA EL DINERO: SIMPLEMENTE, QUERÍA SER MARAVILLOSA.

Nuestros personajes de Lorelei y Dorothy nos llevaron a Jane y a mí a la portada de *Life* y luego a dejar nuestras huellas delante del Teatro Chino de Grauman. Ese día, las dos estábamos felices. Jane se puso unos zapatos grandes para que ninguna chica sintiese que no podría seguir sus pasos. «Esto es para toda la eternidad, ¿verdad?», le pregunté. Y ella me dijo que sí, «o al menos mientras dure el cemento». Deseé que durara para siempre.

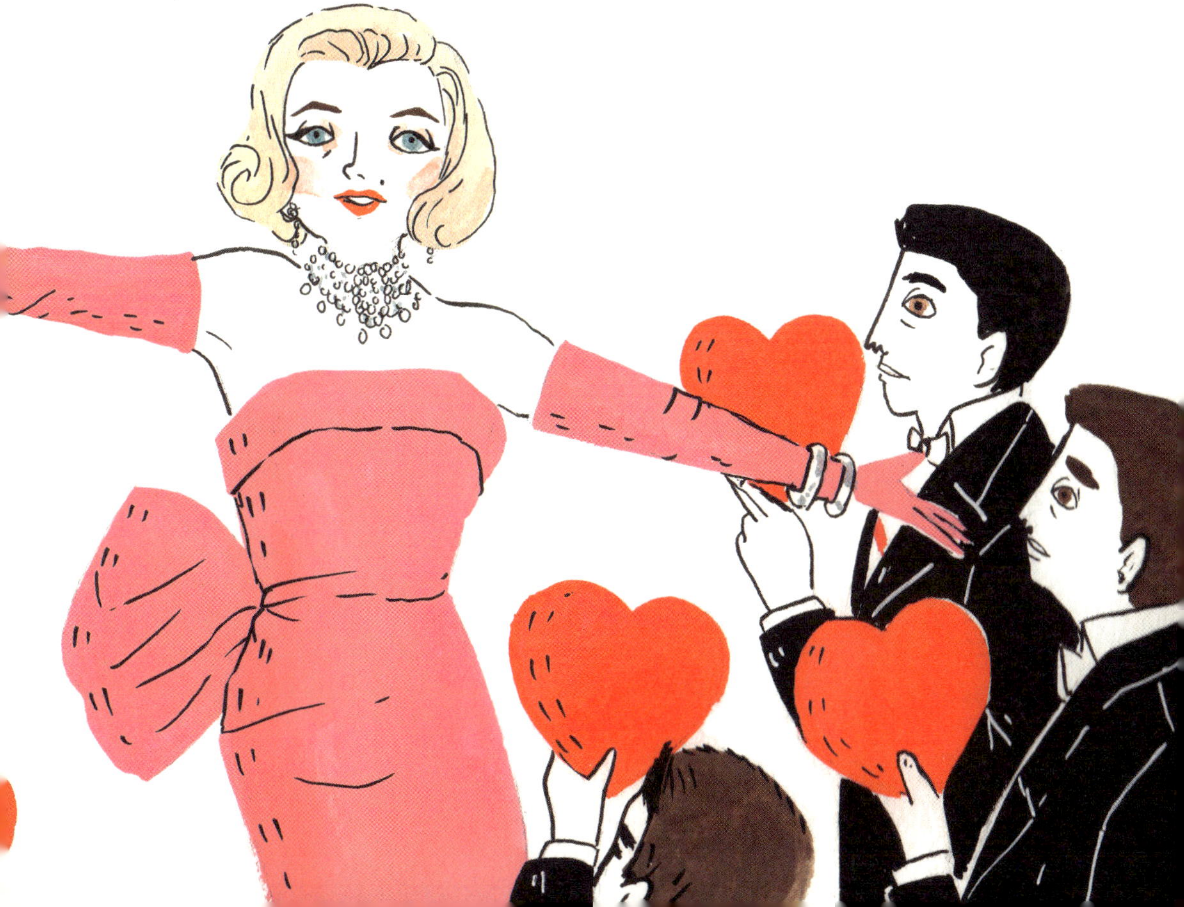

Hacía tiempo que conocía a Milton Greene y admiraba su trabajo. Aunque solo era cuatro años mayor que yo, cuando nos presentaron, hacia 1949, Milton ya era retratista de famosos, y con el tiempo haría fotos a Grace Kelly, Laurence Olivier, Frank Sinatra, Cary Grant, Tippi Hedren y una lista de estrellas casi infinita. En aquel primer encuentro no llegó a fotografiarme, pero desde entonces nos hicimos amigos. Tiempo después confesó que lo primero que le llamó la atención al conocerme no fueron mis curvas, sino mi voz.

El 18 de agosto de 1953 por fin me hizo mi primera sesión fotográfica. No quiso hacérmela con un traje ceñido o con poses provocativas, como solían pedirme. Me dio un jersey holgado de su mujer, Amy, y sin más artificio ni peticiones comenzó.

Cuando vi el resultado, me conmovió. Él y su cámara me veían más allá de mi cuerpo. Después de esa vendrían muchas más sesiones, entre ellas la que me hizo en su ático del 480 de Lexington Avenue, en Nueva York, al año siguiente, con el «tutú», que en realidad era una falda blanca de gasa.

Milton nunca me pidió que posara sexi. Con él siempre me sentí guapa e inteligente. Detrás del objetivo, él retrataba mi alma.

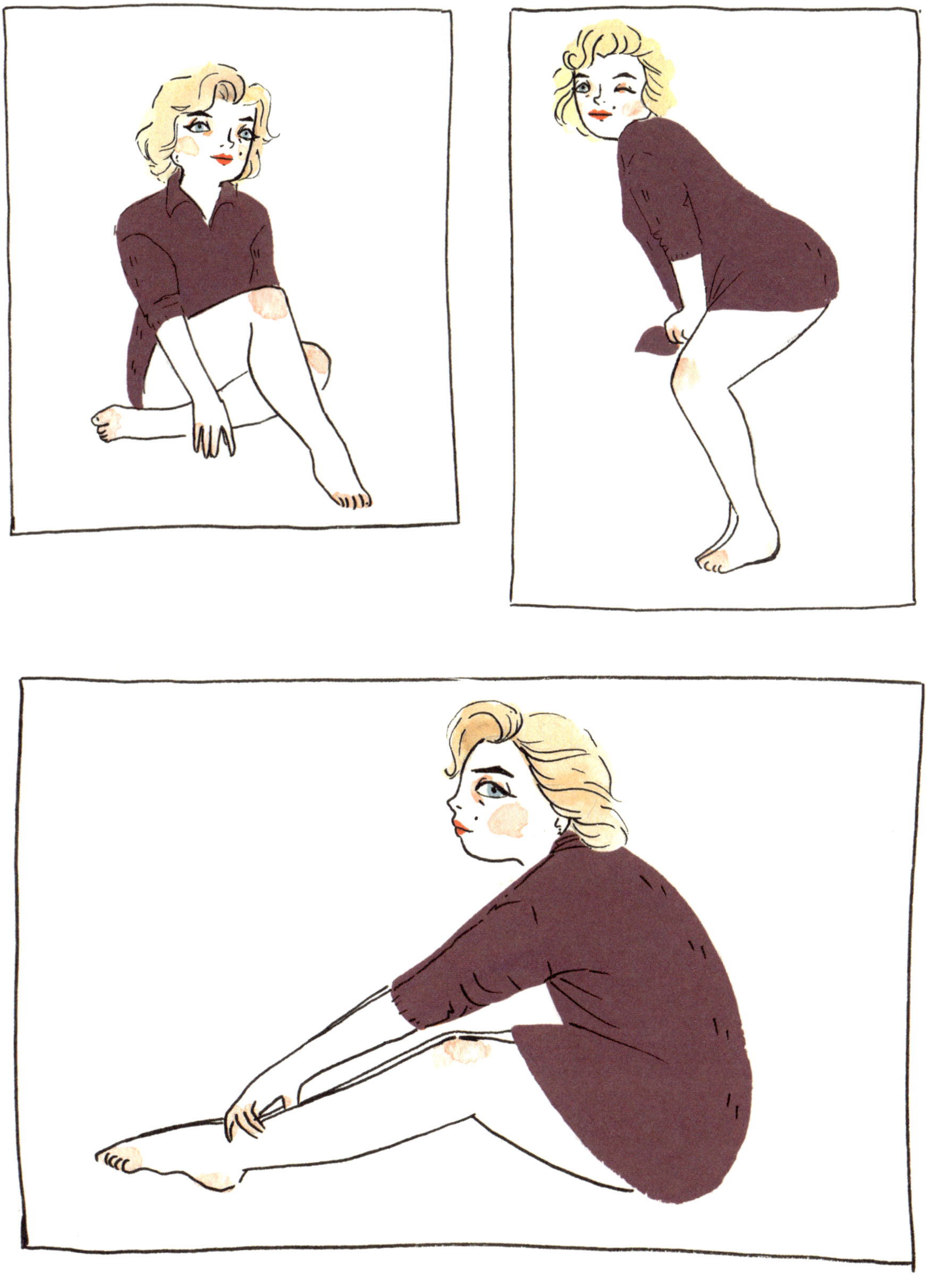

La imagen de la mujer estaba cambiando a otra más carnal, que, para muchos, yo simbolizaba. Hollywood empezaba a mirar la sexualidad de un modo más adulto, sobre todo con la publicación del libro *Comportamiento sexual de la mujer*, de Alfred R. Kinsey, un libro que no temía hablar del orgasmo femenino y de cómo alcanzarlo y del deseo sexual de las mujeres (que no es menor que el de los hombres), y hasta aseguraba, para escándalo de muchos, que nosotras también disfrutamos con el sexo.

Aquel libro perturbaba la moralidad puritana estadounidense y dividía a los norteamericanos casi tanto como yo. Ya antes, Mae West y Hedy Lamarr se habían atrevido a hablar de sexo con naturalidad, pero yo lo abordaba con una sensualidad inocente, y eso era demasiado, así que contraatacaron no tomándome en serio.

Los premios se los llevaban otras actrices más decentes, mientras que yo me convertía en el objeto de deseo. Algo bonito y vacío con lo que soñar y que usar.

EL SEXO ES PARTE DE LA NATURALEZA, Y YO ME LLEVO BIEN CON LA NATURALEZA.

Volviendo a los polémicos desnudos de «Sueños dorados», para gran disgusto de Joe, Hugh Hefner compró uno de ellos y lo publicó ese diciembre en el desplegable del primer número de su revista *Playboy*. Para ellos supuso el perfecto trampolín de salida, aunque nunca vi un centavo por ello, ni el menor gesto de agradecimiento.

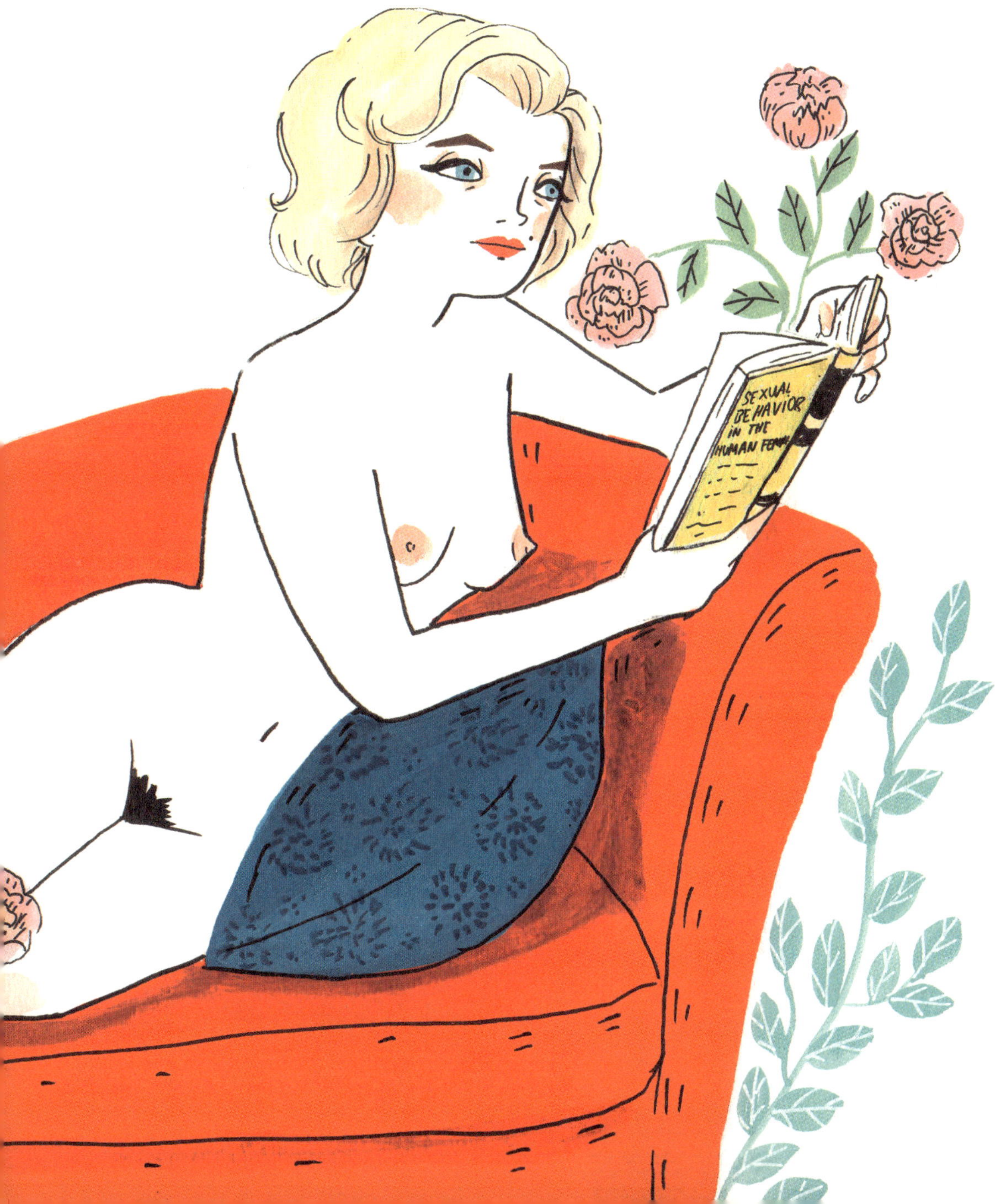
SEXUAL
BEHAVIOR
IN THE
HUMAN

Con estas ideas en la cabeza, a veces me obsesionaba por hacer otro tipo de películas, como si una actriz solo pudiera demostrar su talento en papeles más serios. Aun así, los nuevos proyectos me estaban permitiendo conocer y trabajar con actrices maravillosas. En papeles secundarios ya había compartido plató con Bette Davis, Anne Baxter y Ginger Rogers, pero ahora, como protagonista, pasaba más tiempo de rodaje con estrellas como la propia Jane Russell o, en *Cómo casarse con un millonario*, Betty Grable y Lauren Bacall.

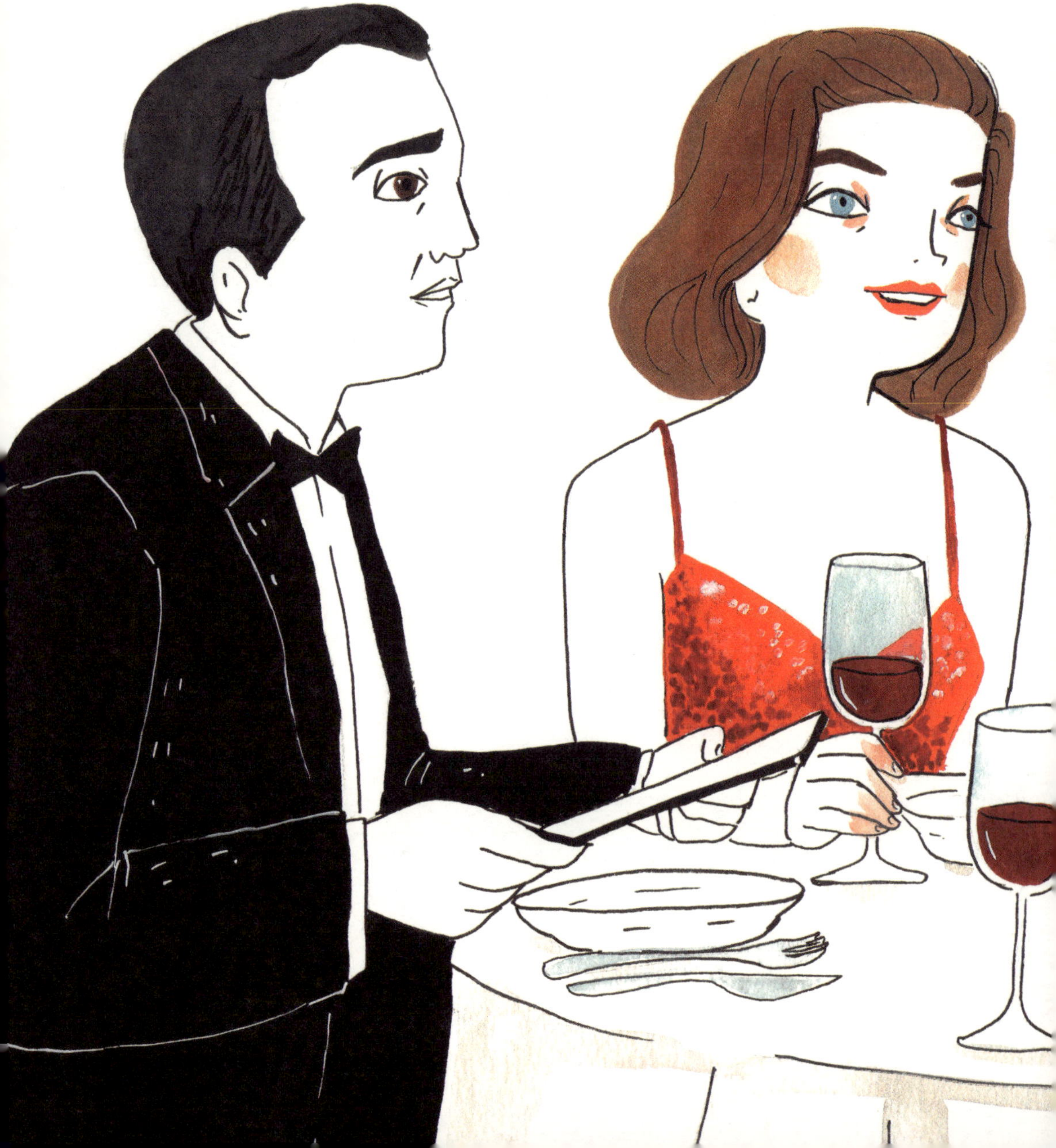

Interpretábamos a tres chicas que alquilan un ático en Manhattan, decididas (otra vez) a cazar a un hombre rico que les resolviera la vida. Nos reíamos juntas y nos hicimos buenas amigas, y recuerdo el estreno en noviembre, después de cenar con Lauren y su marido, Humphrey Bogart, como uno de los mejores momentos de mi vida.

Por más que la prensa intentara sacar noticias sobre posibles enfrentamientos entre nosotras, no podía. Se empeñaban en que las mujeres no nos podíamos llevar bien. Qué ridículo.

Lo habían intentado mil veces antes con Natasha Lytess: decían que ella envidiaba mi belleza o mi juventud, que se había enamorado de mí. En realidad, durante más de seis años estuvimos muy unidas, aunque mi relación con Joe y la actitud de ella en los estudios estaba complicando mucho las cosas.

Natasha decía que Joe era para mí un castigo de los cielos, y Joe tampoco la soportaba a ella. Además, embrollaba los rodajes porque en vez de darme seguridad, me la quitaba y obligaba a repetir mis escenas, con lo que no solo me frustraba, sino que además enfurecía al resto del equipo. Intenté mantenerla conmigo todo lo que pude, pero la situación se hacía insostenible.

Todavía me acompañó cuando fuimos a Canadá a rodar *Río sin retorno*, con Robert Mitchum, y volvió loco al director, Otto Preminger.

En el fondo, yo sabía que aquello algún día llegaría a su fin, aunque aún estuvo a mi lado un tiempo, y fue una gran amiga cuando se torcieron las cosas con Joe, poco después de la boda.

Él y yo nos casamos en el Ayuntamiento de San Francisco el 14 de enero de 1954.

Le hice grabar una medalla de oro con una frase de *El principito* para que se la pusiera en el reloj: «Solo se ve bien con el corazón, lo esencial es invisible para los ojos». Cuando se la entregué, Joe me miró sin comprender.

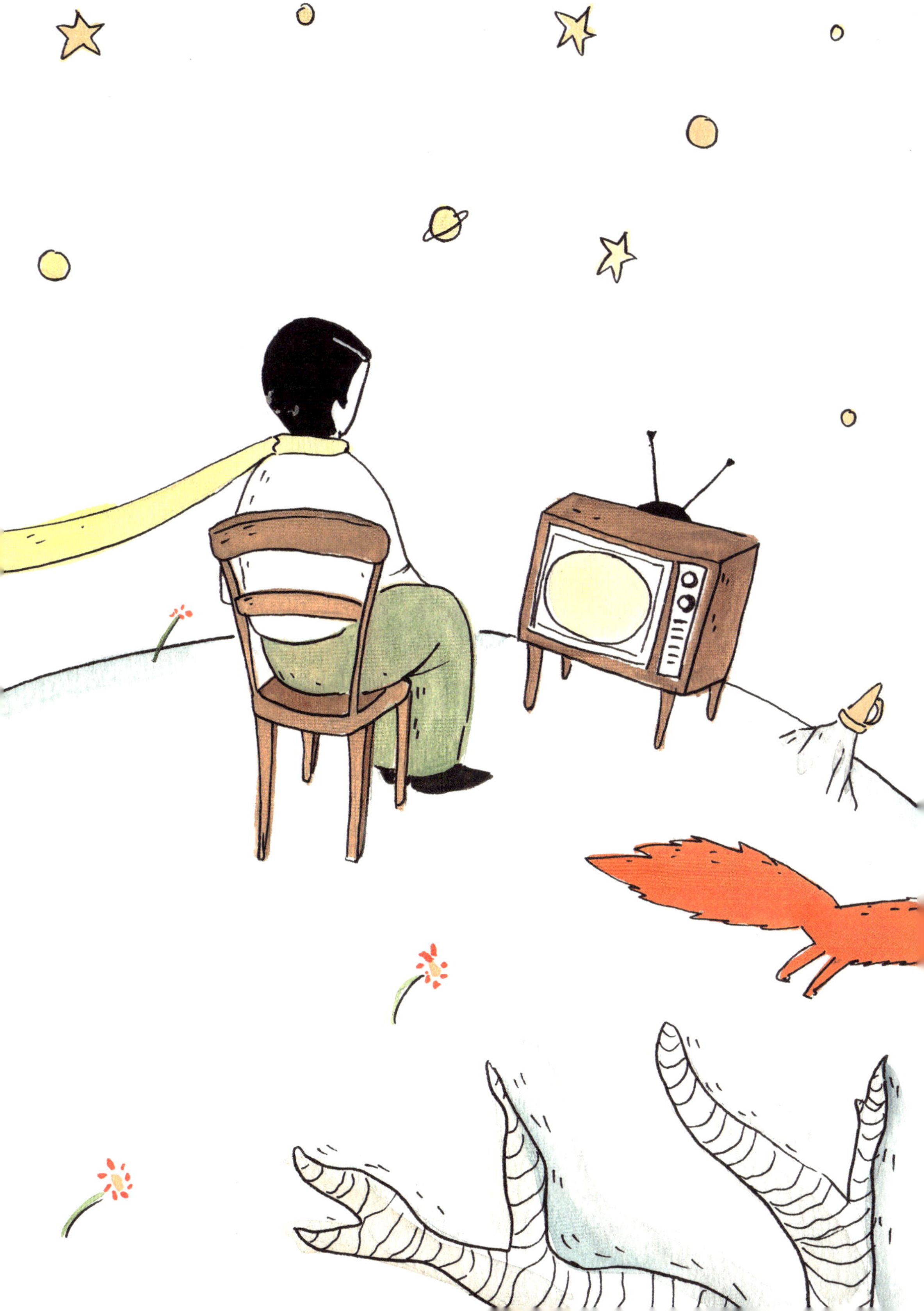

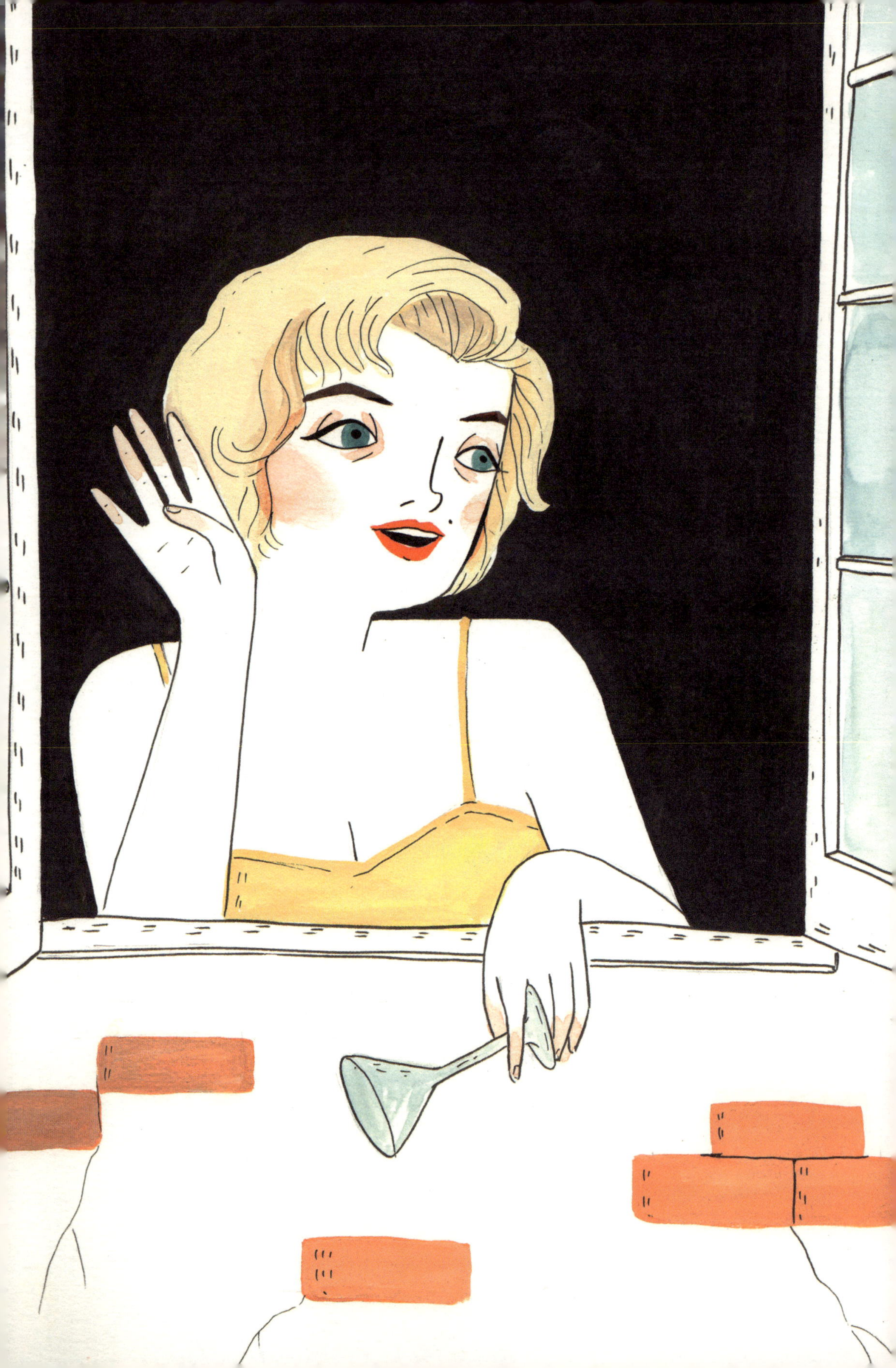

la
tentación
vive
arriba

Las revistas enloquecieron con mi boda con Joe, decididas a averiguar en qué tipo de mujer me iba a convertir y cuántos hijos tendríamos, pero yo sentía que aún tenía mucho cine por delante.

Una de las escenas que más llamaron la atención en *Niágara* fue la de «Kiss». Mi personaje, Rose, entraba en la fiesta con un vestido rojo y su vinilo preferido en la mano, y cantaba la canción mientras sonaba en el tocadiscos. Me gustaba cantar, y la música: me gustaba escuchar a Sinatra, a Ella Fitzgerald, a Sammy Davis Jr., y ya estaba acostumbrada a que incluyeran alguna canción en mis películas. En *Río sin retorno* habían añadido cuatro.

Por eso me propusieron que, después de la luna de miel, mientras Joe se quedaba en Tokio, yo fuese unos días a Corea para apoyar a las tropas que seguían acuarteladas allí tras el final de la guerra en julio. Fue mi primera actuación ante un público tan grande, setenta mil soldados, aunque ni me puse nerviosa ni se me revolvió el estómago. Era febrero y hacía mucho frío, pero yo cantaba con vestidos de tirantes, y cuando sonaba «Diamonds Are a Girl's Best Friend» o «Do It Again», se volvían locos.

ALLÍ DE PIE, BAJO LA NIEVE QUE CAÍA, DELANTE DE TODOS AQUELLOS SOLDADOS QUE GRITABAN, POR PRIMERA VEZ EN MI VIDA NO TUVE MIEDO DE NADA. SOLO ME SENTÍ FELIZ.

Es curioso lo cómoda que me sentía lejos de las cámaras. Sin ellas no había presión y todo salía de forma natural.

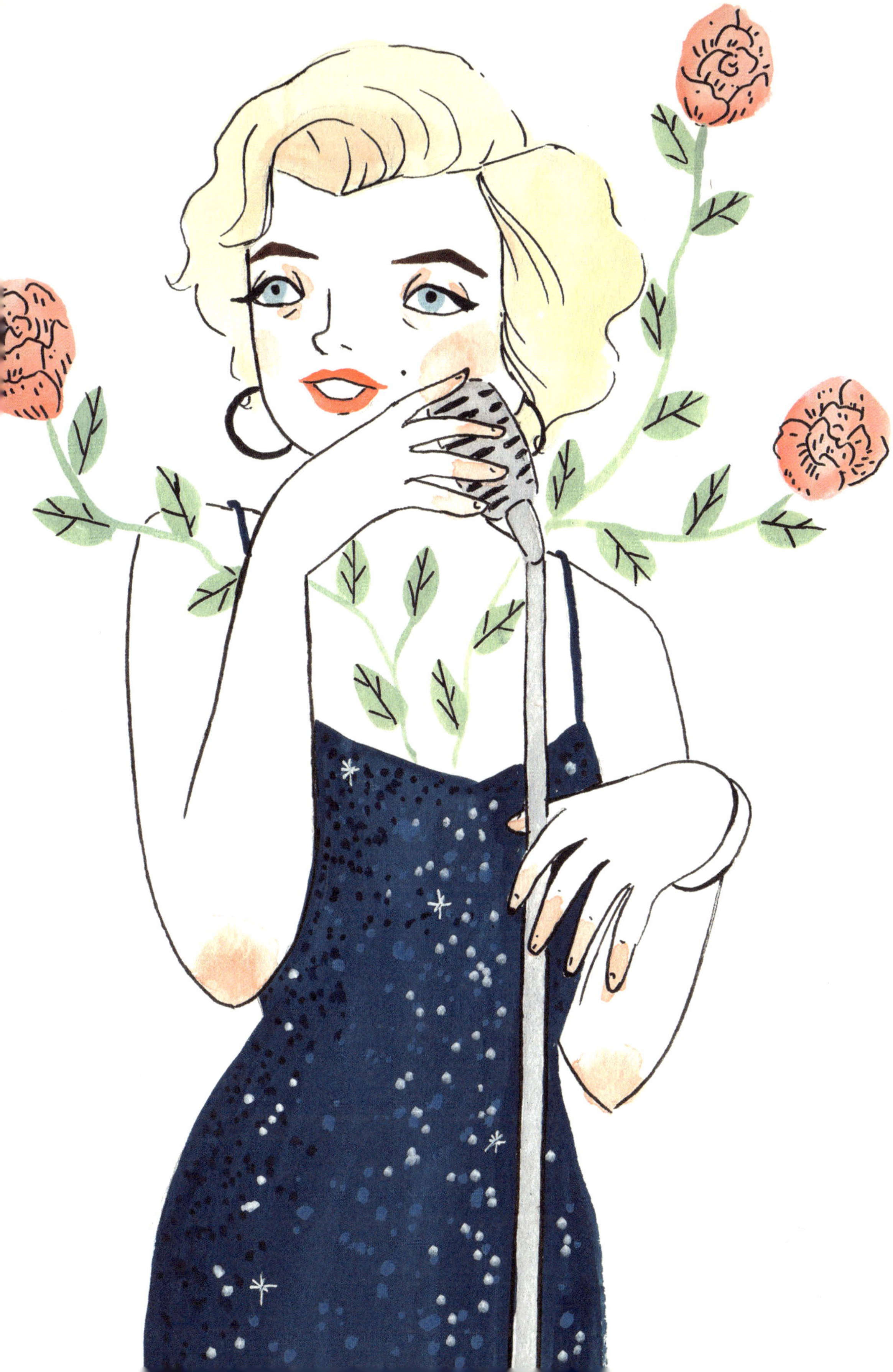

Corea fue importante para mí porque recibí de golpe un amor incondicional, que sentía que tanto en los estudios como en casa con Joe me estaban negando.

En la Fox no notaba el reconocimiento que sí tenía en la calle; me asignaban siempre los mismos papeles y no me daban la opción de leer antes los guiones.

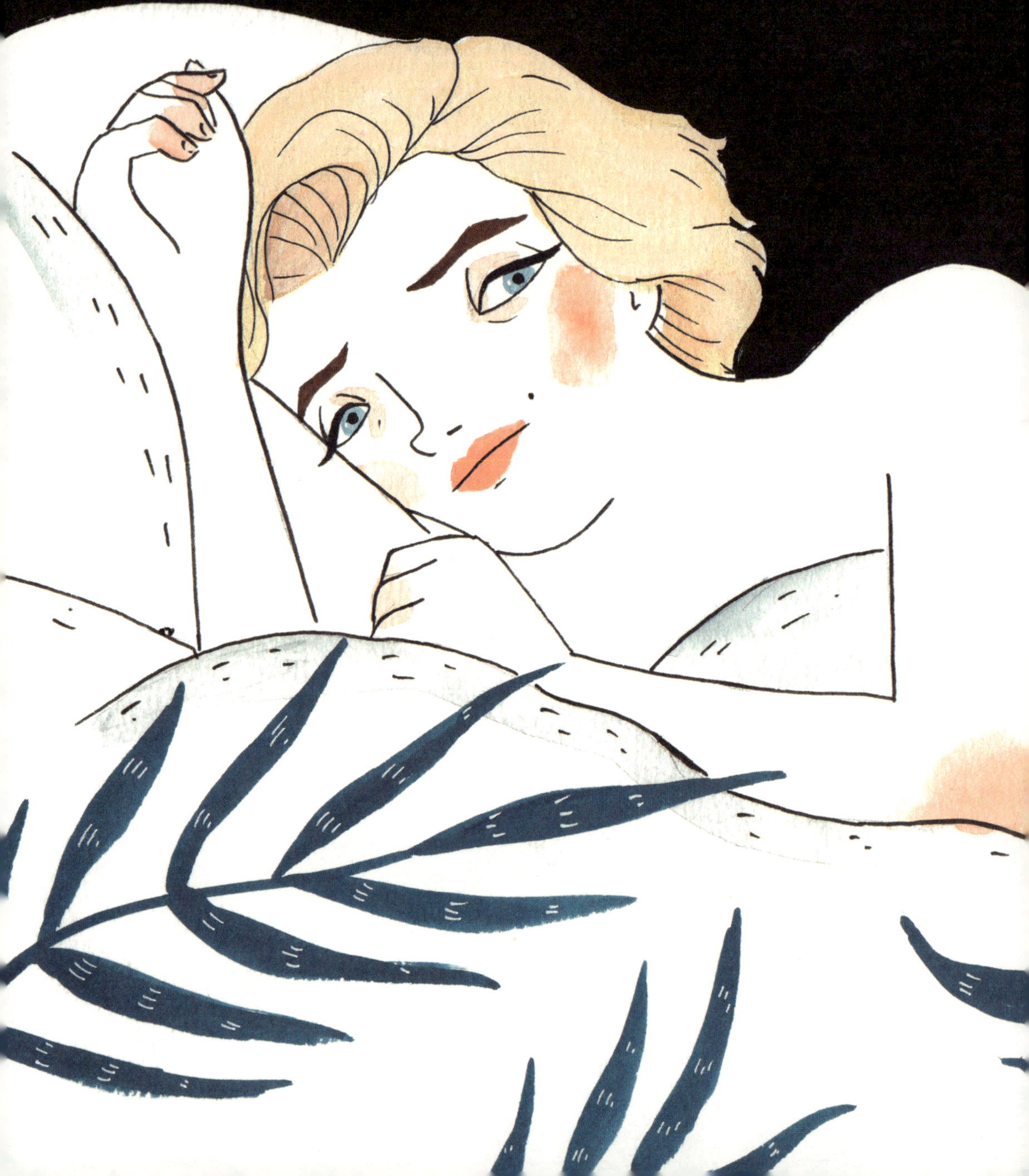

Y en casa, en cuanto nos casamos, mi relación con Joe fue de mal en peor: cuando vio que mi fama superaba la suya y que no iba a dejar el cine, se abrió un abismo entre nosotros. Se enfurecía si un actor me besaba, y odiaba mi vestuario. Discutíamos, pasaba días sin hablarme, y aunque hice cuanto pude por estar a la altura de lo que esperaba, nunca sería la «señora DiMaggio» que él imaginaba. Tampoco quería serlo.

Comencé a sufrir un insomnio que me perseguiría en adelante, y descubrí el poder de los barbitúricos. Todo el mundo los tomaba. Muchas veces los prescribían los médicos de la propia productora: pastillas para dormir de noche, y anfetaminas para estar despierto y aguantar el ritmo a la mañana siguiente. No sabíamos nada de sus efectos perniciosos.

Me ayudaban a descansar, a enfrentarme a cada nuevo día de trabajo y, de paso, a ahorrarme las discusiones que cada vez eran más habituales con mi marido.

Al mirar atrás, tendría que haber sabido interpretar las señales. No hablábamos el mismo idioma.

La gota que colmó el vaso fue el rodaje de una escena en plena calle, cuando protagonicé la nueva película de Billy Wilder.

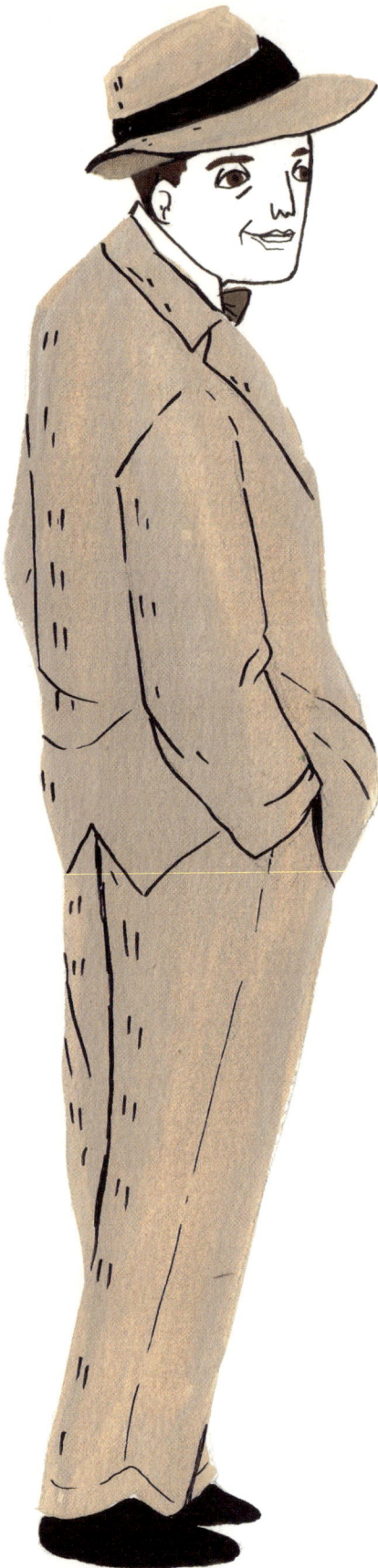

Fue la madrugada del 15 de septiembre de 1954, frente al Teatro Trans-Lux, en Lexington Avenue, y hacía mucho frío. Tom Well y yo íbamos a rodar una escena y una multitud de más de dos mil personas entre público y fotógrafos de prensa se había acercado a verla desde detrás de las vallas y no dejaban de gritar y silbar.

Yo me paraba encima de una rejilla y activaban los ventiladores.

LLEVABA UN VESTIDO BLANCO VAPOROSO SIN MANGAS. CUANDO PASABA EL METRO, ARROJABA UNA RÁFAGA DE AIRE FRESCO; EL VESTIDO SE ME LEVANTABA HASTA LA CINTURA Y DEJABA AL DESCUBIERTO MIS PIERNAS Y BRAGAS BLANCAS.

Joe se presentó de repente en la grabación, y el espectáculo lo enfureció. Al llegar al hotel tuvimos una terrible discusión. Dos semanas después presenté una demanda de divorcio: quería poner punto final a tantas peleas. ¿Por qué tantos hombres en mi vida habían creído que podían poseerme?

Cuando la prensa se enteró de nuestra separación, reclamó explicaciones; por supuesto, me responsabilizaban solo a mí del fracaso de nuestra relación, y dieron por hecho que había otro hombre, aunque, para no entrar en detalles, alegué la incompatibilidad de nuestras carreras. Lo curioso fue que cuando dejamos de ser pareja y Joe entendió que no era suya, nos hicimos buenos amigos, y esa amistad duró para siempre.

Entre los rumores de la prensa, que no se cansaba de hablar de una posible reconciliación amorosa que jamás llegaría, ese mismo noviembre me visitó a diario en el hospital cuando me operaron de endometriosis, y fuimos juntos a varios clubes nocturnos. Yo tenía las riendas y sentía que podía cambiar el mundo.

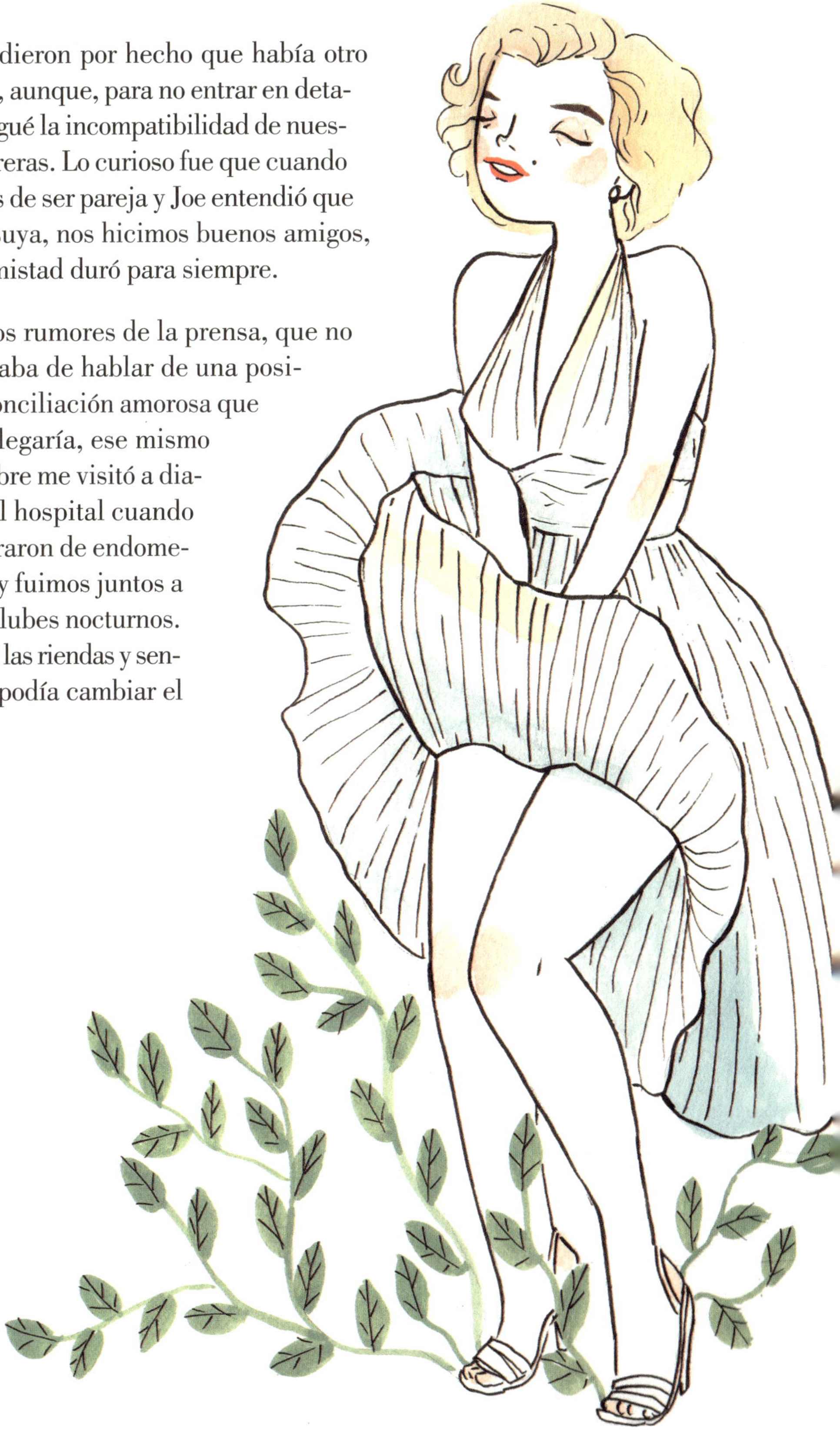

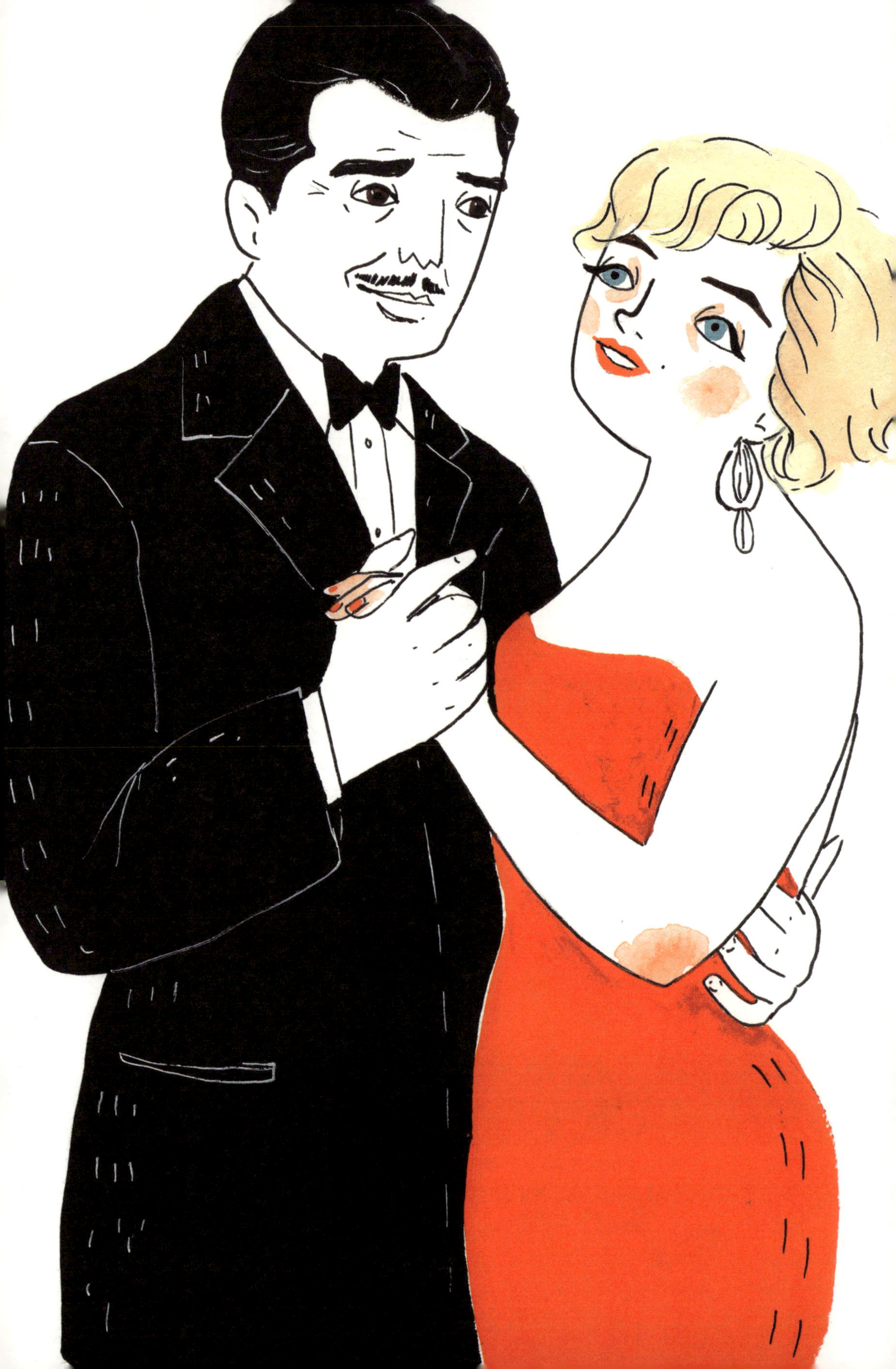

Había sido un año duro, y mi agente, Charles Feldman, pensó que me había ganado un respiro, así que en noviembre, tan pronto como acabó la producción de *La tentación vive arriba*, organizó una cena en mi honor en mi restaurante favorito de Hollywood: el Romanoff, en Rodeo Drive.

Cuando llegué con mi vestido de terciopelo rojo, a juego con uñas y labios, largos pendientes de perlas y una estola blanca sobre los hombros, ya me esperaban todos. Tom Well y Billy Wilder, James Stewart, Doris Day, Bogart y Bacall, Gary Cooper, Susan Hayward, Groucho, Clifton Webb. Hasta Zanuck había acudido... Y, sobre todo, allí estaba sonriéndome Clark Gable.

Esa noche le dije que durante años creí que él era mi padre, y se rio (era un hombre fantástico); bailamos y nos prometimos que algún día rodaríamos una película juntos.

A lo largo de la velada, una foto mía, grande, fue pasando de mesa en mesa para que todos pusiesen algo: la he guardado siempre como uno de mis mayores tesoros, y me ha acompañado allí donde he vivido. En el Romanoff, entre todas esas estrellas, me sentí querida y valorada. De alguna manera, esa noche por fin tuve la impresión de que había llegado a casa.

En Los Ángeles, la noche estaba llena de vida. Muchas veces salía con amigos a bailar y escuchar música en directo en los clubes de la zona, a ver a unos y a otros en el Hob Nob o el Crescendo Club, el Tiffany Club o el Mocambo.

El Mocambo estaba abierto en Sunset Boulevard desde 1941 y era el local de moda donde todas las noches se reunía medio Hollywood; por allí habían pasado ya cantantes como Bob Hope, Dinah Shore o Sinatra.

Sin embargo, parecía que Ella Fitzgerald, mi cantante favorita desde que la oí cantar a los Gershwin, no tenía derecho porque su voz y su físico eran «demasiado negros» para lo que los dueños del local querían ver sobre el escenario. Me propuse que la contrataran en el Mocambo, y a cambio me comprometí a acudir a cada una de sus actuaciones. El dueño, Charlie Morrison, aceptó porque sabía que si iba yo, iría la prensa y el local se beneficiaría, y lo hizo desde la noche del estreno, en marzo de 1955, con Sinatra y Judy Garland en primera fila.

Así comenzó mi batalla con otros locales, una batalla que no fue muy bien vista, pero tenía toda la fuerza para luchar por aquello en lo que creía, y pensaba hacerlo. Los prejuicios de la sociedad me exasperaban, y necesitaba hacer cuanto estuviera en mis manos por combatirlos.

NO ESTARÉ SATISFECHA HASTA QUE LA GENTE QUIERA OÍRME CANTAR SIN NECESIDAD DE MIRARME.

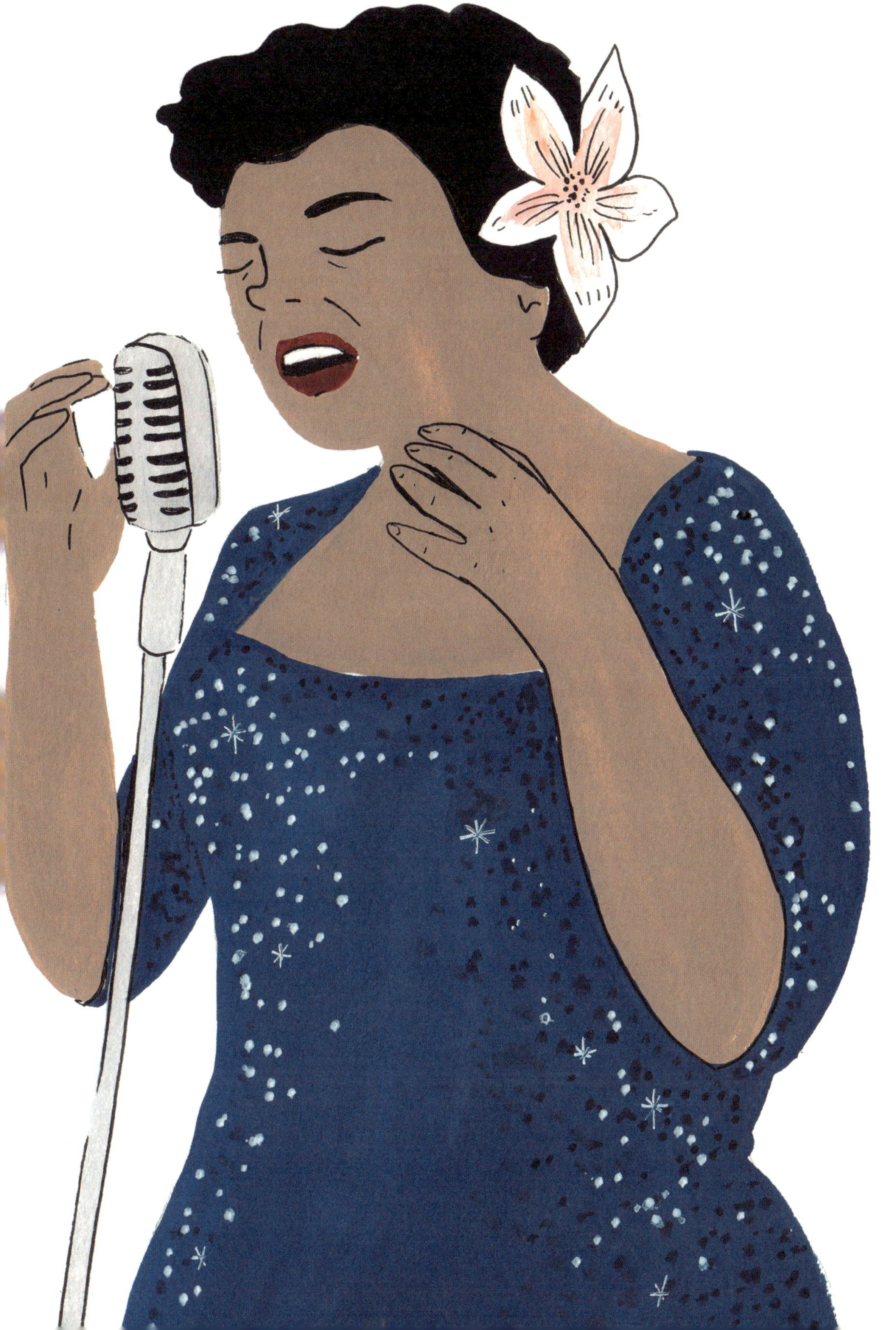

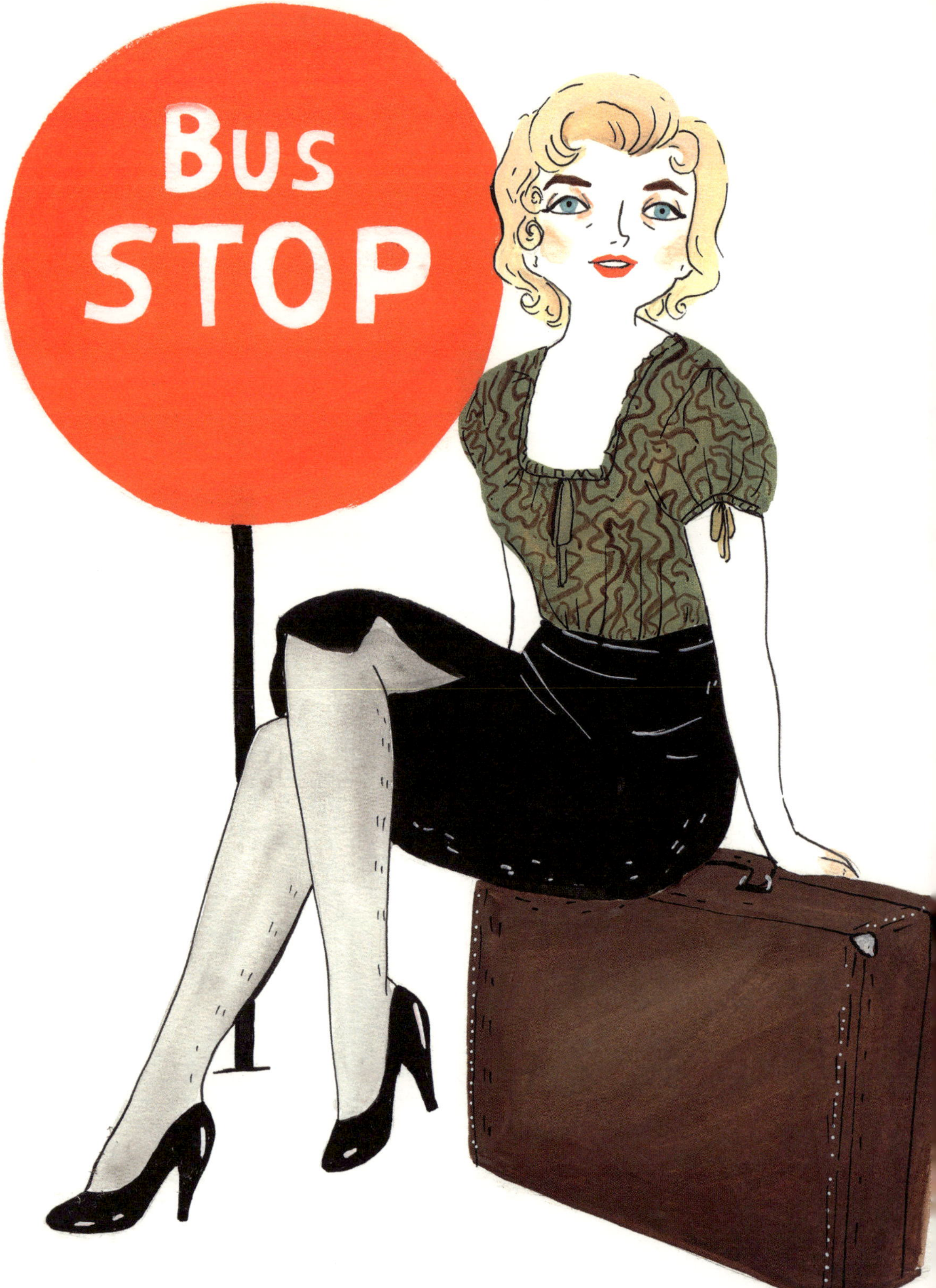
Bus
STOP

BUS
STOP

Tras el rodaje de *La tentación vive arriba* decidí rescindir mi contrato con la Fox. Llevaba tiempo estudiando cómo hacerlo. Estaba cansada del sistema de trabajo en cadena en el que me veía envuelta, sentía que no avanzaba como actriz y no entendía que no me consultaran a la hora de adjudicarme los papeles. ¡Por un módico sueldo de cincuenta mil dólares al año les estaba reportando veinticinco millones!

Aunque no era una cuestión de dinero, sino de respeto: nunca me había quejado de que otras actrices cobraran mucho más, incluso algunas de las que actuaban en las películas que yo protagonizaba, pero para ser la «novia de América», no me sentía querida. Los actores y actrices éramos prácticamente esclavos de los estudios, y yo no estaba dispuesta a seguir siéndolo.

Mi amigo Milton Greene me ayudó a enfrentarme a Zanuck y a encontrar la mejor forma de romper con la Twentieth Century-Fox. Él también buscaba otros retos, y a finales de ese 1954 creamos juntos la Marilyn Monroe Productions (MMP), una nueva aventura para ambos donde por fin podría elegir papeles más ambiciosos y lucharía por que me vieran como a una actriz seria.

Muchos dijeron que era un capricho, una muestra de inmadurez. Para mí era todo un acto de valentía.

Y no quedó ahí: con veintiocho años dejé Los Ángeles, la ciudad que me había visto nacer, y me mudé a Nueva York, donde comencé a tomar clases en el Actors Studio.

SI NO PUEDO SER YO MISMA,
¿QUÉ SENTIDO TIENE SER ALGO?

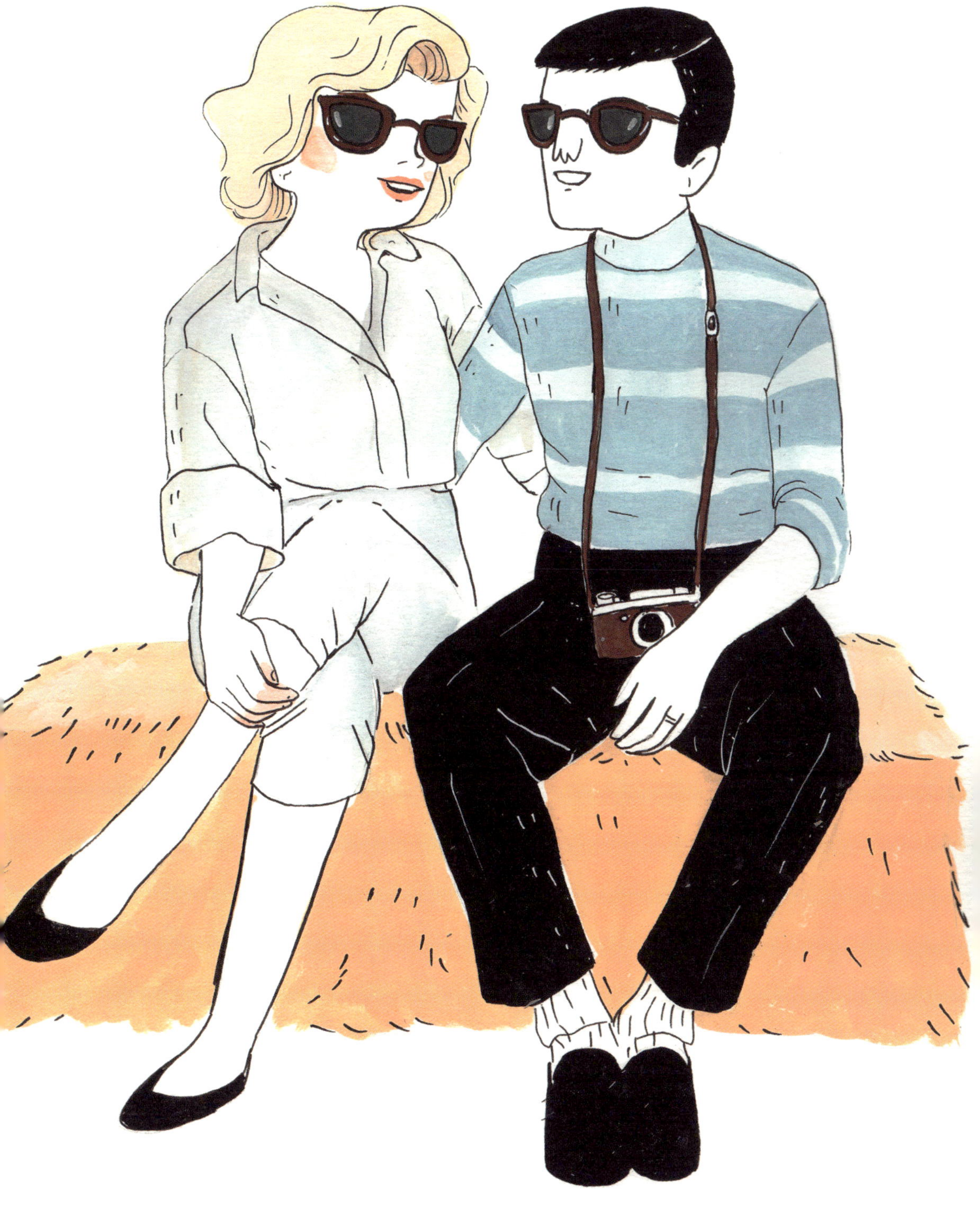

Al Actors Studio solo se accedía con invitación, y pedí ayuda a Elia Kazan, que había fundado esa especie de «laboratorio de teatro» en 1947 con Cheryl Crawford y Robert Lewis, viejos compañeros del Group Theatre neoyorquino. Lee Strasberg se había unido dos años después y era el director artístico del Studio.

En esa época, el más popular de sus miembros era Marlon Brando. Desde *Un tranvía llamado deseo*, llevaba cuatro nominaciones seguidas a los Oscar, y lo ganó por fin al mes de mi llegada a la Costa Este, por su papel en *La ley del silencio*. El propio Marlon me había recomendado que fuese al Actors Studio, que estudiase con Strasberg esa nueva forma de interpretar que se conocía como «el Método», y que consistía en aprender a utilizar todos nuestros recuerdos emocionales y nuestra historia personal para crear el personaje.

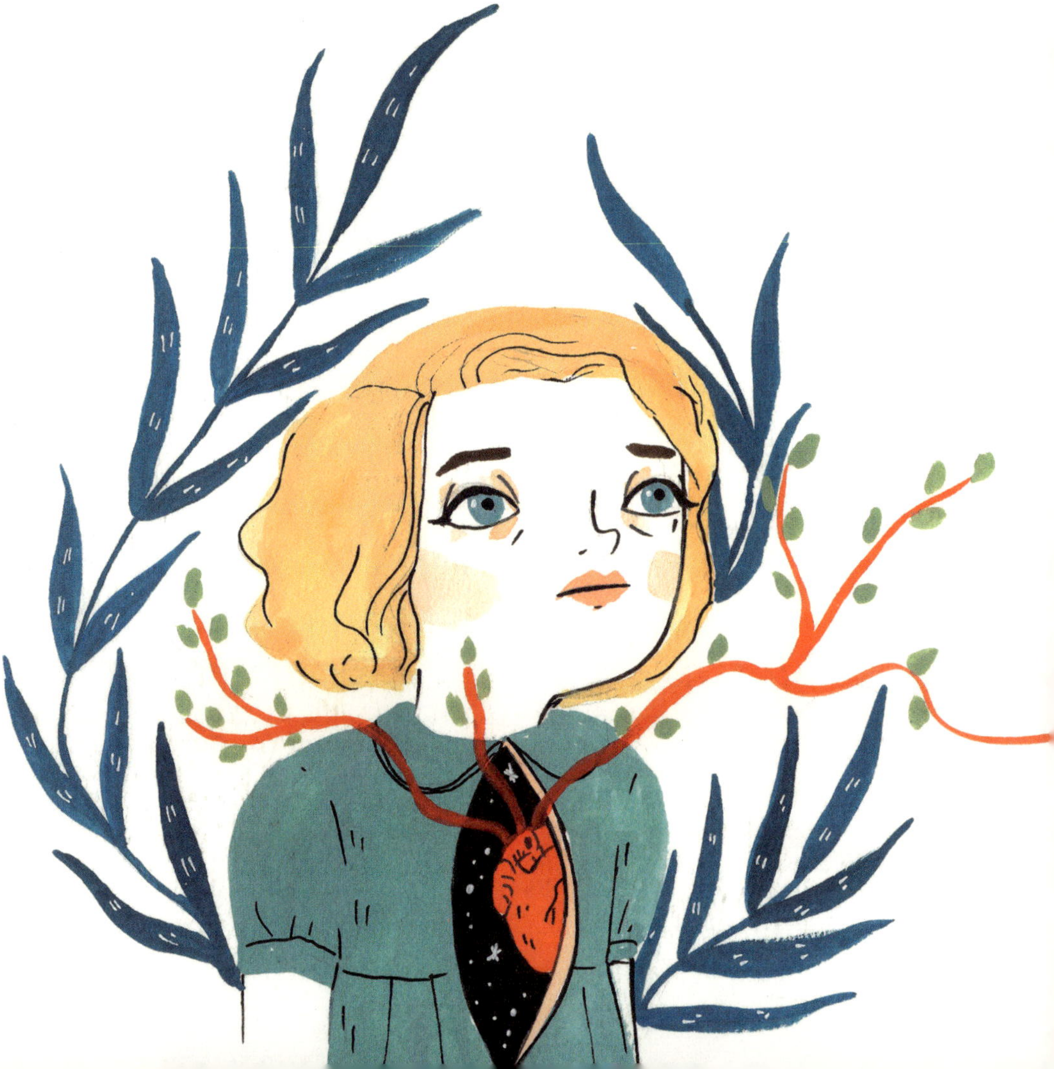

Para mí fue todo un desafío: me había pasado media vida luchando por olvidar y superar las vivencias de mi infancia, y ahora Strasberg me pedía que las recuperara; yo sabía que eso tendría un precio. Además, algunos actores y actrices se molestaron por mi admisión: yo era una estrella de Hollywood y presuponían que no me había esforzado tanto como ellos. Me lo iban a poner difícil.

Por su parte, los Strasberg —Lee, Paula y, sobre todo, su hija Susan— se convirtieron en buenos amigos. Muchas noches, cuando me invadía algún tipo de angustia, me presentaba en su casa y me quedaba a dormir allí. Lee tenía la asombrosa capacidad de calmarme: a veces me tomaba en sus brazos y me acunaba hasta que yo lograba conciliar el sueño.

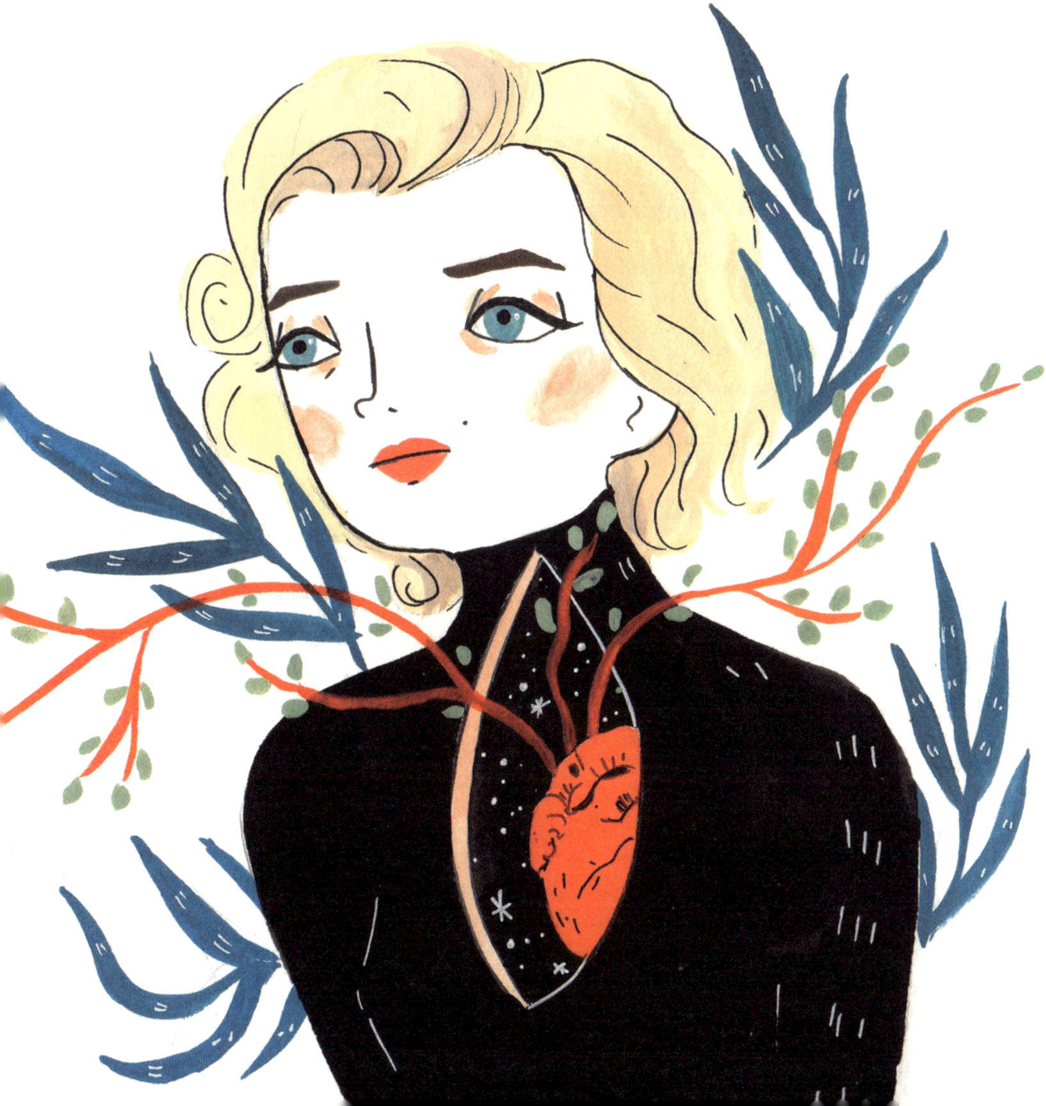

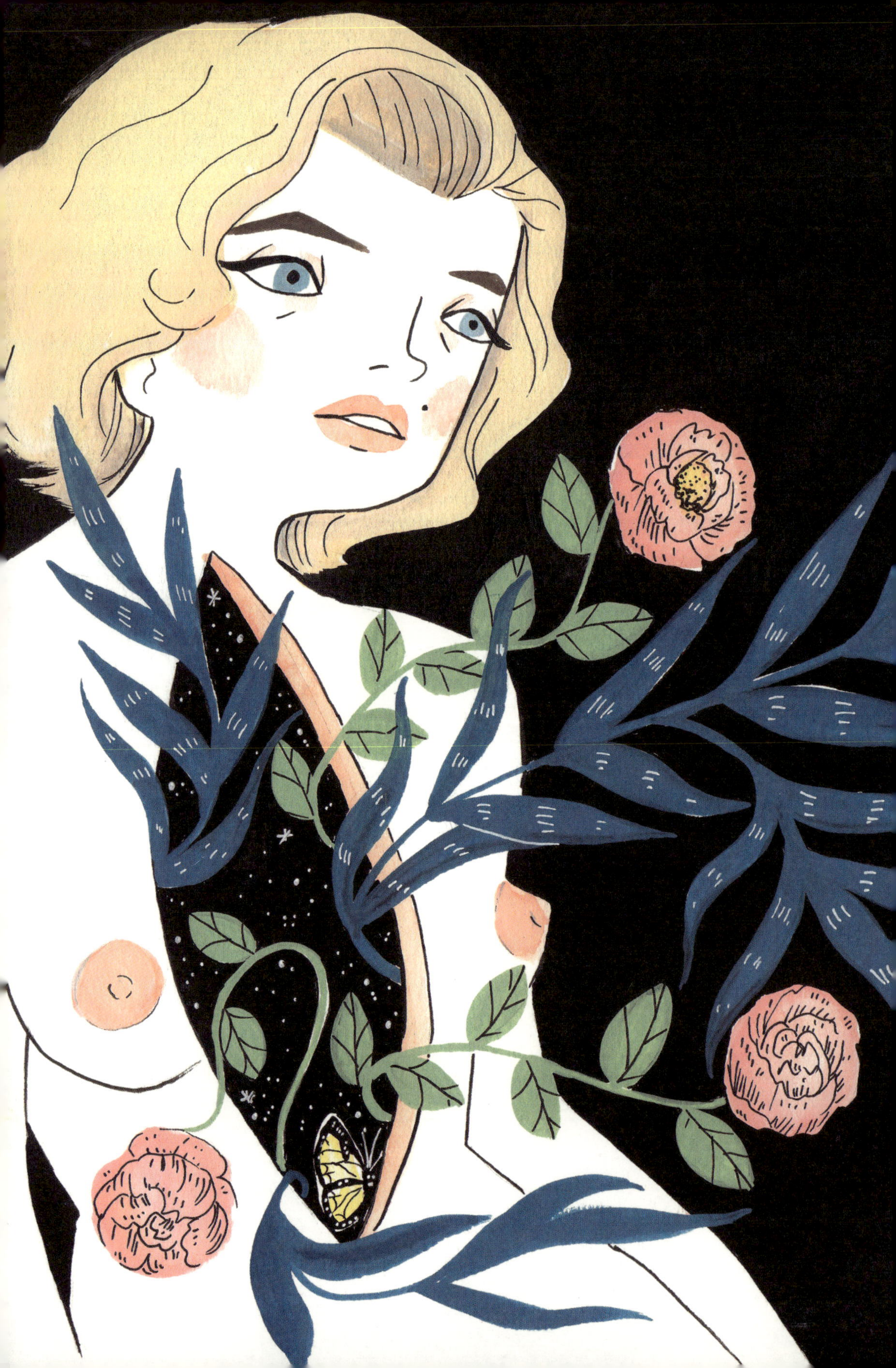

Al ver lo traumático que me resultaba reencontrarme con aquel dolor, insistieron en que fuera a terapia, y empecé a visitar a la psicoanalista húngara Margaret Hohenberg, que también trataba a Milton.

MI ÚNICO DESEO ES HACER LAS COSAS LO MEJOR POSIBLE, LO MEJOR QUE PUEDO DESDE QUE LA CÁMARA EMPIEZA A RODAR HASTA QUE SE DETIENE... LEE DICE QUE DEBO EMPEZAR CONMIGO MISMA, Y YO DIGO: ¿CONMIGO? ¡BUENO, NO SOY TAN IMPORTANTE! ¿QUIÉN SE CREE QUE SOY, MARILYN MONROE O ALGO ASÍ?

Me decía a mí misma una y otra vez que ya no era una chica solitaria y asustada, pero vivía en una continua contradicción: si no era Marilyn, ¿quién era? Un día me sentía en la cima del mundo, y al siguiente no era capaz de mirarme en el espejo. Esos días me invadía el insomnio y luchaba contra él a fuerza de somníferos y alcohol, buscando el vacío entre las pesadillas.

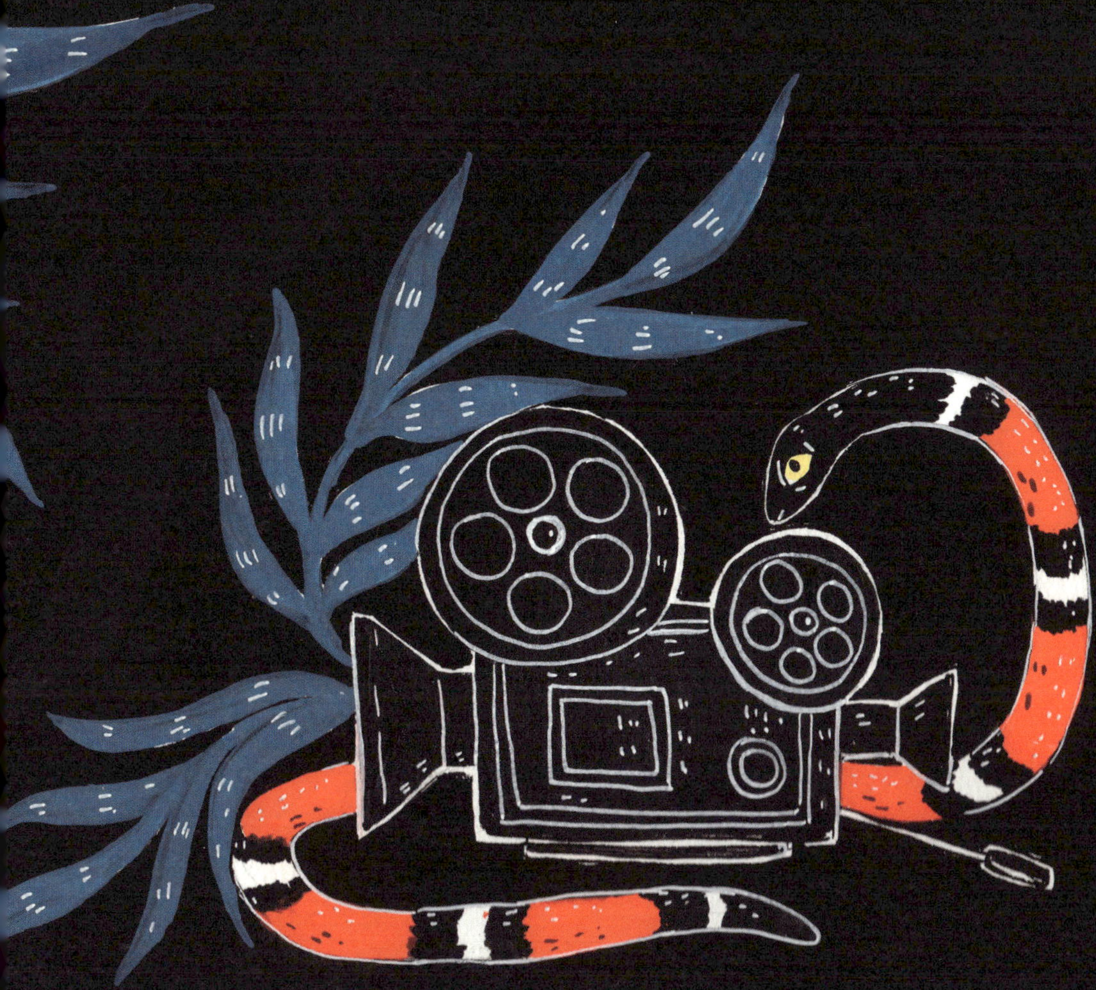

Yo procuraba conocerme mejor, y no solo a través de la terapia y la escritura. Me disfrazaba para intentar ser yo misma: salía de casa con ropa holgada, sin apenas maquillaje, con peluca y gafas de sol, dejaba a un lado los andares de Marilyn e iba de compras, o a museos y librerías.

Seguía leyendo mucha literatura rusa (desde los tiempos de Natasha y Johnny soñaba con interpretar a Grúshenka, de *Los hermanos Karamazov*) y en Nueva York descubrí el *Ulises* de Joyce, que se convirtió a partir de entonces en uno de mis favoritos.

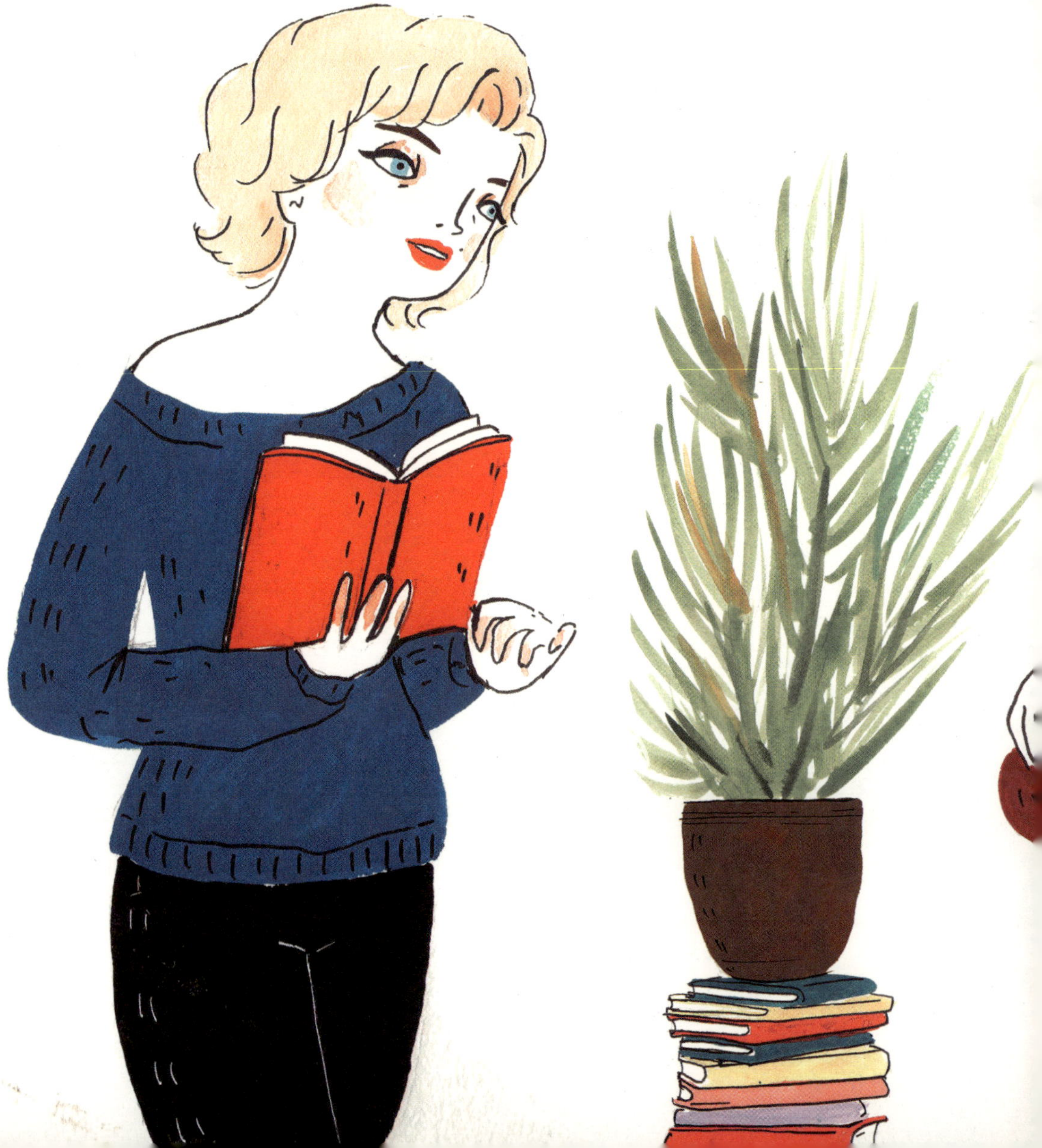

También salía a bailar al Morocco con Truman Capote, que me presentó a Carson McCullers. Iba al cine con Marlon y a cenar con Joe al Toots Shor's de Manhattan. Salía con los Greene al Copacabana, o a recitales al Carnegie Hall, o a ver obras a Broadway, como *La gata sobre el tejado de zinc*, que Elia estrenó en el teatro Morosco en marzo de ese 1955 con guion de Tennessee Williams. Hice amistad con el novelista Norman Rosten y su mujer, y cuando él supo que me gustaba la poesía, comenzó a enviarme sus poemas.

Y, sobre todo, a través de Norman volví a ver a Arthur Miller.

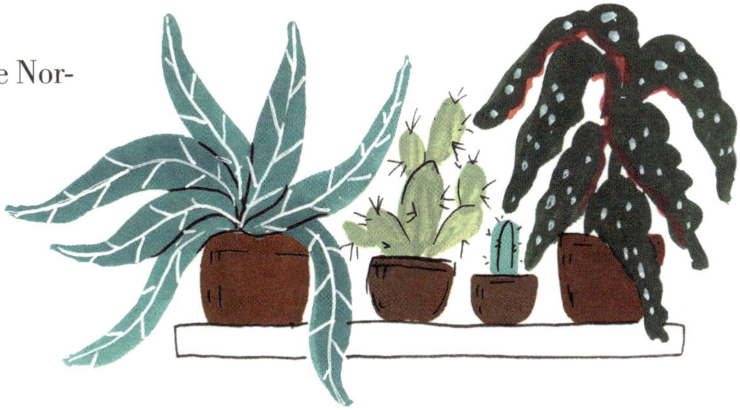

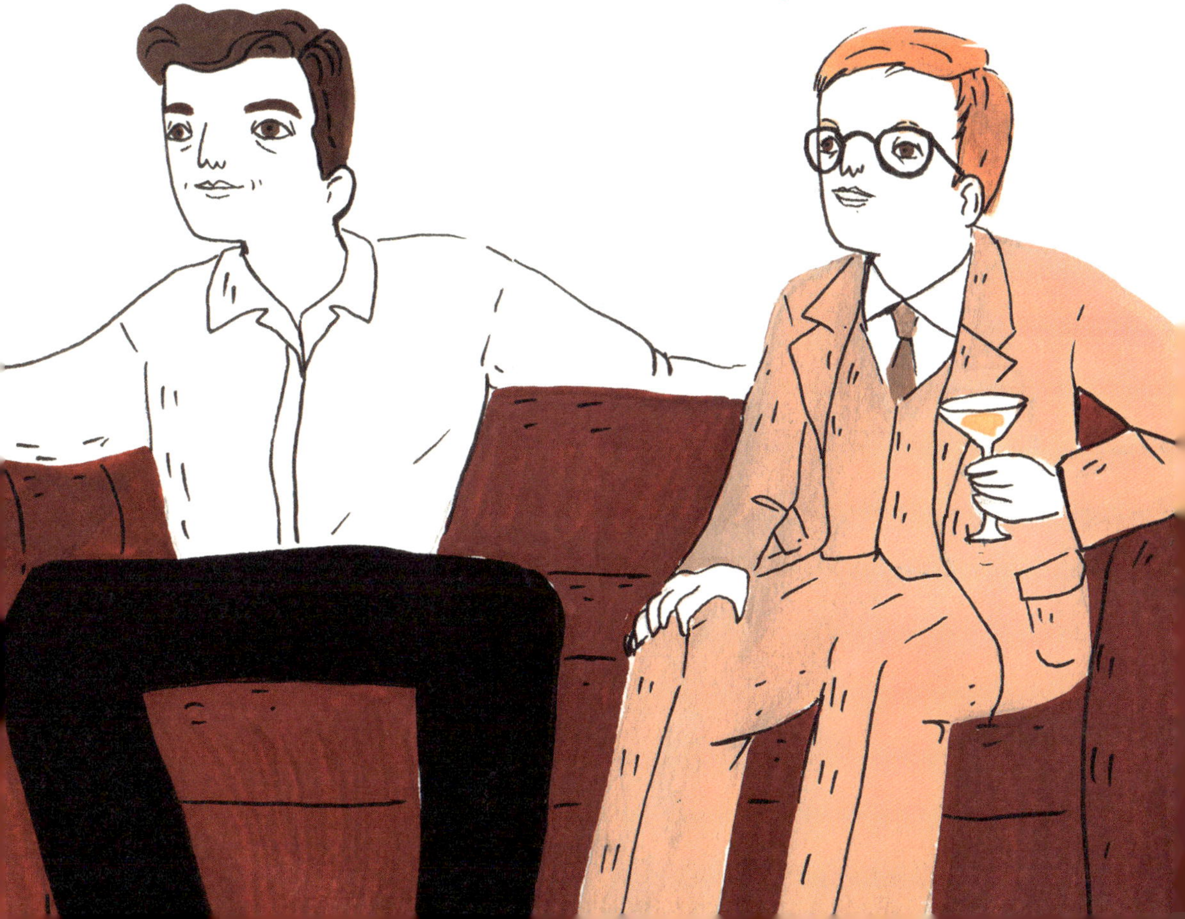

Algunos de mis libros favoritos

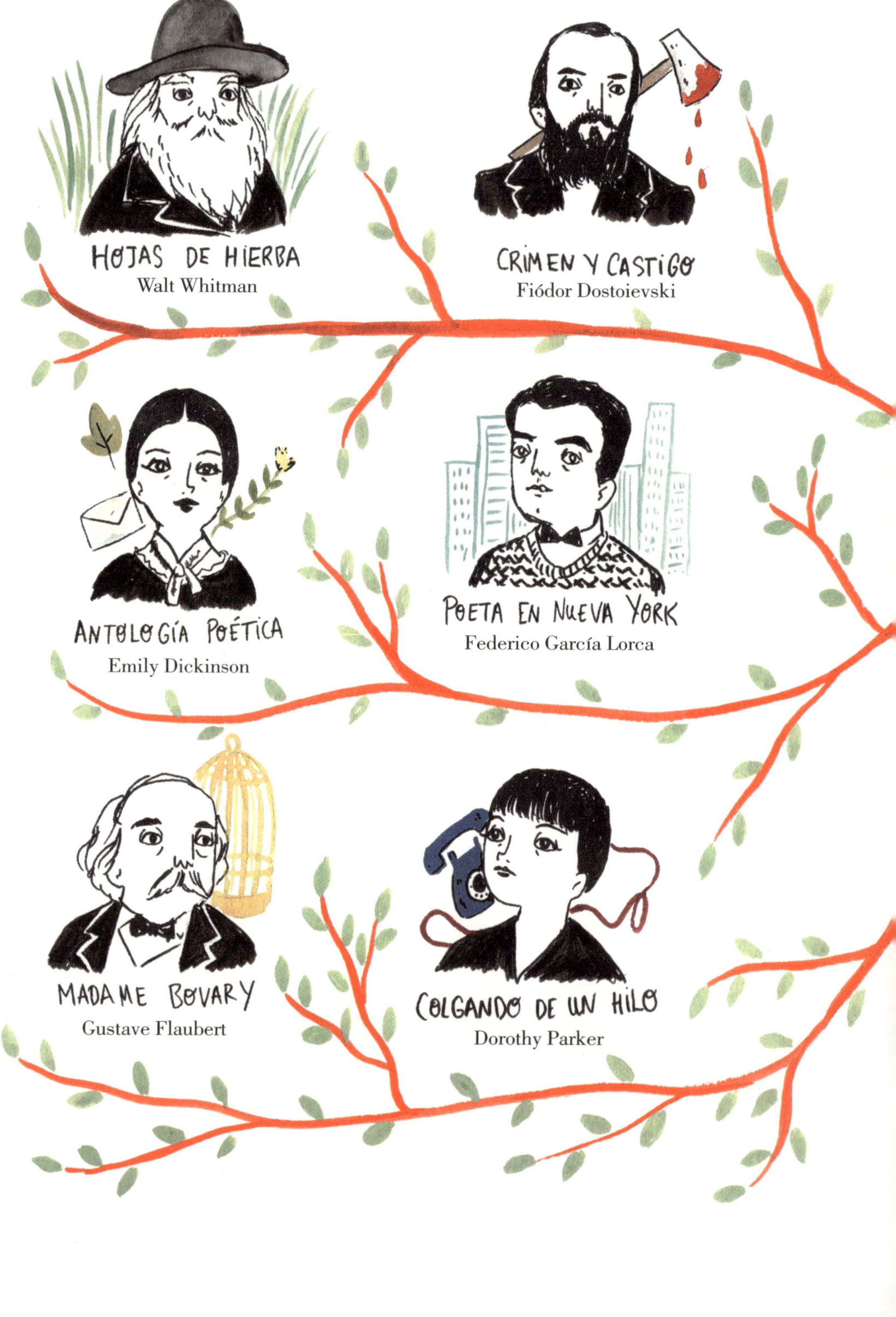

HOJAS DE HIERBA
Walt Whitman
CRIMEN Y CASTIGO
Fiódor Dostoievski
ANTOLOGÍA POÉTICA
Emily Dickinson
POETA EN NUEVA YORK
Federico García Lorca
MADAME BOVARY
Gustave Flaubert
COLGANDO DE UN HILO
Dorothy Parker

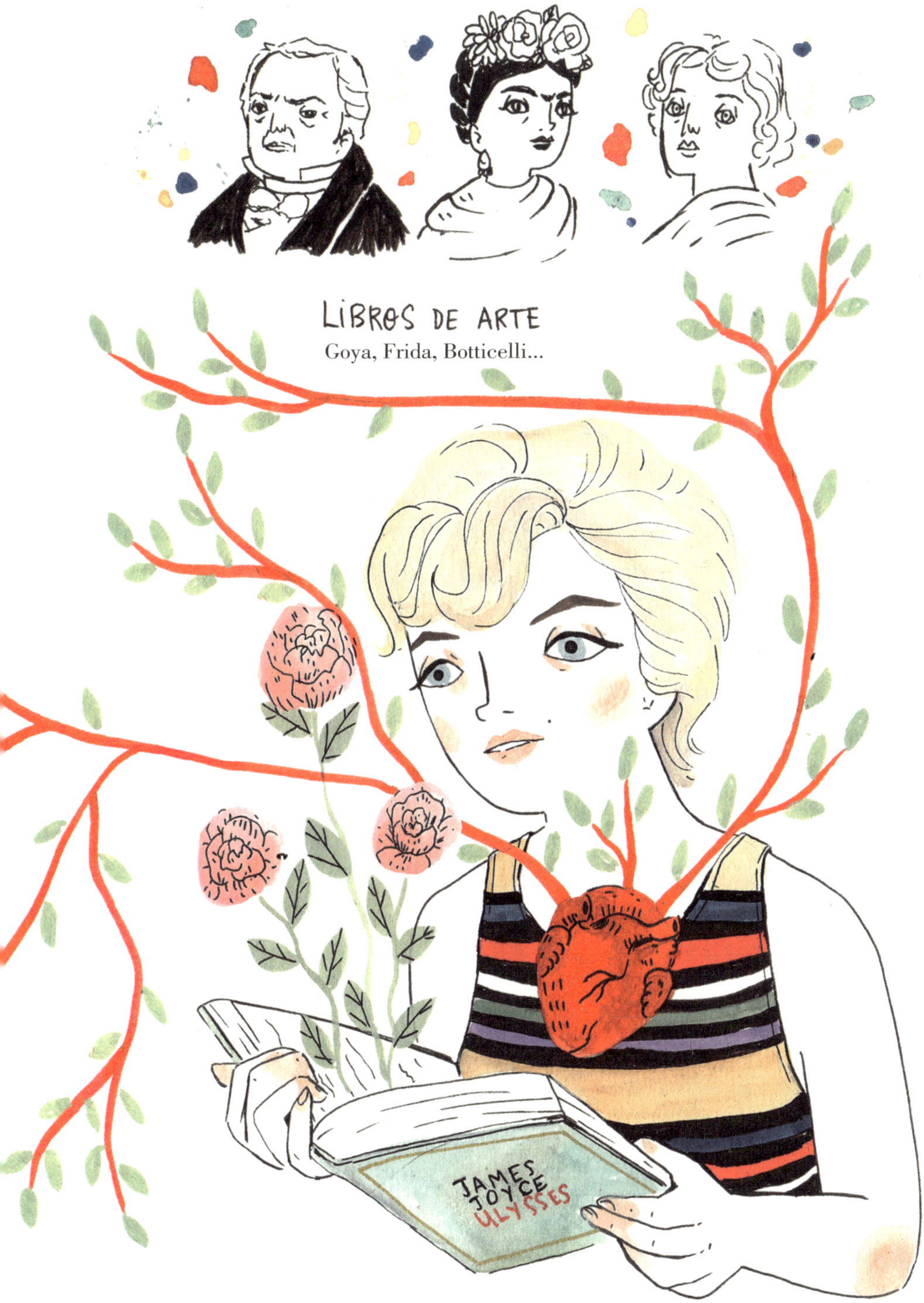
LIBROS DE ARTE
Goya, Frida, Botticelli...
JAMES JOYCE
ULYSSES

Me encantaba leer en voz alta *Ulises*, de James Joyce; me gustaba su sonido. Pero, tras numerosos intentos, nunca fui capaz de terminarlo. Fui atesorando todos los libros que pude. Anotaba en ellos y doblaba las esquinas de aquellas páginas que sabía que querría releer.

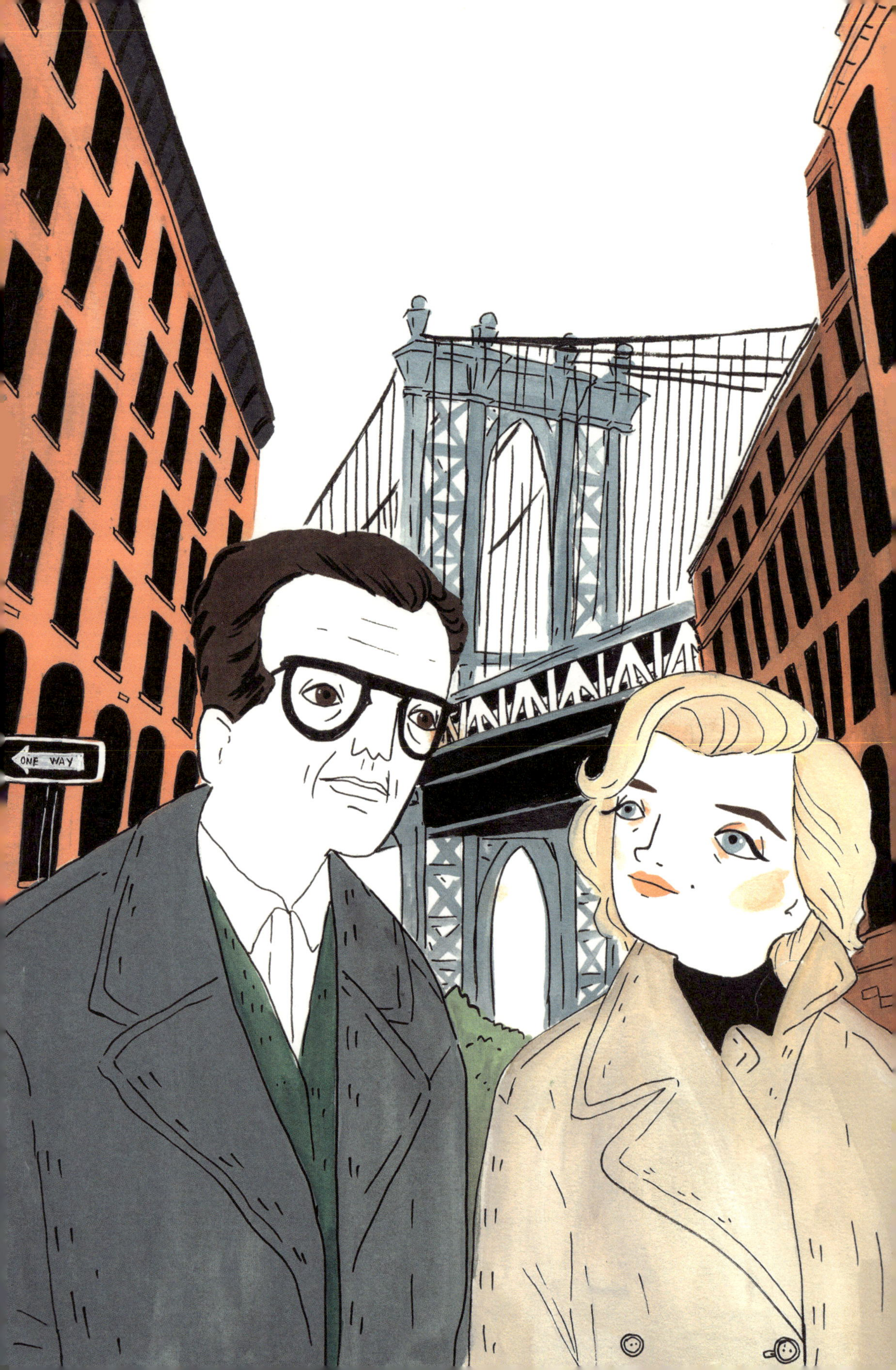
ONE WAY

Ese 1955, Arthur cumpliría cuarenta años y llevaba tres distanciado de Elia Kazan, desde que este delató a varios miembros de su antiguo Group Theatre ante el comité de McCarthy, incluidos los Strasberg. Arthur había criticado esa caza en *Las brujas de Salem*, y aunque la obra le había valido otro Tony, también le había costado la sospecha de «simpatizante comunista» y la atención del FBI. Aun así, seguía con la misma conciencia social y crítica.

Cuando nos veíamos, conversábamos largas horas sobre diferencias sociales, derechos civiles y la lucha por la libertad, y compartíamos opiniones sobre el teatro, los libros y la vida. Salíamos a montar en bicicleta por Central Park y yo me sentía libre, como en los días con Ana Lower, cuando Marilyn todavía no existía.

Arthur continuaba casado y yo no quería romper su familia, pero al tiempo que me enamoraba de Brooklyn, notaba que él y yo también íbamos enamorándonos.

ESTE SERÁ MI HOGAR A PARTIR DE AHORA, ES DECIR, HASTA QUE ME RETIRE. Y CUANDO ME RETIRE, VIVIRÉ EN BROOKLYN. ES MI LUGAR FAVORITO DEL MUNDO HASTA AHORA.

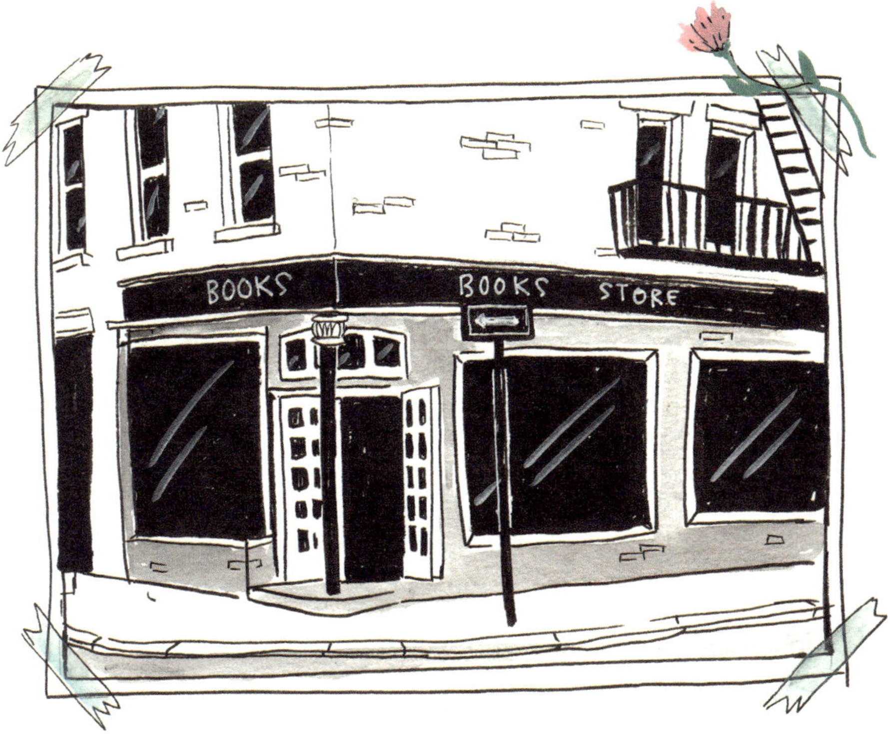
BOOKS
BOOKS
STORE

Fui con Joe al estreno de *La tentación vive arriba* el día en que cumplí los veintinueve años, y la película tuvo muy buena acogida entre el público y la crítica. La gente hacía colas interminables en los cines, y la Fox comprendió que debía recuperarme. La negociación entre sus abogados y los de mi productora había durado un año, pero al fin conseguí que la Fox me diera libertad para elegir mis papeles.

Era todo un triunfo: aparte del aumento del salario, mi nuevo acuerdo estipulaba que no haría nada sin antes darle el visto bueno, y que tendría voz sobre quién sería el director en cada caso.

Los periodistas siguieron empeñados en obviar que había ganado una batalla y en insistir en lo de siempre: me preguntaban por cuestiones banales como mi talla o peso, o se burlaban de mí por querer hacer películas más serias. A la pregunta de una periodista de si era una nueva Marilyn por llevar un vestido sin escote, contesté:

NO, SOY LA MISMA. PERO EL TRAJE ES DISTINTO.

Después de un año lejos de los platós, enseguida salieron los dos primeros proyectos. Uno, *Bus Stop*, con Joshua Logan, que acababa de ganar el Pulitzer y una nominación a los Oscar por *Picnic* (con Susan Strasberg). Otro, *El príncipe y la corista*, que dirigiría y coprotagonizaría conmigo Laurence Olivier y que se grabaría en Londres.

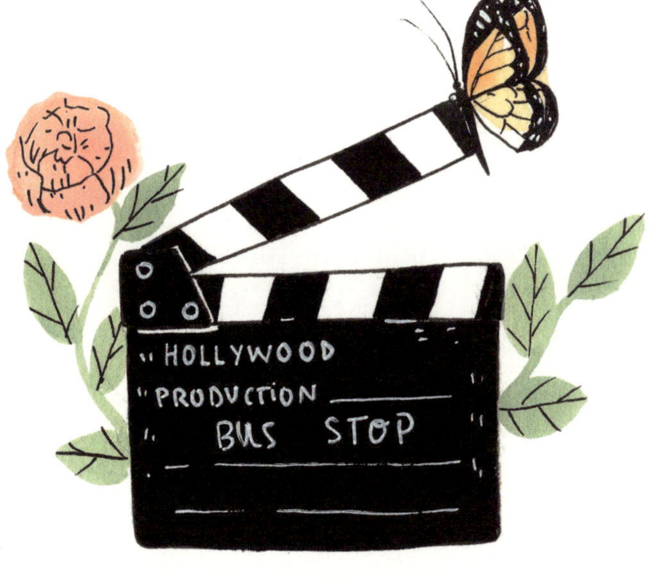
HOLLYWOOD
PRODUCTION
BUS STOP

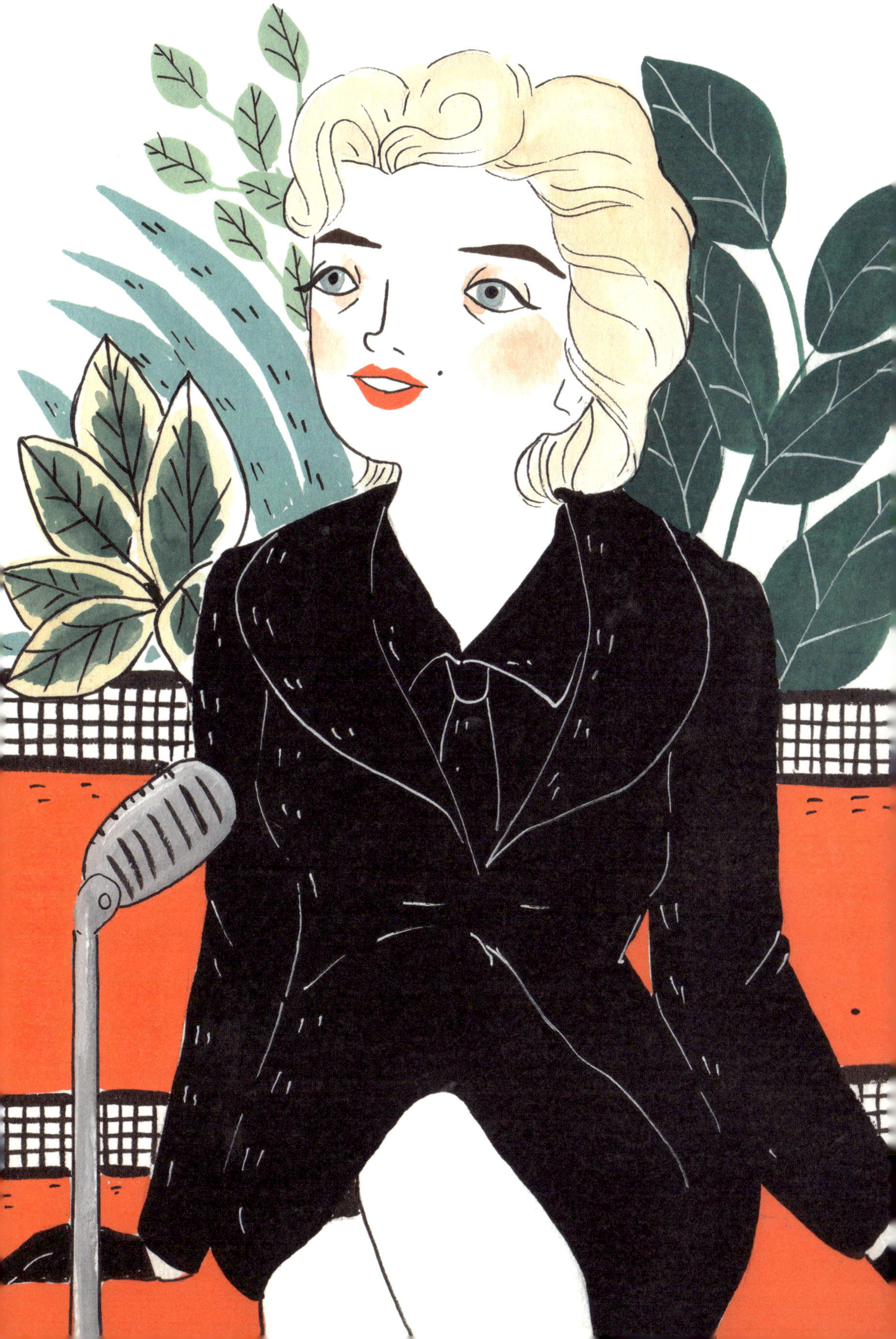

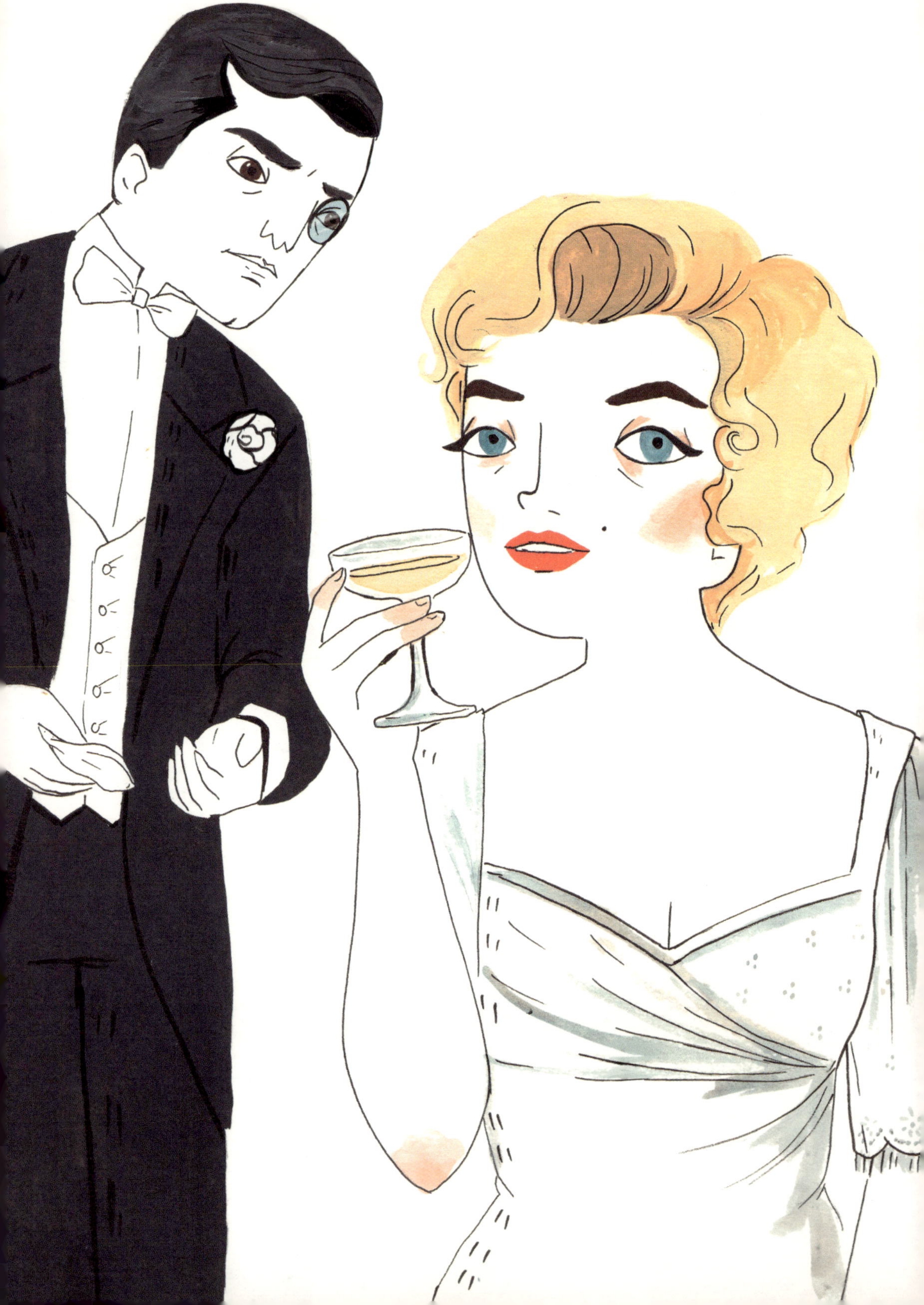

EL
PRÍNCIPE
Y LA
CORISTA

El papel de la cantante Cherie en *Bus Stop* me parecía fascinante, complejo, con el acento de las montañas Ozark y su cansancio... Entendía bien sus deseos de que la respetaran «al margen del amor y todas esas tonterías», de encontrar a un hombre que fuera cariñoso con ella sin tratarla como a una niña.

Desde que salí de Los Ángeles, Natasha ya no estaba en mi vida, y Paula Strasberg me acompañó durante el rodaje. Así lo haría en lo sucesivo cada vez que Lee no pudiera, porque pensaban que no era lo bastante fuerte para enfrentarme al rodaje yo sola. En eso parecía que la confianza de los Strasberg iba y venía.

A VECES ME DABA LA SENSACIÓN DE ESTAR ENGAÑANDO A ALGUIEN; NO SÉ A QUIÉN O A QUÉ, TAL VEZ ME ENGAÑABA A MÍ MISMA... SUPONGO QUE LA GENTE PIENSA QUE UNA SALE AHÍ Y YA ESTÁ, QUE ESO ES TODO LO QUE HACES. QUE SALES SIN MÁS. PERO ES TODA UNA LUCHA. YO SOY UNA DE LAS PERSONAS MÁS VERGONZOSAS DEL MUNDO. ME CUESTA UNA VERDADERA LUCHA.

Supongo que, igual que durante años necesité la aprobación de Natasha, en Nueva York empecé a necesitar la de ellos. Eran mis maestros y la familia que no había tenido de niña.

Milton Greene, mi amigo y socio en MMP, también ejercía su parte de control: gestionaba mis entrevistas con la prensa y, como su hermano era médico, tras las largas jornadas de rodaje me facilitaba los barbitúricos para que pudiera conciliar el sueño.

Entre ambos bandos empezaron a surgir rencillas por ver a quién pertenecía yo más, y en el vértice de la honda grieta por la que empezaba a deslizarme apareció cada vez con más nitidez la figura de Arthur, que tras separarse definitivamente de su mujer iba haciéndose hueco en mi vida.

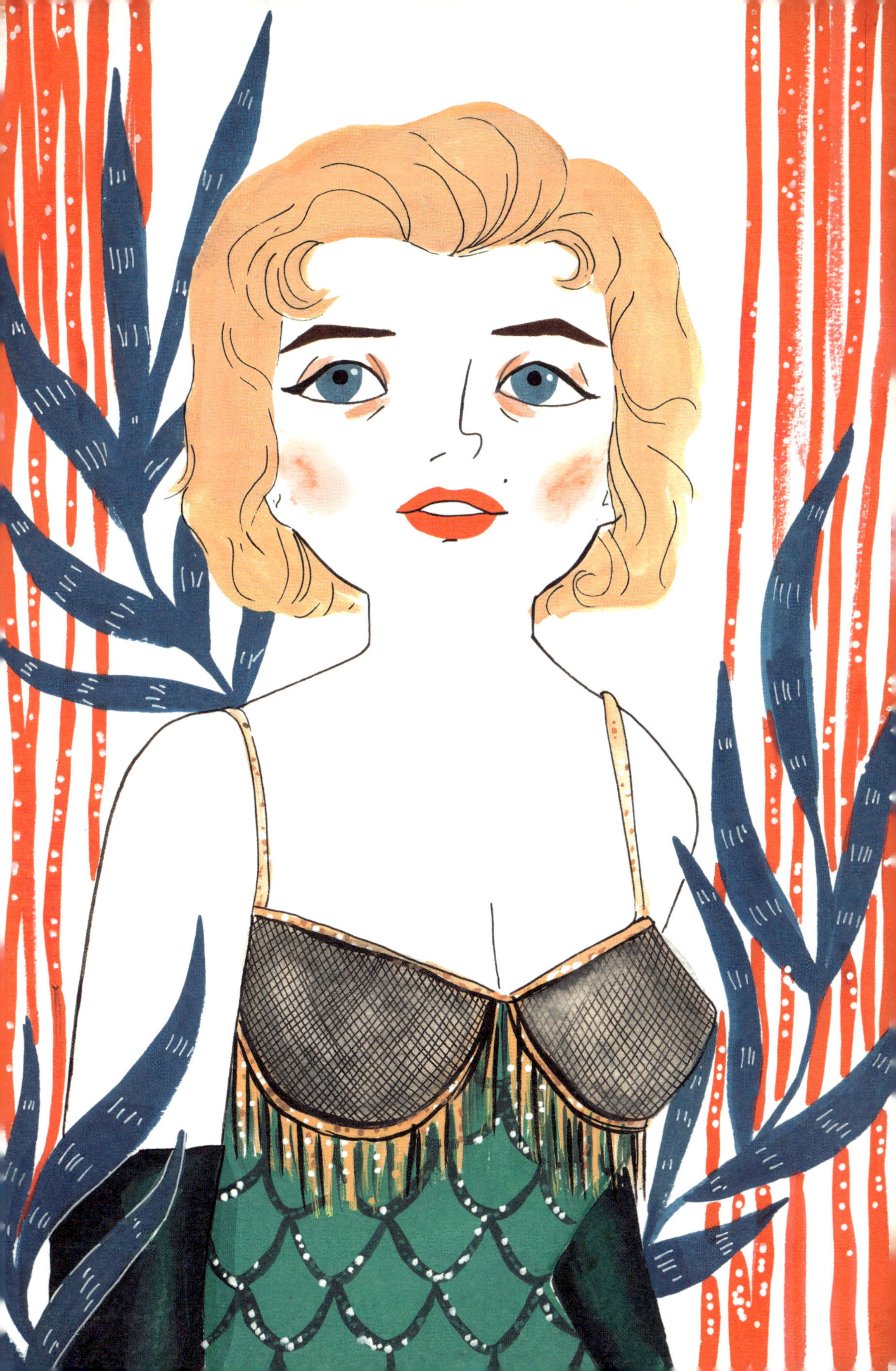

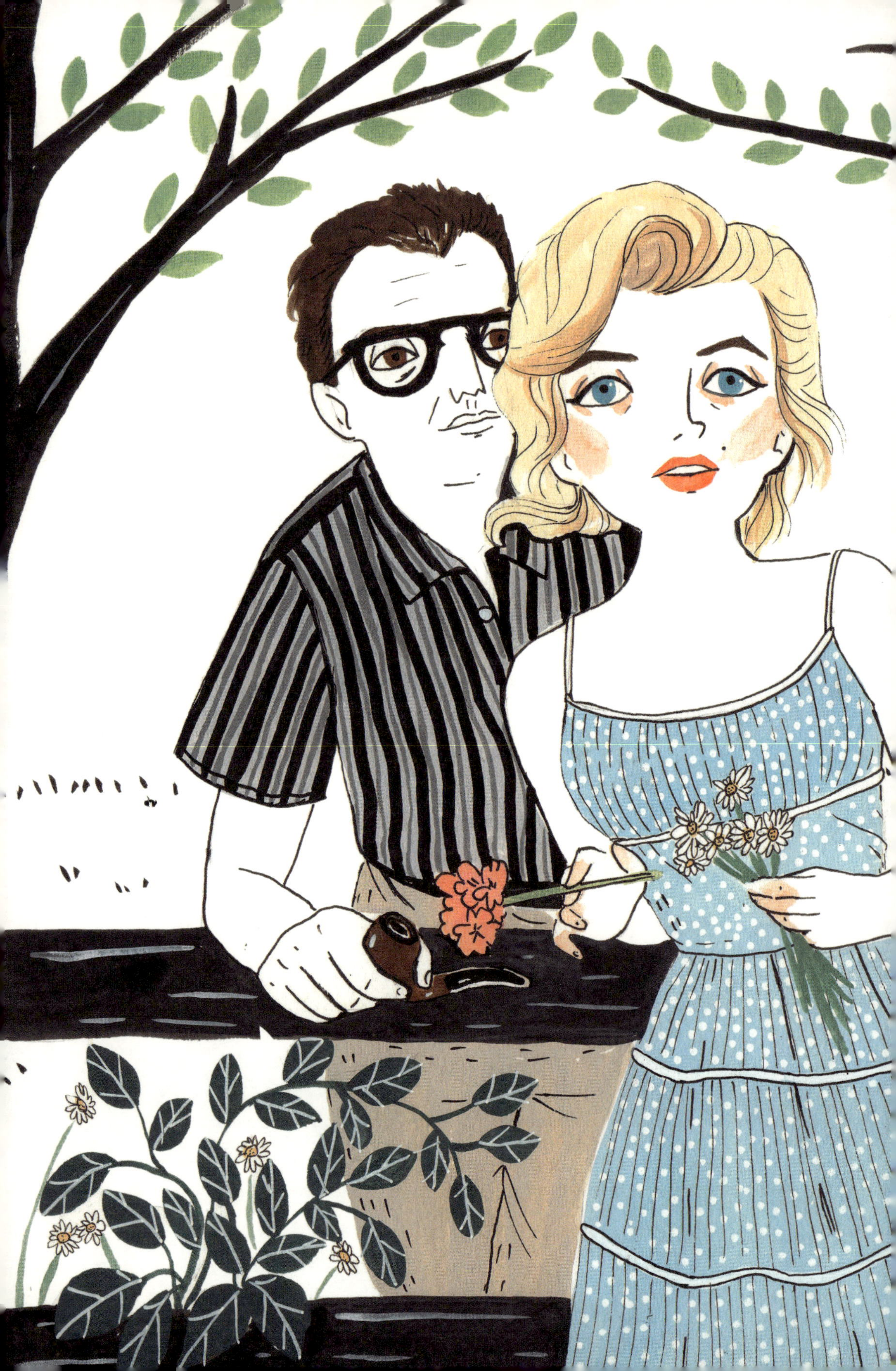

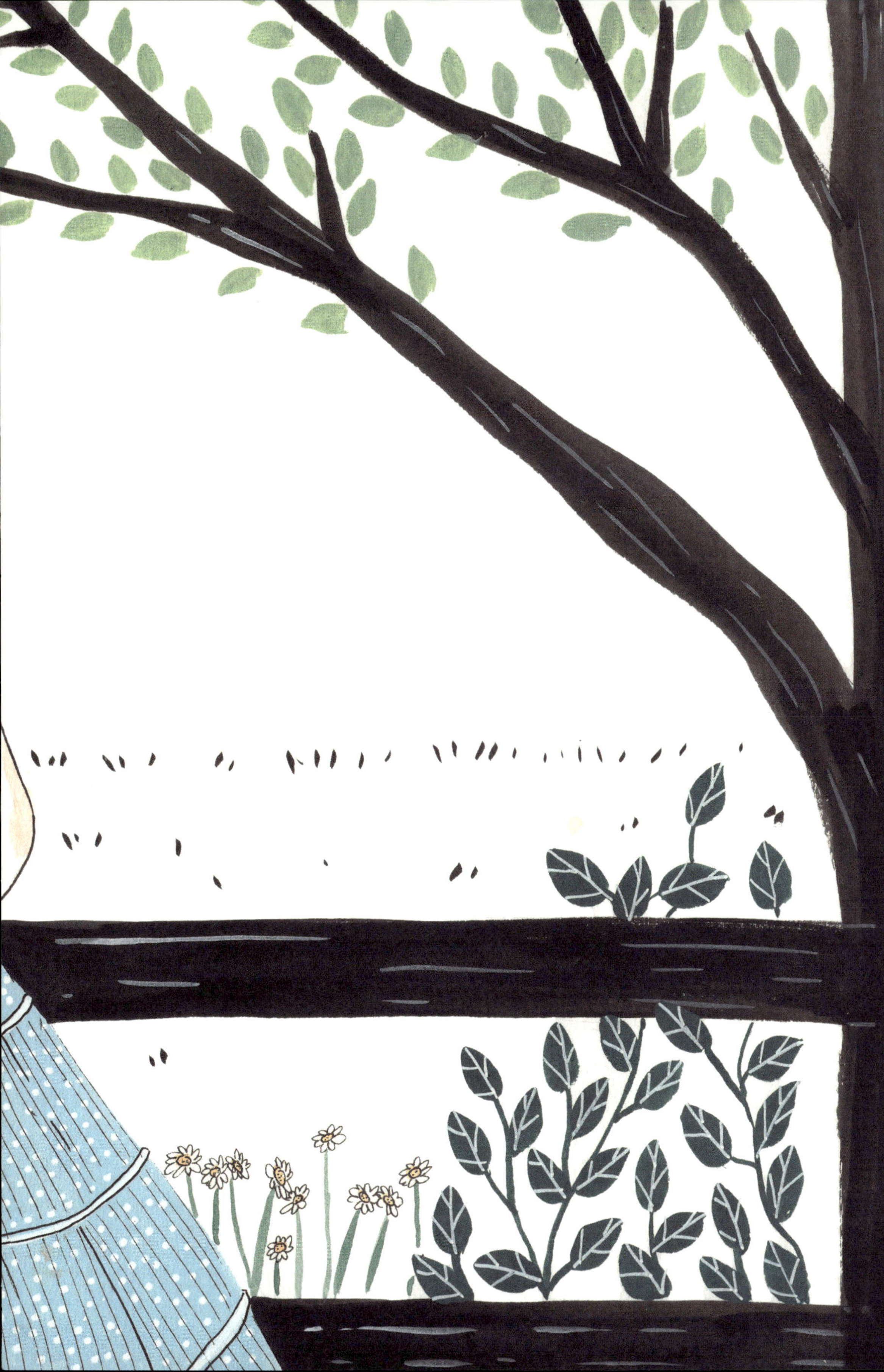

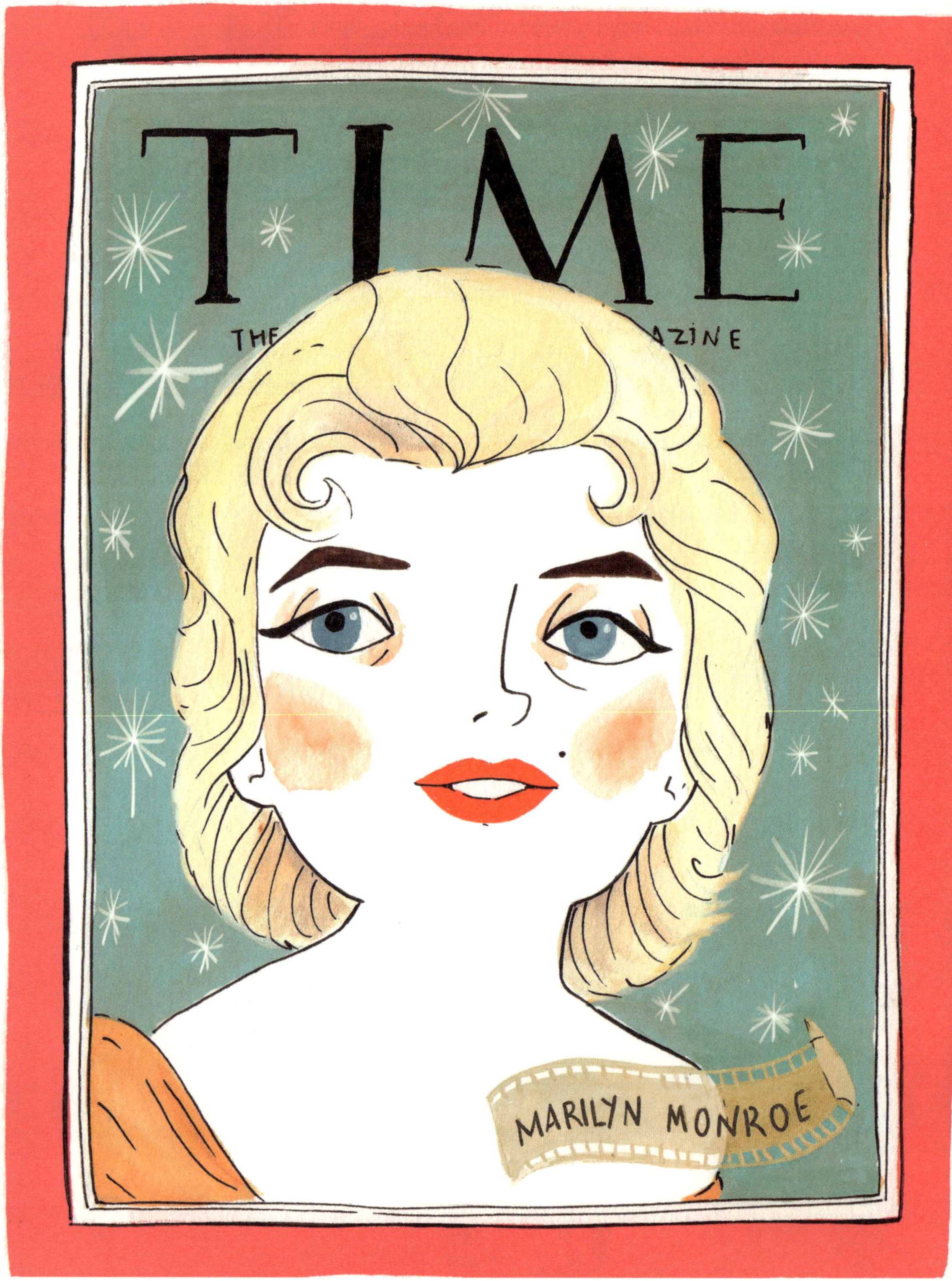
TIME
THE
AZINE
MARILYN MONROE

Pese a la dureza del rodaje, el resultado los deslumbró. Logan hasta dijo que yo era la mayor artista con la que había trabajado en toda su carrera.

Aparecí en la portada de la revista *Time*: «Sorpresa. Es una actriz de gran profundidad y talento», y en otros medios como *The New York Times* o *The Saturday Review of Literature* publicaron elogios similares.

Tras el rodaje de *Bus Stop* regresé a Nueva York a descansar antes de trasladarme a Londres para rodar mi siguiente película. Mi relación con Arthur se iba afianzando (lo cual ponía tremendamente nervioso a Milton, que veía cómo otra persona lo iba sustituyendo), y me preocupé cuando lo citaron en Washington para declarar ante McCarthy.

Entretanto, Arthur solicitó que le devolvieran el pasaporte que hacía tiempo le habían retirado, y ante la prensa declaró que lo necesitaba para viajar a Inglaterra y estar con la mujer que amaba y que sería su esposa. Aseguró que se casaría conmigo «antes del 13 de julio», que es cuando yo tenía pensado partir hacia el rodaje de *El príncipe y la corista*. La declaración me pilló por sorpresa, porque jamás me lo había propuesto: «¡Qué detalle contarme sus planes!», les dije enfadada a los Greene por teléfono.

Fue así como logró que le devolvieran el pasaporte y que dejaran de investigarle. ¡Cómo iba a ser un peligro el prometido de la novia de América!

The CRUCIBLE
by Arthur Miller

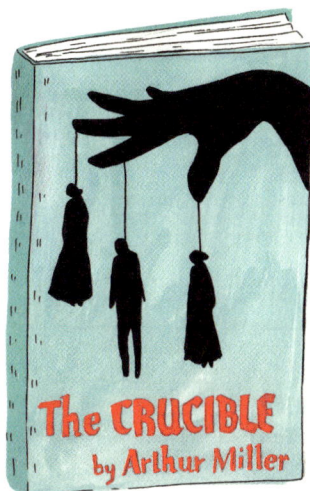

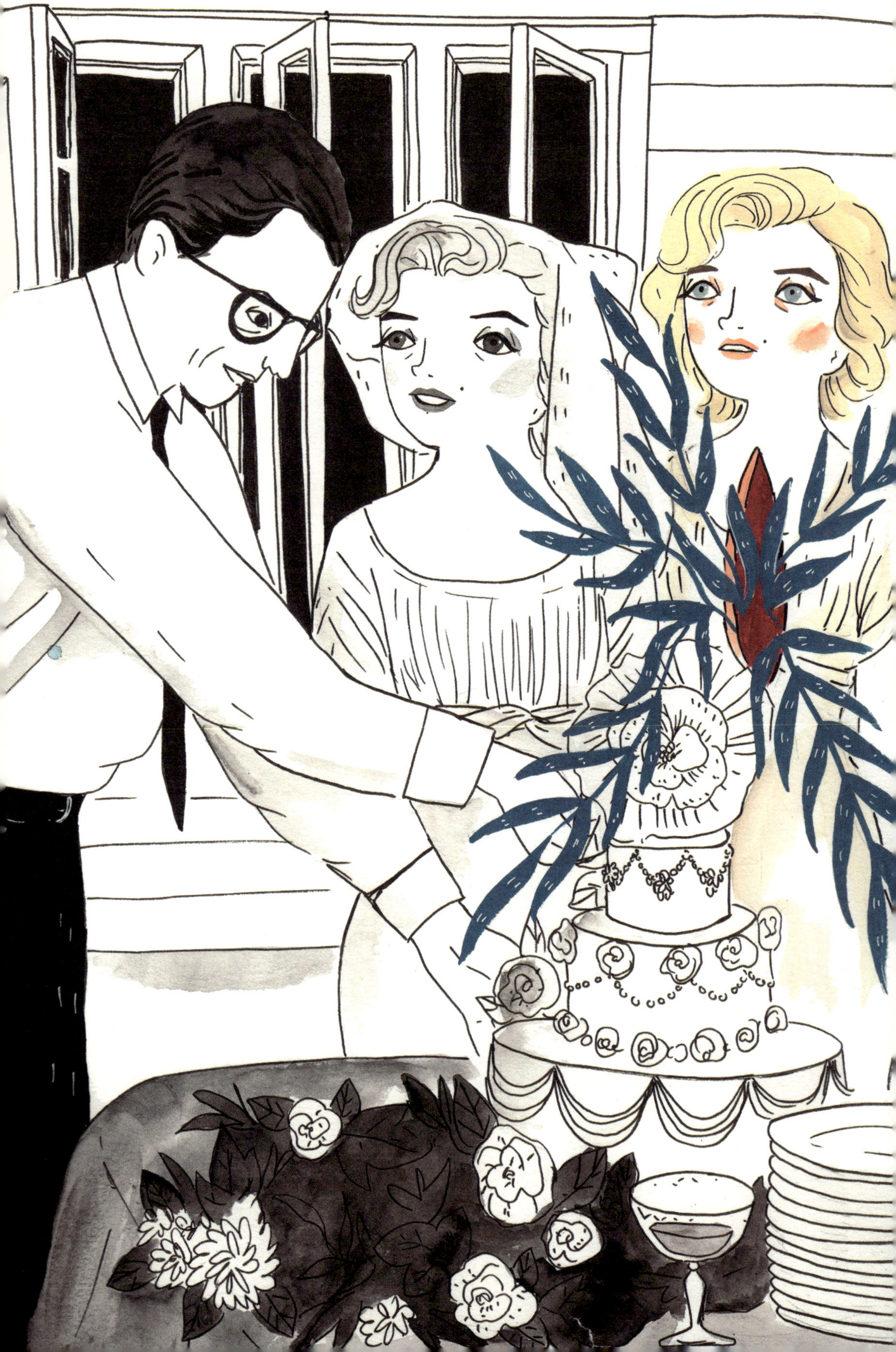

Acepté su propuesta porque lo amaba y admiraba profundamente su inteligencia. Él lo sabía, y eso le hacía sentirse superior, de alguna manera. Creo que aquello fue el inicio de su cambio de actitud hacia mí, que iría viendo con el paso de los meses.

Acordamos con la prensa que emitiríamos un comunicado oficial tras comer con la familia de Arthur, y de camino al almuerzo ocurrió una tragedia: un coche de la revista francesa *Paris Match* comenzó a perseguirnos y perdió el control en una curva cerrada; la jefa de la oficina de Nueva York salió disparada a través del parabrisas, y aunque nos detuvimos a socorrerla, estaba claro que ya era demasiado tarde. Luego supimos que se llamaba Mara Scherbatoff, era una princesa rusa exiliada.

Yo estaba horrorizada y no me quitaba el accidente de la cabeza, pero Arthur decidió seguir adelante con la rueda de prensa. Fue breve, y en todo momento me sentí como en una nube, incapaz de escuchar aquella sarta de preguntas sobre si iba a dejar mi carrera o cuántos hijos tendríamos (¡aún no estaba casada y ya me querían meter en casa!). Todo el mundo me notó ausente.

TENGO LA SENSACIÓN DE QUE TODO LE ESTÁ PASANDO A OTRA PERSONA, A MI LADO. ESTOY CERCA. LO NOTO, LO OIGO, PERO NO SOY YO EN REALIDAD.

Tras la breve rueda de prensa fuimos a los juzgados de White Plains y nos casamos, sin cámaras; aplazamos la celebración con unos pocos amigos al día siguiente. Era 29 de junio de 1956, yo acababa de cumplir treinta años, y a partir de ese accidente tuve la sensación de que nuestra boda estuvo marcada por la muerte.

Como estaba previsto, Arthur y yo partimos hacia Londres con el grupo que me acompañaba (los Greene y los Strasberg, cada uno cobrando su parte del estudio o de mi propio bolsillo).

Estaba deseando interpretar a Elsie, la corista que no se deja deslumbrar por los lujos del príncipe regente de Carpatia: un papel con humor, aunque también melancólico, e inocente y seductor. Todo a la vez.

Pero el rodaje no empezó con buen pie. Olivier me presentó al resto del reparto como «una criatura deliciosa», y al pedirle algunas instrucciones sobre mi personaje, me respondió que fuera sexi. «¿No es tu especialidad?», añadió.

INTENTÓ SER AMABLE, PERO ACABÓ COMO ALGUIEN QUE VA A DIVERTIRSE A LOS BARRIOS BAJOS.

Estuve a la defensiva durante buena parte del rodaje, y no ayudaron mis habituales retrasos ni que no dominase mis frases. Olivier se en-

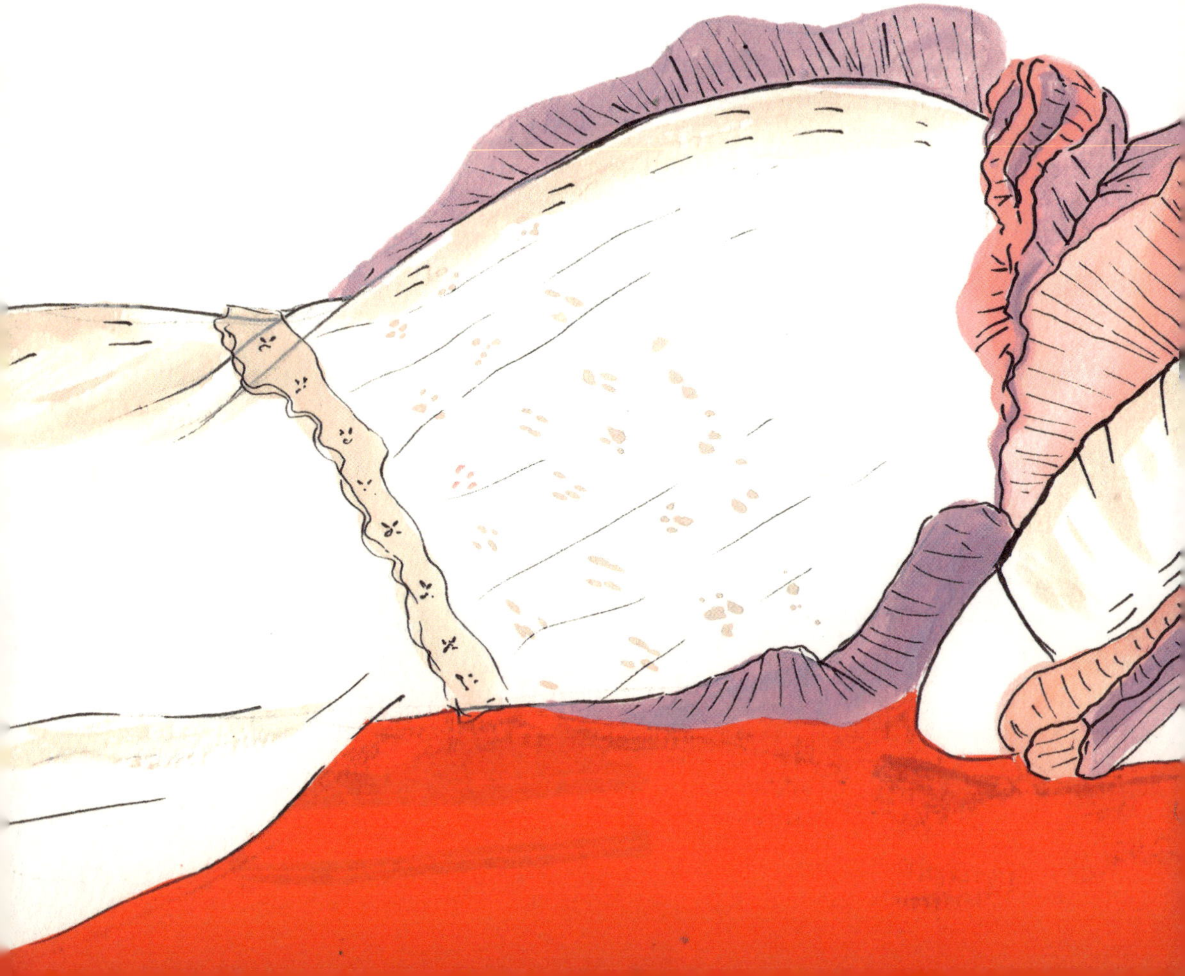

furecía. Además, él no entendía la omnipresencia de los Strasberg ni respetaba los fundamentos de su «Método»; para él, discutir sobre el trasfondo del personaje era una ridiculez. Pero lo peor del rodaje no vino por Olivier, sino por Arthur.

En medio de aquella tormenta, cayó en mis manos un cuadernillo suyo en el que describía su decepción conmigo y nuestro matrimonio. Sus comentarios despectivos llenaban renglones en los que me describía como una niña bonita pero vacía, y decía avergonzarse de estar a mi lado. Algo se rompió aquel día, nunca pude recomponerlo.

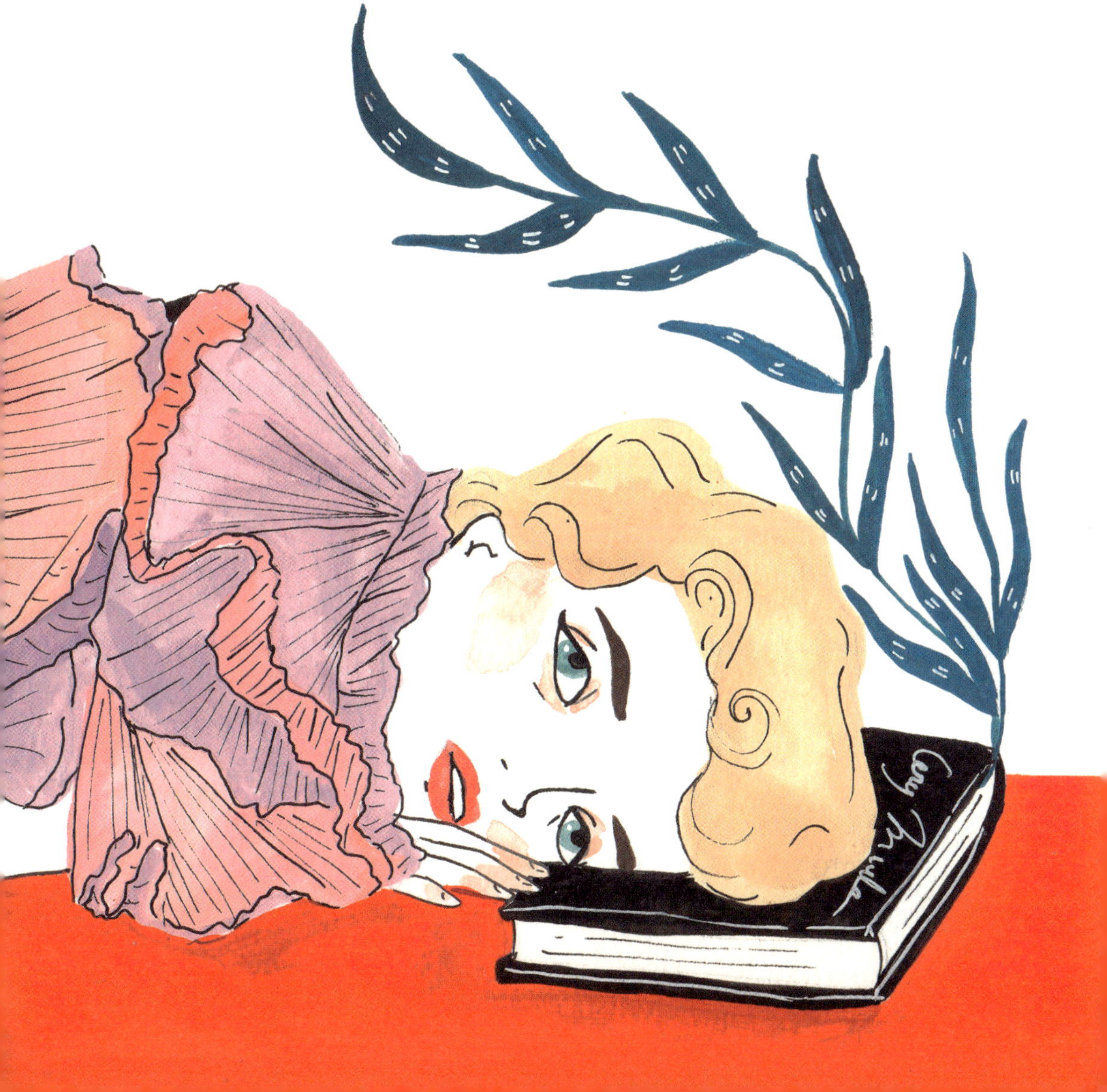

Arthur dejó la casa que ocupábamos en Surrey y se marchó a París a visitar a Yves Montand, a quien quería para la adaptación de *Las brujas de Salem*; Lee discutió con Laurence Olivier y también él y Paula se fueron, y de repente me sentí inmensamente sola. Sola ante un equipo de extraños, ante un Olivier cuyo odio era palpable, y su mujer, la flamante Vivien Leigh, que había hecho de corista en la versión teatral de la película y que no paraba de cuestionar mis cualidades interpretativas.

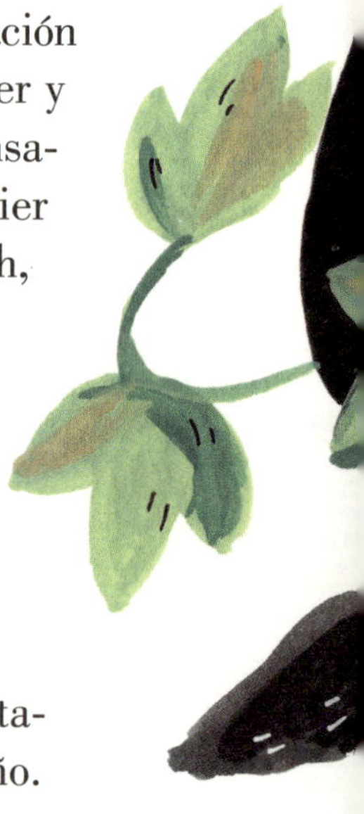

Sola y abandonada por mi propia gente, que rivalizaba por el control de mi vida y de mis pensamientos, y que no me respetaba y desde luego yo no sentía que me amase. Y en medio de aquel caos emocional me enteré de que estaba embarazada, y antes de un mes ya había perdido al niño.

Ni siquiera las sesiones con la analista Anna Freud, la hija de Sigmund Freud, lograban consolarme. Solo deseaba que llegara la noche para que, con la ayuda de un somnífero, el mundo desapareciera.

OH, SILENCIO,
TU MUTISMO ME HIERE LA CABEZA Y ME PERFORA LOS OÍDOS.
ME SACUDE LA CABEZA CON LA QUIETUD
DE SONIDOS INSOPORTABLES/DURADEROS.
EN LA PANTALLA, DE UN NEGRO INSONDABLE,
REAPARECEN/VIENEN, LAS FORMAS DE MONSTRUOS
MIS COMPAÑEROS MÁS FIELES.
MI SANGRE PALPITA DESAZONADA,
DESVÍA SU RUTA EN OTRA DIRECCIÓN,
Y EL MUNDO DUERME.
OH, PAZ, TE NECESITO,
AUNQUE SEA COMO
UN MONSTRUO PACÍFICO.

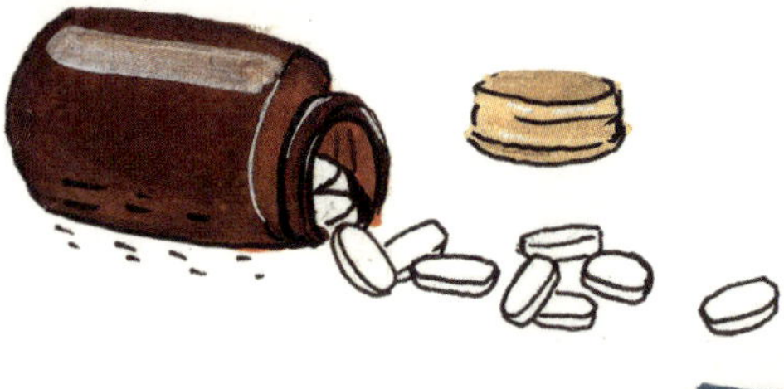

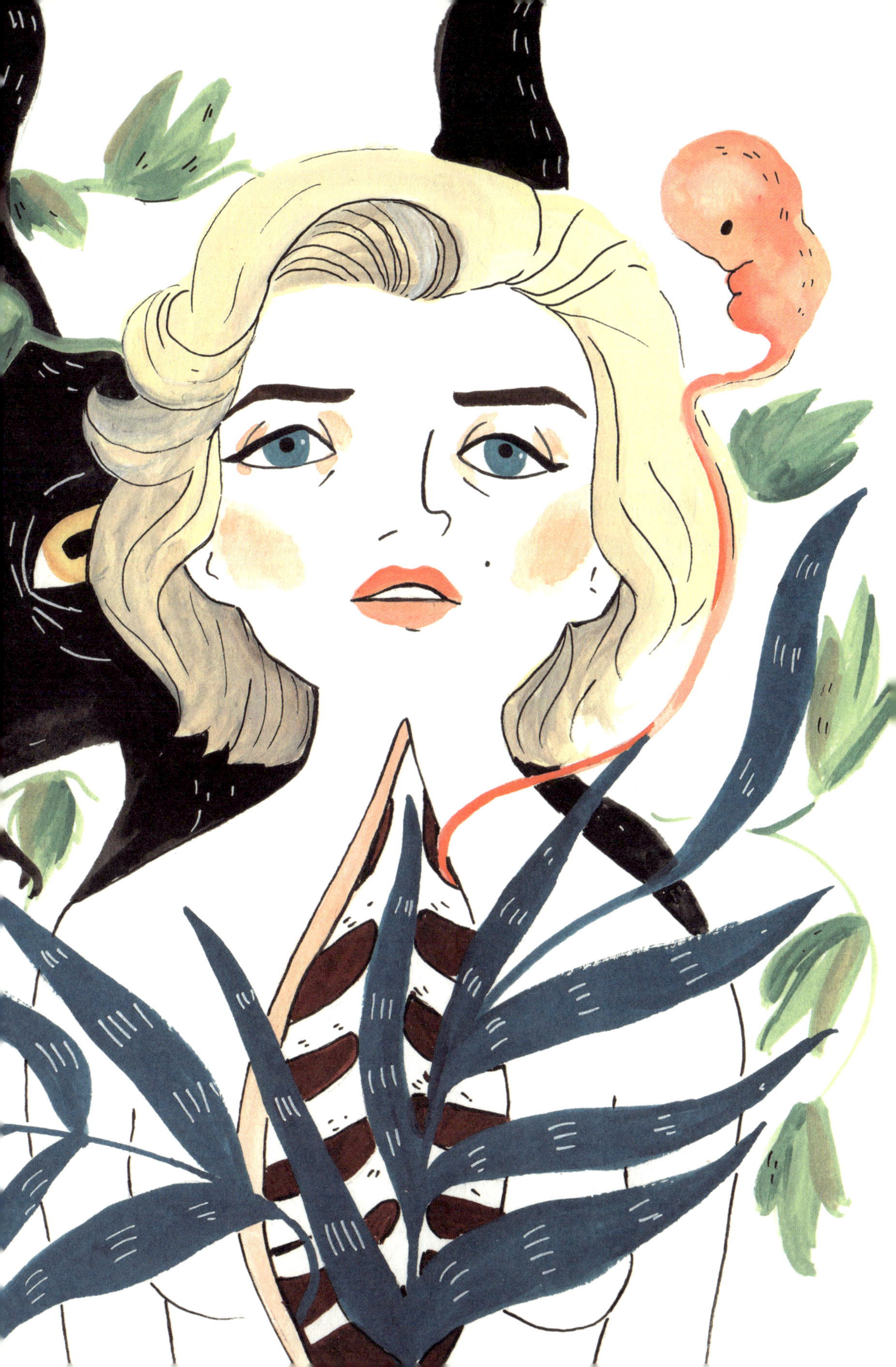

Todavía me pregunto cómo fui capaz de hacer un buen trabajo, pero así fue. De nuevo las críticas fueron favorables y la película todo un éxito. Hubo rumores sobre lo complejo que era trabajar conmigo. Yo, en cambio, como siempre había hecho, me deshice en elogios a mis compañeros.

A finales de ese 1956, Joan Crawford, Brigitte Bardot, Anita Ekberg y otros muchos asistimos a un encuentro de estrellas del cine con la reina Isabel (las dos teníamos treinta años entonces), y poco después regresé a Estados Unidos con varios frentes abiertos.

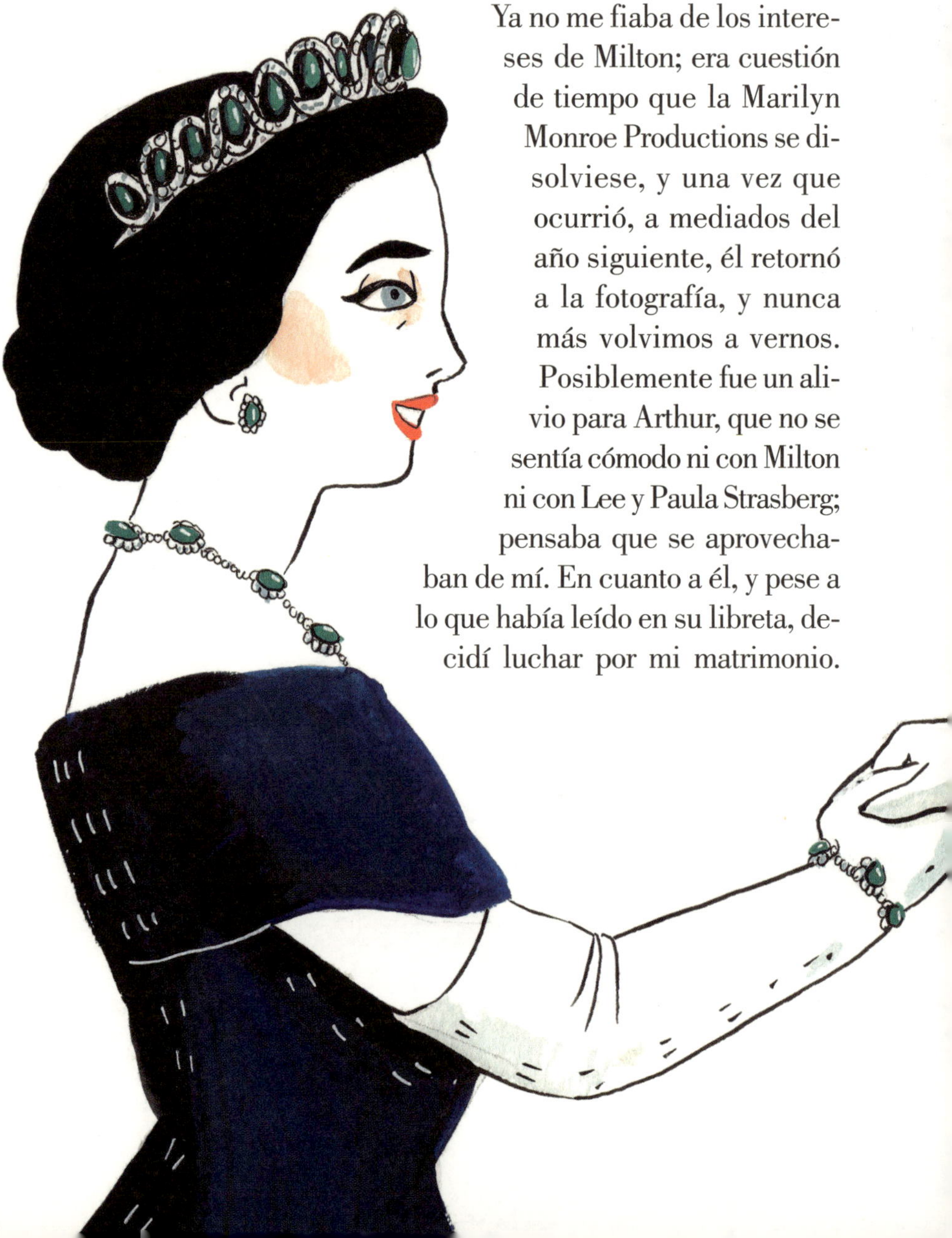

Ya no me fiaba de los intereses de Milton; era cuestión de tiempo que la Marilyn Monroe Productions se disolviese, y una vez que ocurrió, a mediados del año siguiente, él retornó a la fotografía, y nunca más volvimos a vernos. Posiblemente fue un alivio para Arthur, que no se sentía cómodo ni con Milton ni con Lee y Paula Strasberg; pensaba que se aprovechaban de mí. En cuanto a él, y pese a lo que había leído en su libreta, decidí luchar por mi matrimonio.

Me retiré casi un año y medio de las pantallas para dedicarme a mi vida personal. Intenté convertirme en esa esposa tradicional que no había querido ser con Jim ni Joe, cuidar de mi marido mientras él escribía. Pero la realidad era que ni él escribía ni a mí me llenaba interpretar ese papel: ninguno de los dos éramos felices.

Mantenía mis sesiones privadas con Lee y, por recomendación de Anna Freud, fui a ver a una psicoanalista de su confianza, Marianne Kris. Marianne me hacía regresar una y otra vez a la infancia, pensaba que era la mejor forma de reconciliarme con Norma Jeane y dejar atrás a Marilyn. Pero yo no había conocido a mi padre, y apenas a Gladys, y esto me bloqueaba todavía más en vez de ayudarme. Al fin y al cabo, ¿qué diferencia había? ¿Por qué remontarse a la infancia? Tanta introspección solo me hacía sentir más insegura. ¿Acaso mi vida no era un continuo círculo de abandonos e inseguridades?

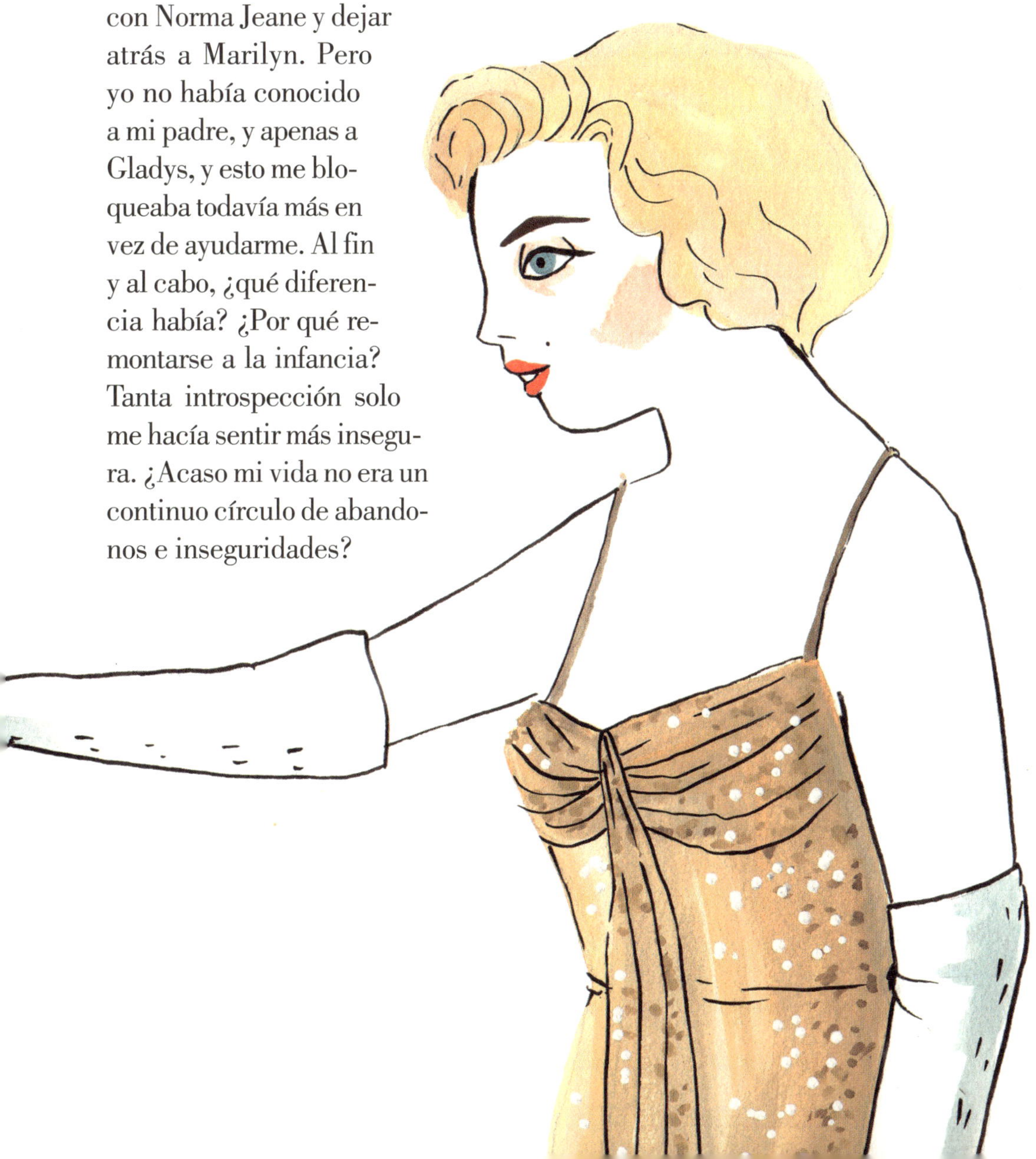

Nos mudamos a Roxbury, en Connecticut, y Arthur se volcó en la escritura, pero no daba con la tecla; su carácter se agriaba y se encerraba en sí mismo, o discutíamos y él se marchaba. Yo no podía inspirarle y ya sabía que no me consideraba su igual. Tampoco podía darle un hijo: en el verano de 1957 volví a quedarme embarazada, pero fue un embarazo ectópico y sufrí otro aborto. Todo aquello nos estaba rompiendo, así que meses después decidí volver al trabajo.

A PARTIR DE MAÑANA EMPEZARÉ A CUIDAR DE MÍ MISMA PORQUE, EN VERDAD, SOY LO ÚNICO QUE TENGO Y, TAL COMO AHORA VEO, LO ÚNICO QUE HE TENIDO NUNCA.

Billy Wilder me mandó el guion de una nueva película ambientada en los años veinte en la que interpretaría a Sugar Kane, una chica que toca el ukelele en una banda de música femenina y que acepta que se incorporen dos fugitivos disfrazados de mujeres. De nuevo parecía volver a aquellos papeles que antes había rechazado.

El guion no estaba acabado, pero *La tentación vive arriba* había sido un éxito, por lo que decidí confiar en él como director. Necesitaba dejar de analizar y ponerme a actuar, y Hollywood me estaba esperando.

Los Ángeles no se había parado sin mí, y me gustó volver a Sunset Boulevard, a los clubes y los grandes estudios. Ese año, Ingrid Bergman y Yul Brynner habían triunfado en los Oscar; también la película *Gigante*, con diez nominaciones, aunque hacía ya más de un año que James Dean había muerto en aquel accidente de coche. Él ya no estaba allí, y a la vez estaría siempre. Como Jean Harlow. Mi vida seguía yendo en paralelo a la de ella y pensaba que yo también podía ser eterna, si lograba ser perfecta en los rodajes.

El de *Con faldas y a lo loco* empezó muy bien, pero los ánimos se tensaron pronto porque yo exigía repetir una y otra vez las escenas hasta quedarme tranquila. La inseguridad me hacía llegar tarde al plató y olvidaba mis diálogos pese a la ayuda de Paula, así que Jack Lemmon y Tony Curtis se desesperaban conmigo; yo no podía evitarlo, me sentía perdida, como si estuviera luchando por mi vida.

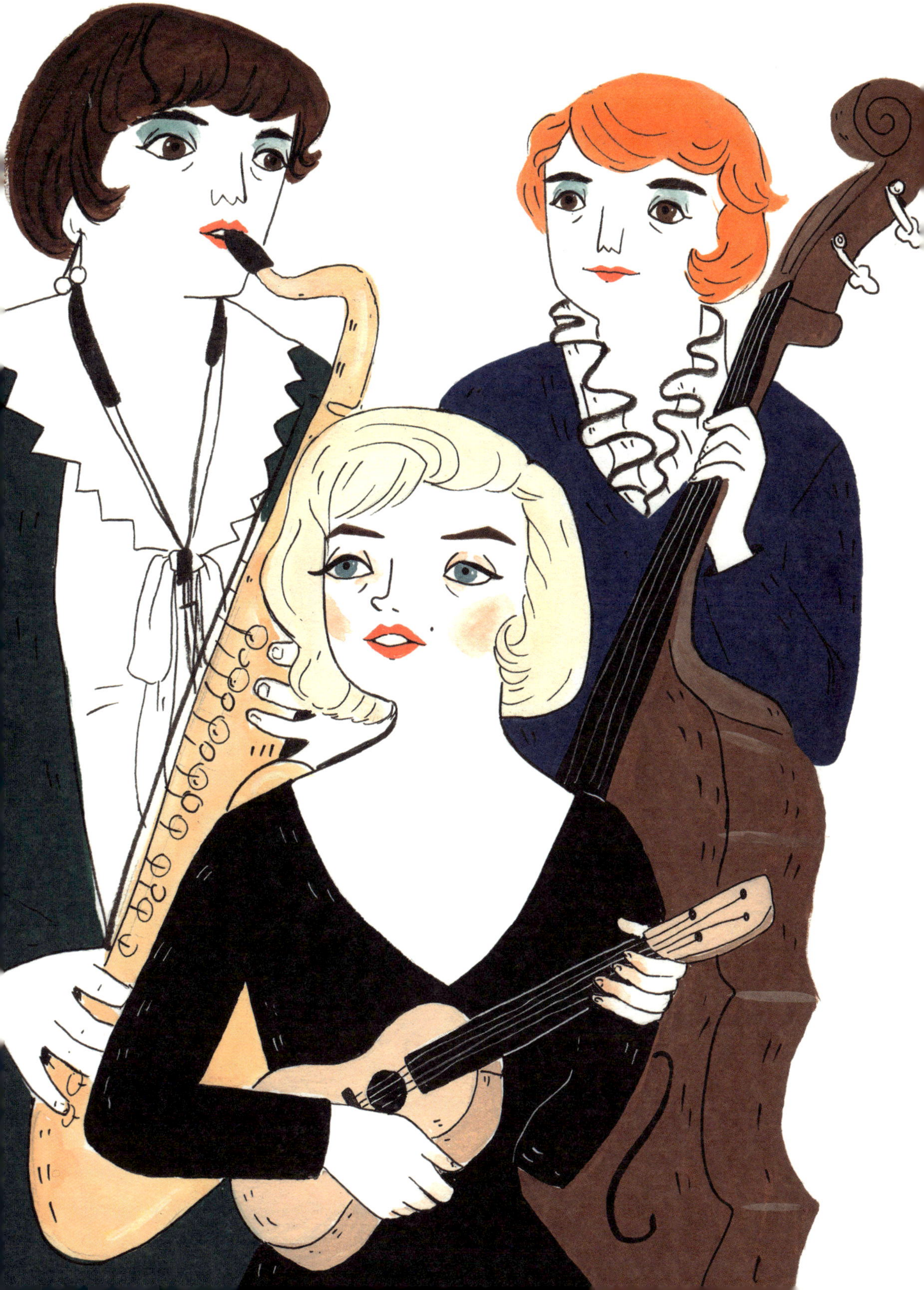

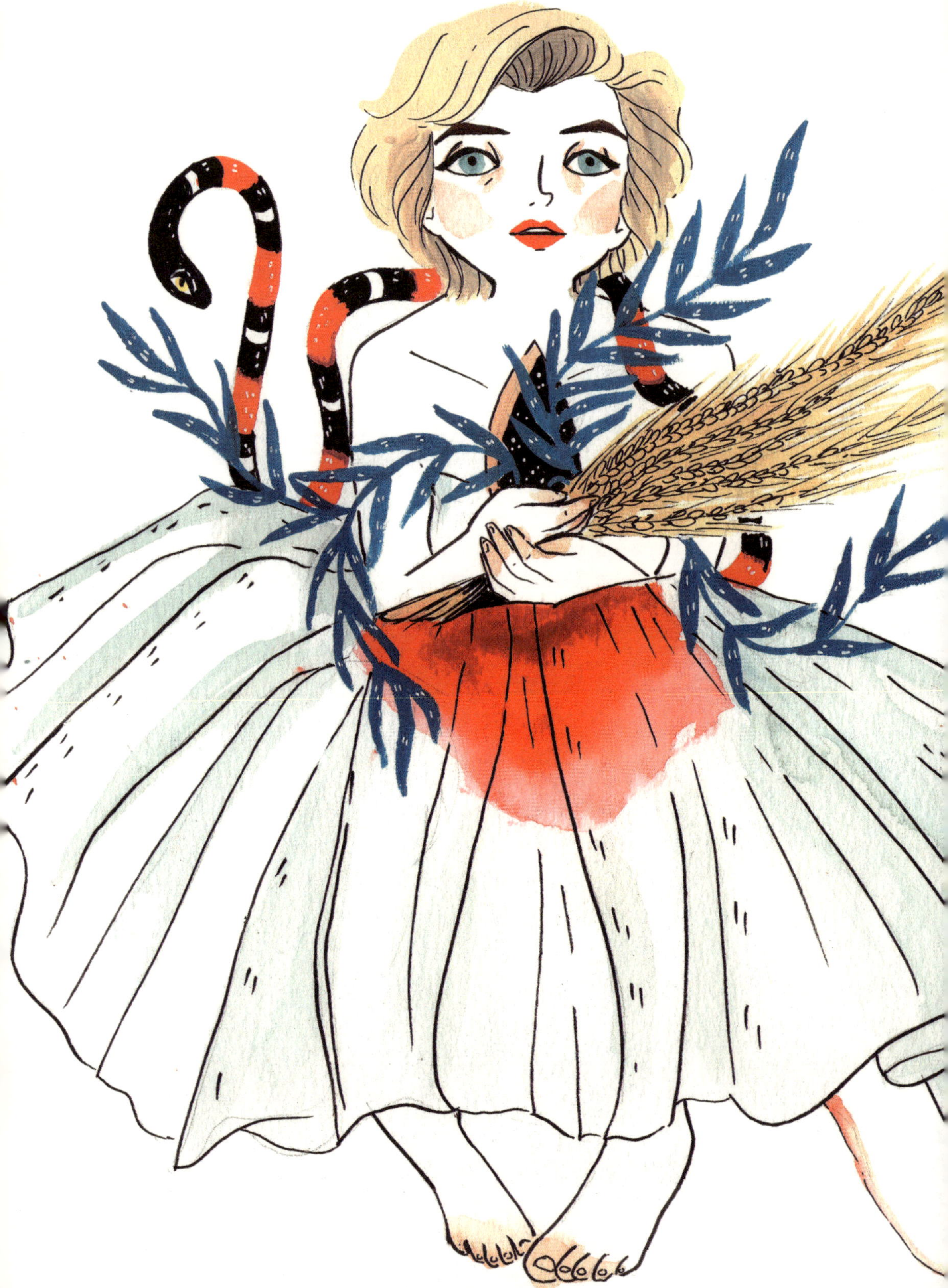

Arthur vino de Nueva York para pasar unos días conmigo, pero su presencia no fue de mucha ayuda. Discutíamos y eso me ponía más nerviosa, de modo que acababa perjudicando al rodaje. Todos notaban que estaba resentido conmigo; no aprobaba mi comportamiento y también él me presionaba, quizá porque creía que a él lo juzgaban a través de mí solo por ser mi marido, y actuaba como un pedante, quizá para dejar claro que no podían medirle con el mismo rasero. Volvió a mi cabeza aquel dichoso cuaderno y esa decepción suya porque yo no había sido la mujer que él imaginaba y que pensaba que le salvaría. Supongo que cada uno buscaba su ideal, y la realidad nos traicionó a ambos.

Pero hubo días y momentos buenos con él, y gracias a ellos me quedé embarazada una tercera vez y por tercera vez aborté, al poco de acabar el rodaje. Esta pérdida me destrozó más que la anterior. Además, me culpabilicé pensando que podía deberse al abuso de alcohol y pastillas a lo largo de mi vida.

La prensa se cebó con las dificultades de la que consideraban una diosa del sexo para tener hijos. Aquella fue la última vez que intenté ser madre.

CREO QUE ESTOY MUY SOLA, MIS PENSAMIENTOS BULLEN. ME VEO AHORA EN EL ESPEJO, EL CEÑO FRUNCIDO. SI ME ACERCO, VERÉ LO QUE NO QUIERO RECONOCER: TENSIÓN, TRISTEZA, DECEPCIÓN, LOS OJOS APAGADOS, LAS MEJILLAS ENCENDIDAS POR CAPILARES QUE PARECEN RÍOS EN UN MAPA, EL PELO CAYENDO COMO SERPIENTES. LA BOCA ES LO QUE MÁS TRISTE ME VUELVE, ADEMÁS DE LOS OJOS MUERTOS. HAY UNA LÍNEA NEGRA ENTRE LOS LABIOS, EL CONTORNO DE UNAS OLAS EN UNA FURIOSA TEMPESTAD; DICE: NO ME BESES, NO ME ENGAÑES. SOY LA BAILARINA QUE NO SABE BAILAR.

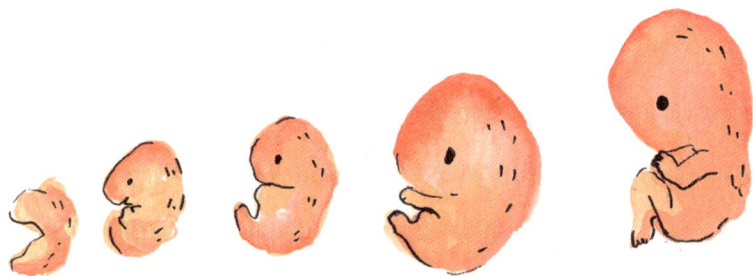

Ya estábamos de vuelta en Nueva York cuando Carson McCullers me invitó a su casa para que conociera a Isak Dinesen. Yo seguía deprimida por mi último aborto y la crisis con Arthur, y aquella tarde fue un soplo de aire fresco. También lo fue el premio que recibí en Italia por *El príncipe y la corista*. Seguía sin trabajar, y no me decidí por ninguna película hasta que llegó *El multimillonario*.

La dirigiría George Cukor, fabuloso en *Mujercitas* y *Lo que el viento se llevó*, y mi compañero de reparto sería Yves Montand. Arthur, él y su mujer, Simone Signoret, se conocían por *Las brujas de Salem*, y los cuatro nos hicimos grandes amigos y pasamos mucho tiempo juntos.

Yves hacía de un millonario que se enamora de una actriz, entra como actor en su obra e intenta conquistarla. El problema era que el guion era horrible y ni siquiera la participación de Arthur logró levantarlo, así que los ánimos de todo el equipo fueron decayendo al comprender que la película sería un fracaso.

La puntilla llegó con la huelga del Gremio de Actores Cinematográficos en contra de los productores y los estudios, que no compartían beneficios con los demás sectores del cine cuando las películas daban el salto a la televisión. Todos hacían huelga, pero Arthur decidió continuar trabajando en el guion.

Aquello me decepcionó: él, que tanto hablaba de los derechos sociales, que conocía mi lucha contra el sistema que imponían los estudios, prefirió seguir trabajando y cobrar su dinero.

Había traicionado nuestros ideales, solo había arena bajo mis pies, ya nada tenía sentido.

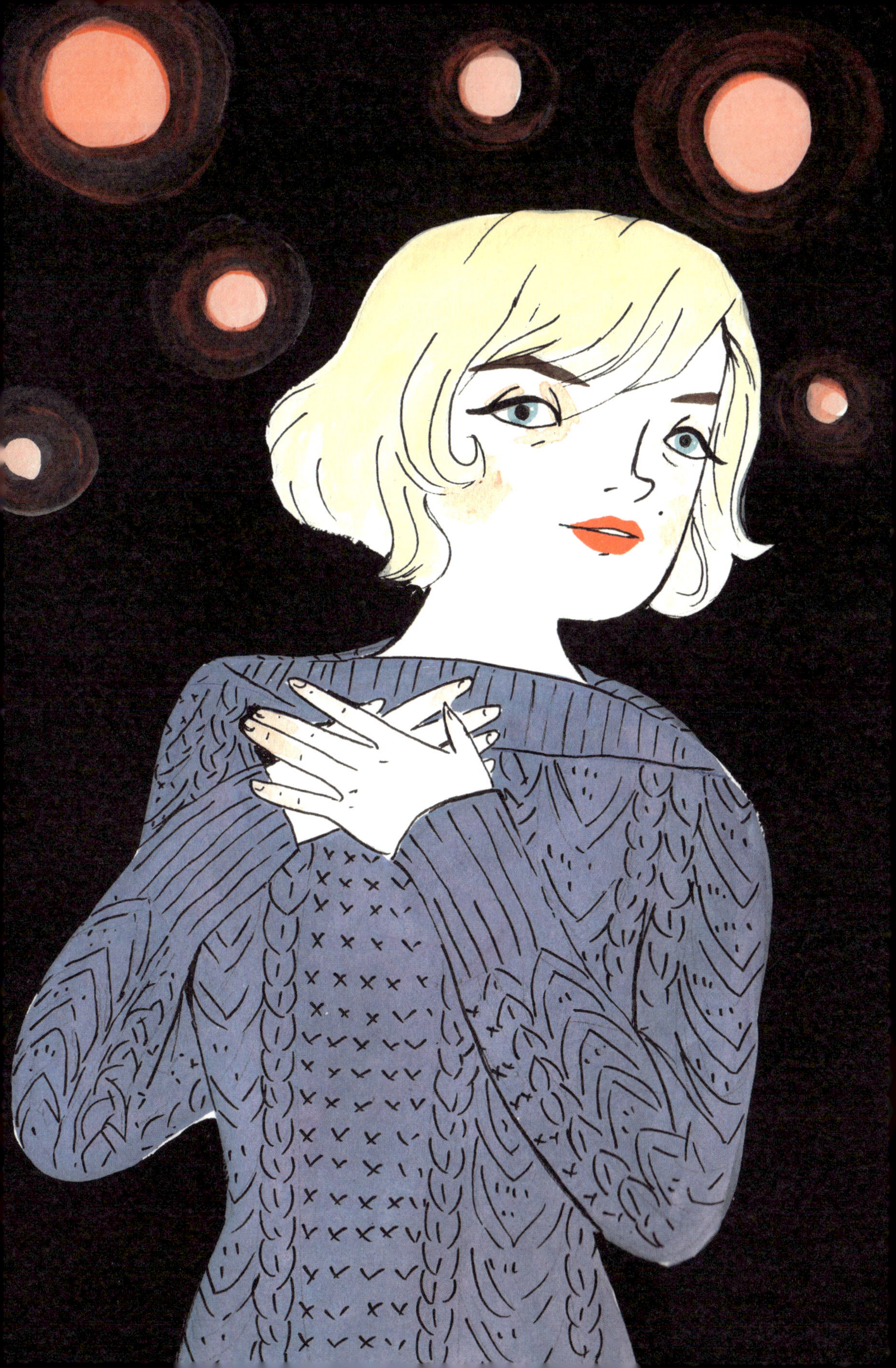

El multimillonario pasó sin pena ni gloria, y no me dejó nada salvo el éxito de la canción «My Heart Belongs to Daddy», un mayor abismo con Arthur y un breve idilio con Yves, que surgió tal vez porque los dos compartíamos el miedo a hacer el ridículo y que empezó cuando nuestras parejas se fueron de Los Ángeles. Simone, camino de un rodaje en Europa. Arthur, a rematar la versión cinematográfica de su relato «Vidas rebeldes», en la que llevaba tiempo trabajando.

Tras el rodaje me quedé sola y vacía, y fue cuando decidí empezar la terapia con Ralph Greenson, psicoanalista en Los Ángeles conocido por tratar a muchos famosos y dar conferencias. Había quien desconfiaba de él y lo veía como un oportunista al que solo le interesaba tener popularidad, pero me fie de la recomendación de Marianne Kris.

Ralph comenzó a atenderme en su casa para no llamar la atención de los medios; en otras ocasiones acudía a la mía. Además, me recetaba sin recelos barbitúricos y tranquilizantes a través de un amigo suyo, el doctor Hyman Engelberg.

Aquello se me estaba yendo de las manos, pero no me daba cuenta.

En julio de 1960 salí hacia Nevada para rodar *Vidas rebeldes*, con un cargamento de pastillas y sin tener ni idea del infierno que me esperaba.

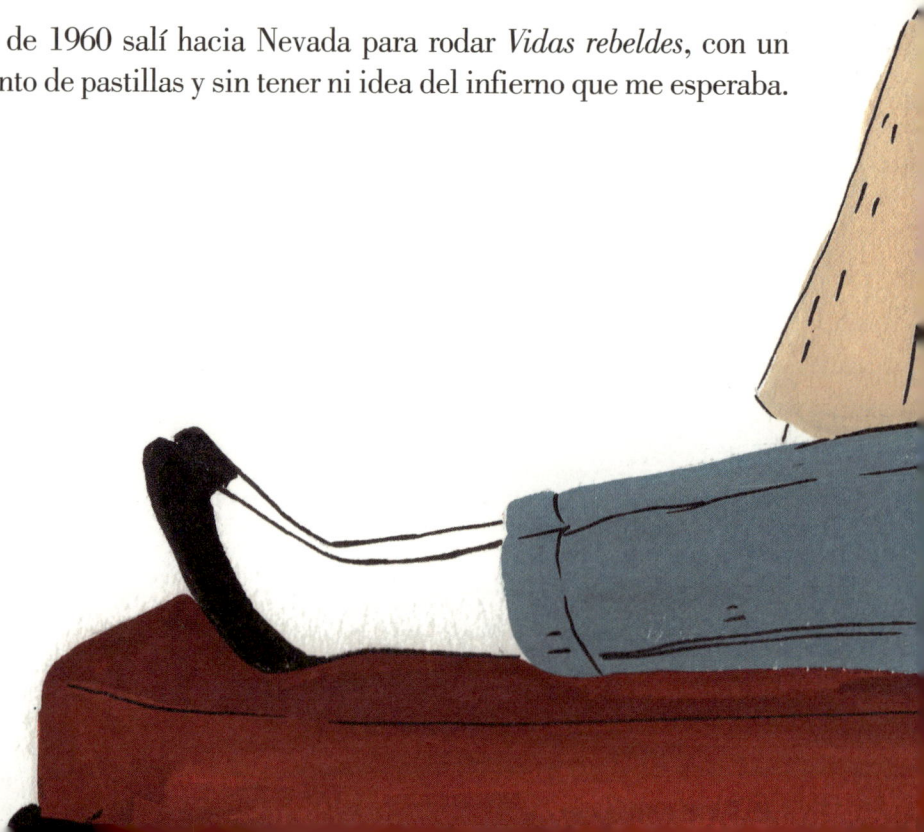

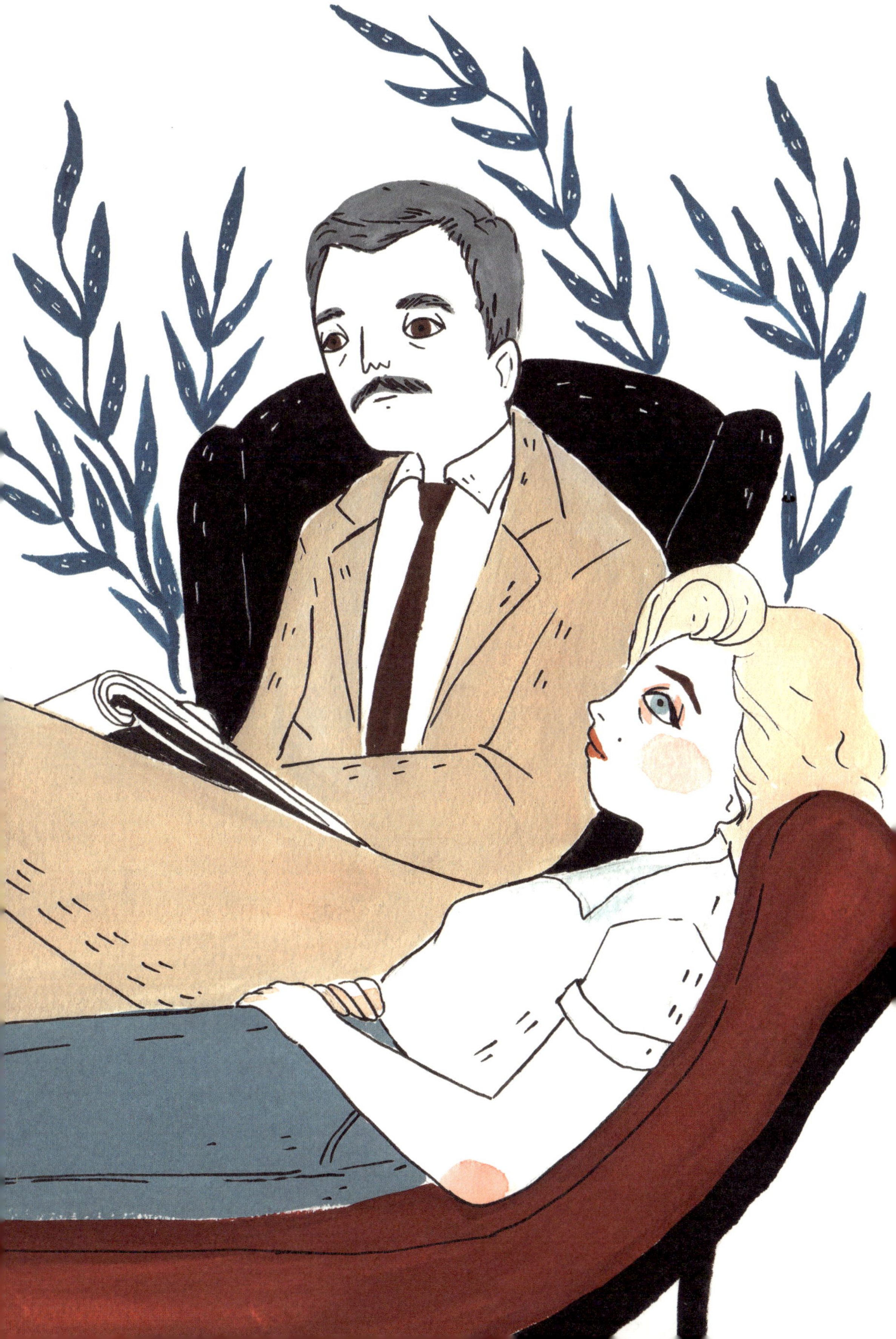

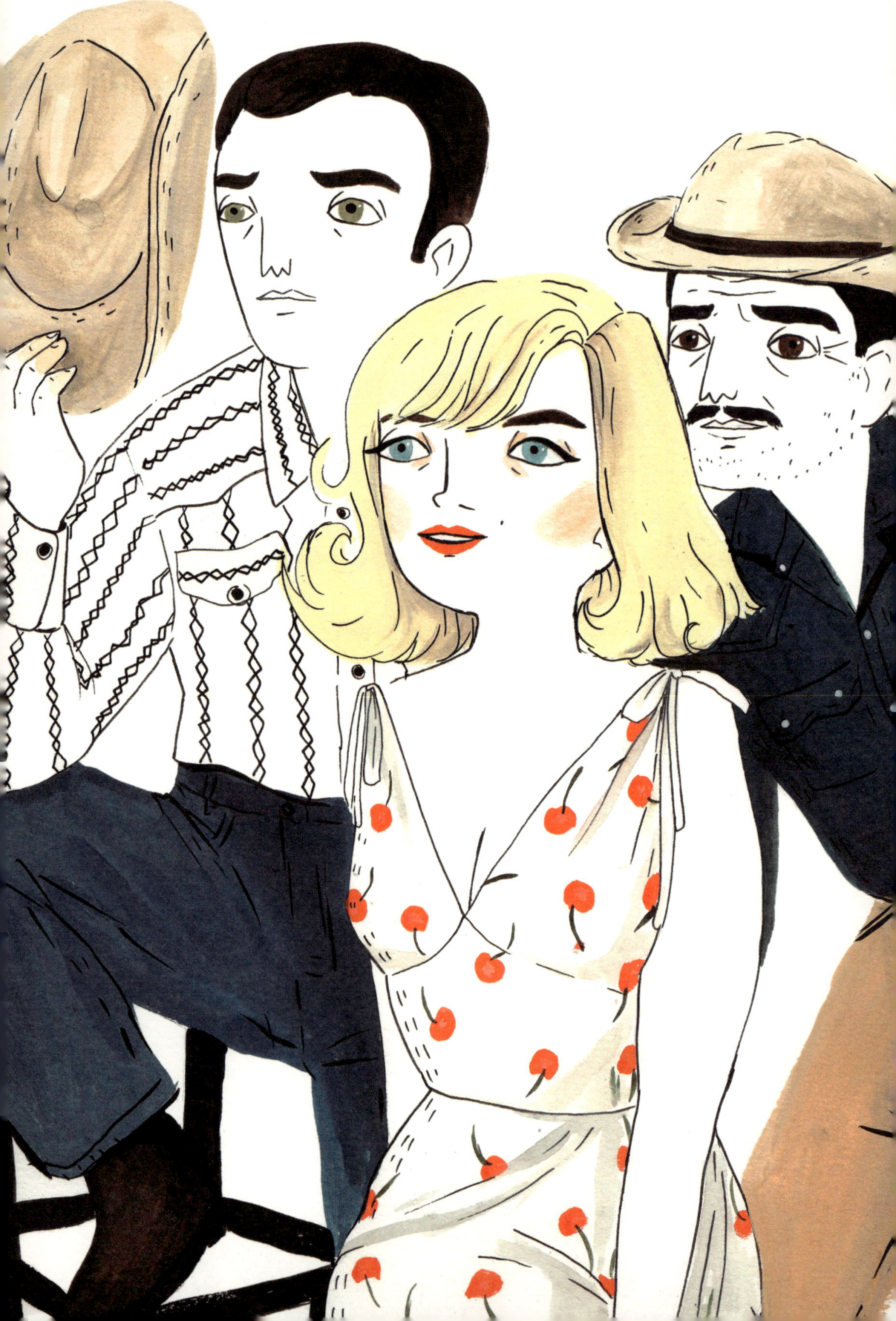

Vidas
Rebeldes

Arthur escribió el relato original tras unos meses en Nevada. Allí conoció a un grupo de vaqueros que se dedicaba a atrapar potros salvajes y los entrenaba para los niños, pero con el paso del tiempo a los niños dejaron de interesarles, así que ahora se usaban para fabricar pienso para perros. Cuando reescribió la historia, la hizo pensando en la vida de quienes aparecíamos en ella, como si nos representáramos a nosotros mismos, a un cliché nuestro.

Junto a mí estarían Eli Wallach, Thelma Ritter y Montgomery Clift. Y como colofón, el protagonista masculino, mi pareja en la ficción, lo interpretaba Clark Gable. Arthur sabía de mi profunda admiración hacia él durante la infancia y de cómo en sueños lo había llegado a imaginar como mi propio padre. Este fue el único y verdadero regalo, porque Clark siempre me trató con cariño durante el rodaje.

Arthur me había asegurado que ese guion era un regalo para mí, pero cuando lo leí, vi todo lo contrario: rebosaba amargura, tristeza y despecho. En los diálogos incluyó frases que habíamos cruzado, me lanzaba sus recriminaciones a la cara a través de otros personajes, pero en el centro estaban las ruinas de toda mi vida y de nuestra pareja.

En mi primera secuencia, incluso usaba extractos de mi demanda de divorcio contra Joe DiMaggio, y tener que leer e interpretar todo aquello fue una tortura.

Me hacía revivir mi pasado, exhibía con crueldad nuestro presente y no se vislumbraba un futuro muy prometedor.

Había una escena en la que aparecía abierto un armario de Gay (Gable) con fotos de mis primeros papeles en la puerta, esos contra los que tanto había luchado por dejar atrás. Yo tenía que cerrarla y decir: «No las mires. No tiene importancia. Gay las puso ahí para hacer una broma».

Eso era yo para él. Una broma.

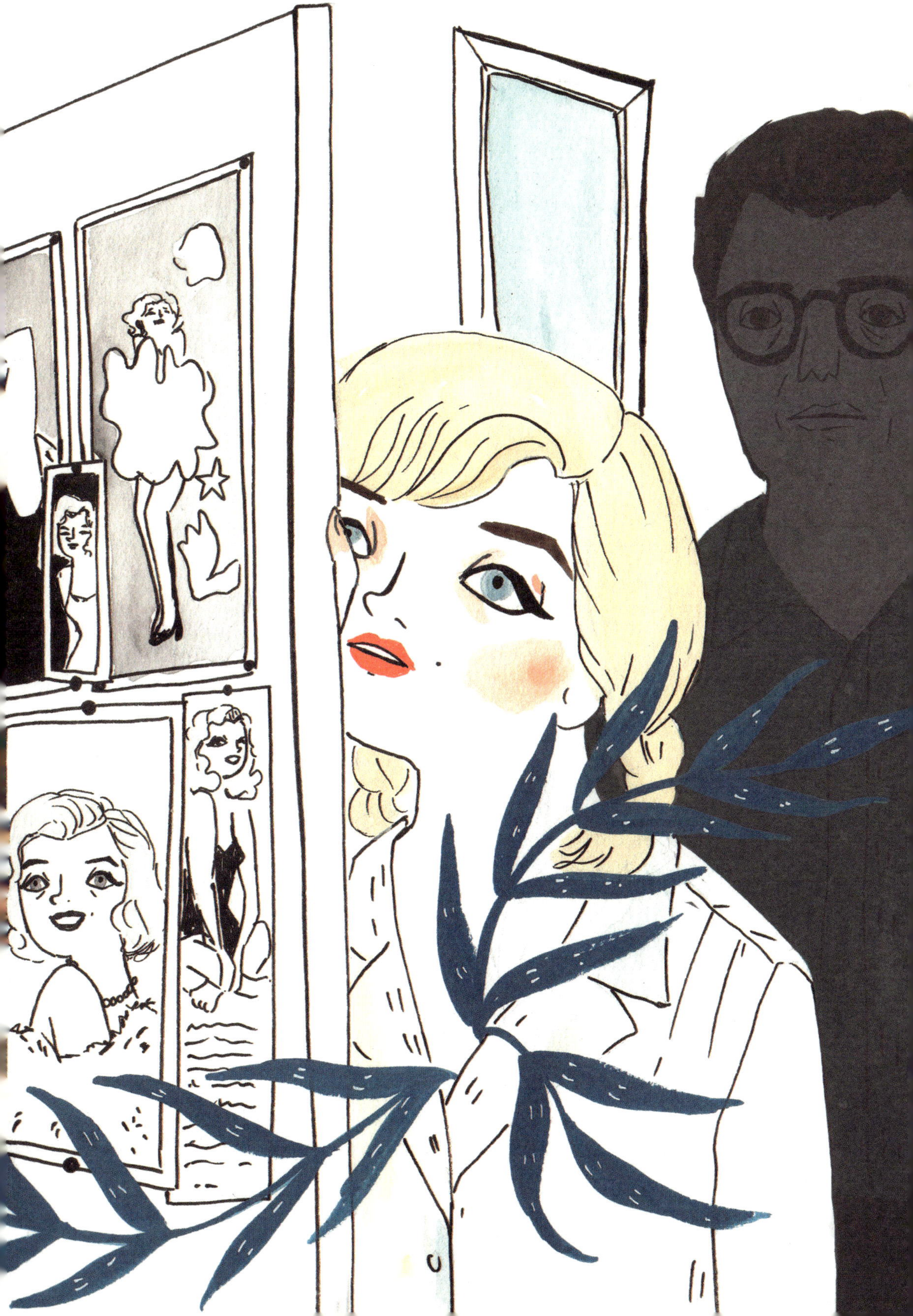

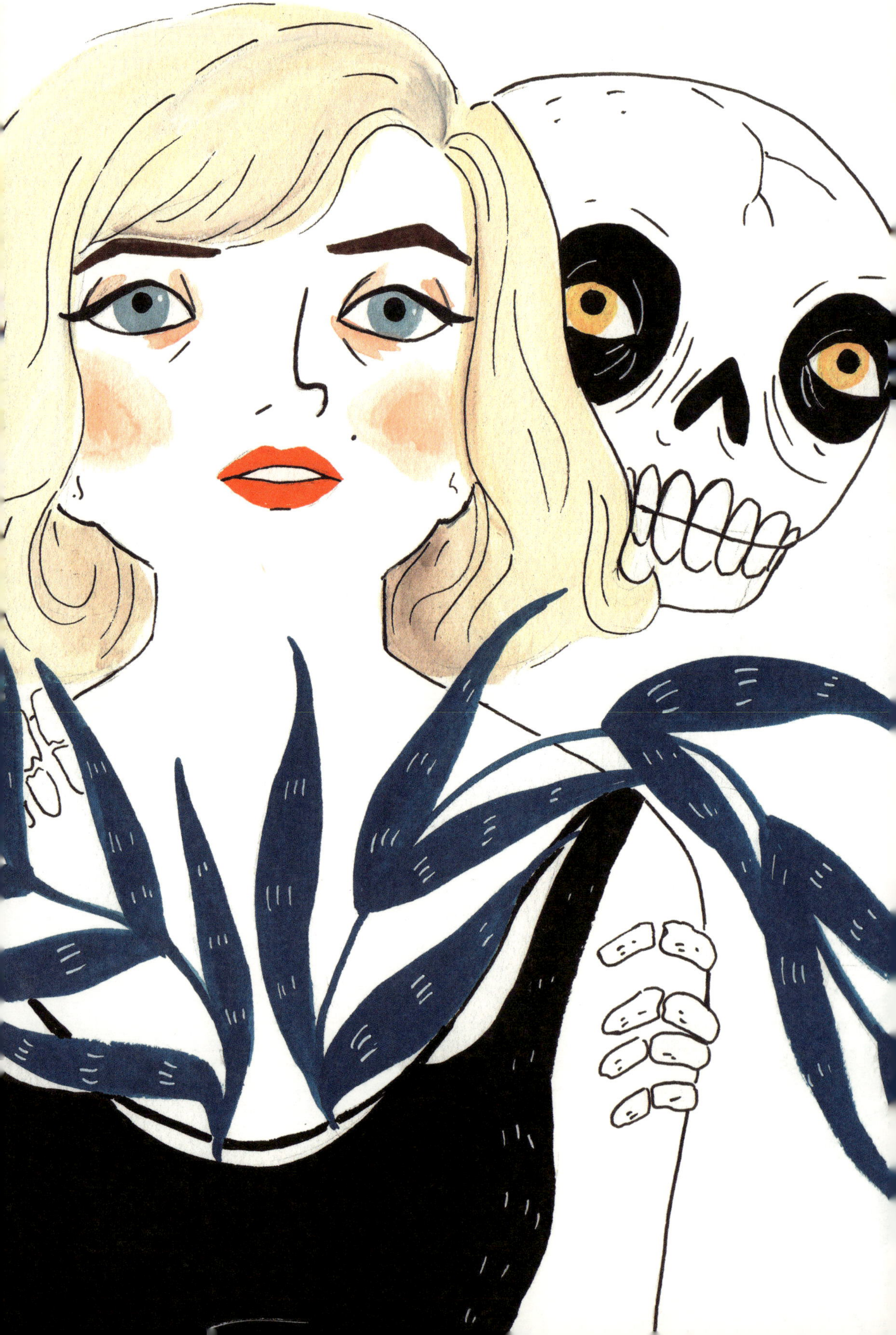

Las discusiones se sucedían a la vista de todo el mundo, dormíamos en habitaciones separadas, y se rumoreaba que él se llevaba demasiado bien con Inge Morath, una de los fotógrafos de la agencia Magnum que pasaron por el rodaje. Yo no solo detestaba tener que interpretar ese papel, sino que además Arthur reescribía el guion por las noches, sabiendo lo que me aterraban los cambios de última hora, y nos lo daba por la mañana, sin dejarme tiempo para ensayar con Paula. Despertaba ansiosa todos los días, sintiéndome vulnerable y traicionada.

El sol ardía en Nevada, era el infierno en la tierra, y la dirección ponía continuamente en peligro nuestra integridad física, aunque eso era habitual si trabajabas con John Huston: podía ser muy ruin; Clark y Monty acabaron indignados. John bebía y fumaba tanto que hubo que interrumpir varias veces el rodaje, pero lo peor era su adicción al juego: en agosto se gastó gran parte del dinero de la producción en el casino que había debajo del hotel, y hubo que interrumpir la grabación dos semanas.

Pese a las humillaciones que padecía a diario por parte de Arthur y John, me esforzaba como siempre por hacer mi trabajo lo mejor posible, y me lo compensaron culpándome de aquel parón. Como necesitaban tiempo para conseguir el dinero con el que continuar, Huston logró que me ingresaran en una clínica privada de desintoxicación y así achacar aquel alto a una crisis nerviosa mía, causada por mi adicción a las pastillas. Lo curioso es que me ingresaron los mismos médicos que me administraban los fármacos.

SOCORRO.
SOCORRO. SOCORRO.
SIENTO QUE LA VIDA SE ACERCA
CUANDO LO ÚNICO QUE QUIERO
ES MORIR.
GRITO.
EMPEZASTE Y ACABASTE EN EL AIRE,
PERO ¿DÓNDE ESTABA EL ÍNTERIN?

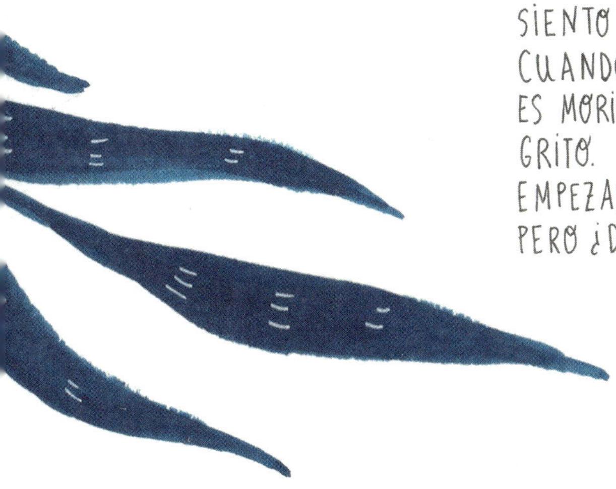

Estuve una semana ingresada, luego volvimos al rodaje y en cuanto acabó puse punto final también a mi relación con Arthur. No podía continuar con esa farsa. Ninguno de los dos podíamos, todo era una mentira. Había creído que a su lado podría dejar atrás esa imagen de la chica ingenua y sexi a la que no hacía falta respetar; ahora veía que después de trece años en platós y de veintinueve películas estaba en un callejón sin salida. Sabía que había mucho más dentro de mí, pero Marilyn se había fundido con Norma Jeane y ni siquiera yo era capaz de separarlas, así que me vestía de blanco y me aclaraba cada vez más el pelo; buscaba dar luz a una oscuridad que me engullía sin que a nadie pareciera importarle.

El rodaje había sido física y emocionalmente agotador para todos, y no sé en qué medida influyó, pero Clark Gable sufrió un primer infarto nada más terminar la grabación, y días después un segundo que lo mató. Fue el 16 de noviembre de 1960, meses antes de que naciera su hijo. Una señal más de que habíamos trabajado en una película maldita, y de lo que nos esperaba a sus protagonistas.

Volví a Nueva York, a mis sesiones con Marianne Kris y mis clases con Lee en el Actors Studio, y después de pasar las navidades con los Strasberg, el 20 de enero de 1961 me fui con mi abogado a El Paso, México, para solicitar mi tercer divorcio. También en esto seguía a Jean Harlow. Mientras el país asistía ilusionado a la toma de posesión de John F. Kennedy, yo me imponía la tarea de seguir adelante con mi vida.

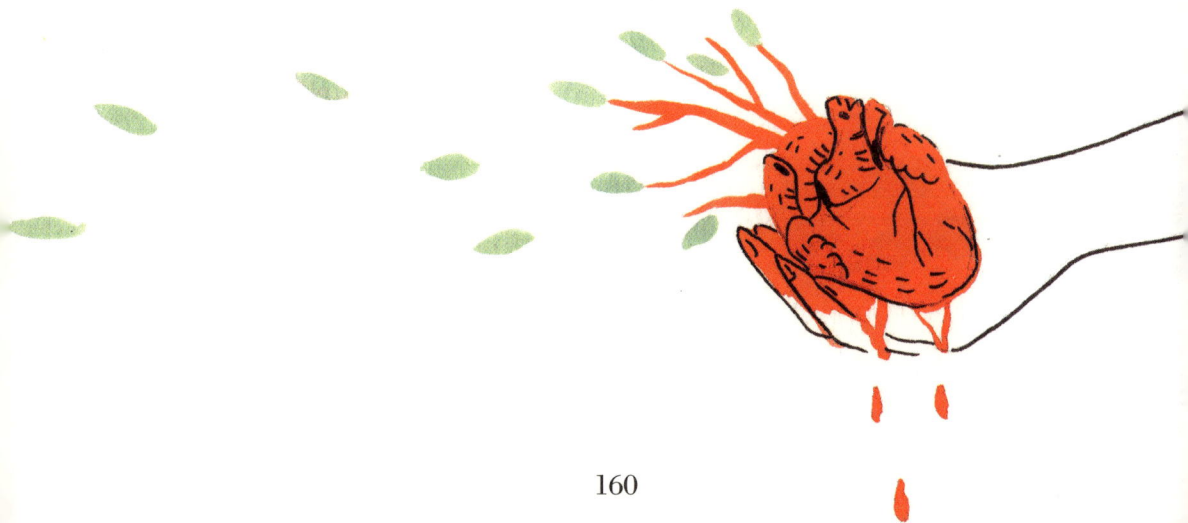

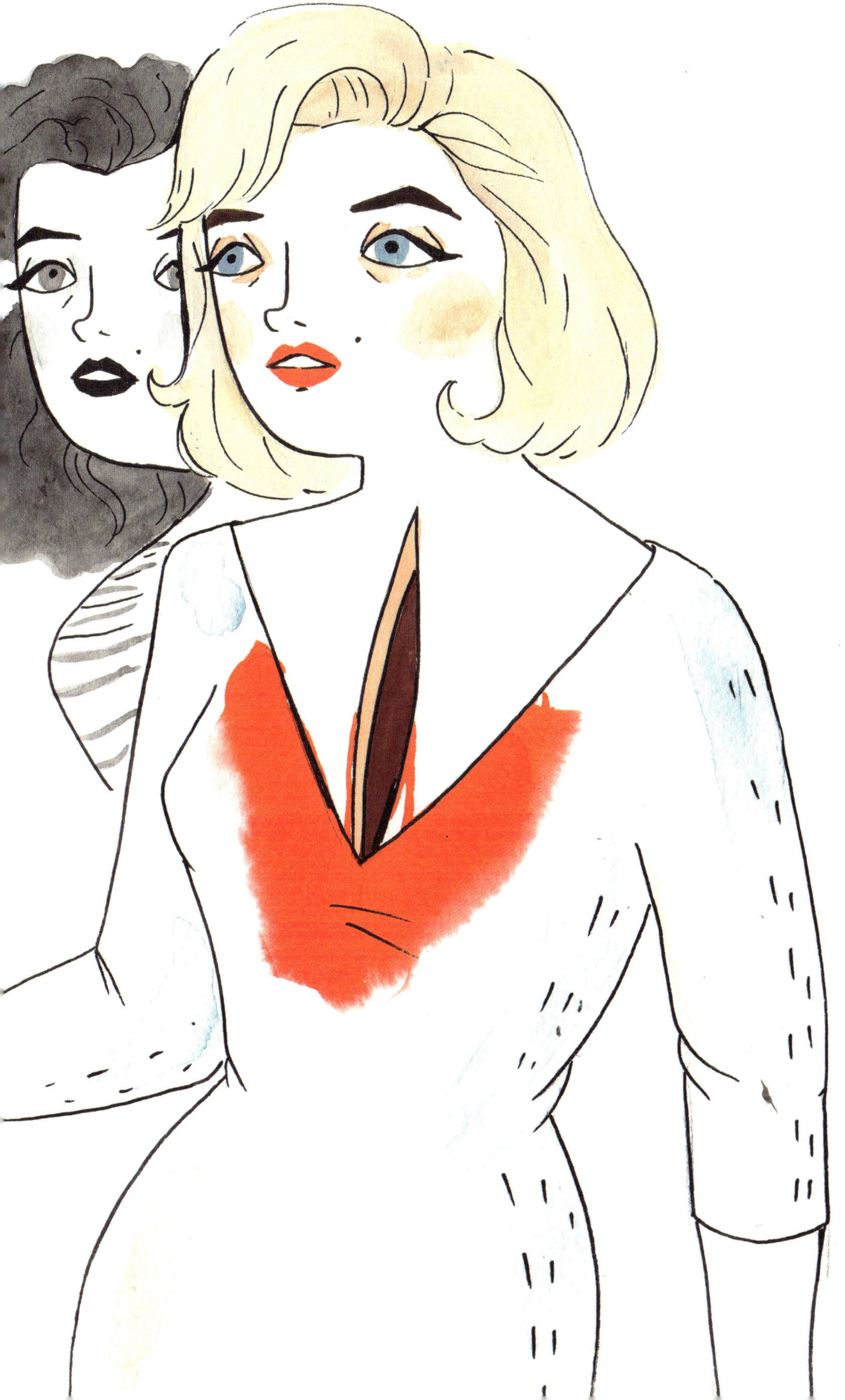

Sin embargo, la crueldad de Arthur y John y lo duro del rodaje me habían hecho cuestionarme todo, y cuando comenzaron las malas críticas por *Vidas rebeldes*, y sin proyectos a la vista, entré en una oscura depresión.

Marianne Kris me sugirió que ingresara en una especie de hotel donde me cuidarían y podría hacer reposo. «Hotel», dijo, pero era la clínica psiquiátrica Payne Whitney, donde me encerraron bajo llave en una habitación acolchada; a mí, que tenía pánico a sentirme atrapada, ni por paredes ni por compromisos.

Todos los fantasmas de mi pasado me visitaron de golpe: mi madre, mis abuelos Della y Otis, mi bisabuelo Tilford... ¿Había perdido la cabeza como ellos? Gritaba una y otra vez que me sacaran de allí, pero nadie me hacía caso: a sus oídos, aquellos gritos demostraban que de verdad estaba perturbada.

QUERIDOS LEE Y PAULA:
LA DOCTORA KRIS HA ORDENADO QUE ME INTERNEN EN LA SECCIÓN DE PSIQUIATRÍA DEL HOSPITAL DE NUEVA YORK, AL CUIDADO DE DOS MÉDICOS IDIOTAS. NINGUNO DE ELLOS DEBERÍA TRATARME. NO HABÉIS RECIBIDO NOTICIAS MÍAS PORQUE ESTOY ENCERRADA CON TODOS ESTOS POBRES PELELES. ESTOY SEGURA DE QUE ACABARÉ LOCA SI SIGO METIDA EN ESTA PESADILLA. POR FAVOR, LEE, AYÚDAME. ESTE ES EL ÚLTIMO LUGAR DONDE DEBERÍA ESTAR.

Mi salvación no vino de ellos, sino de Joe DiMaggio, con quien por suerte logré hablar por teléfono. Cuando me vio, supo al instante que aunque nunca debería haber entrado allí, me encontraba realmente mal, y me convenció para que ingresara en otro centro donde me tratarían de forma adecuada. Durante el tiempo que estuve allí, me visitó a diario.

Cuando me dieron el alta, pasamos juntos una temporada, y al final me mudé a Los Ángeles. Nunca más volví a tener un pestillo en mi cuarto.

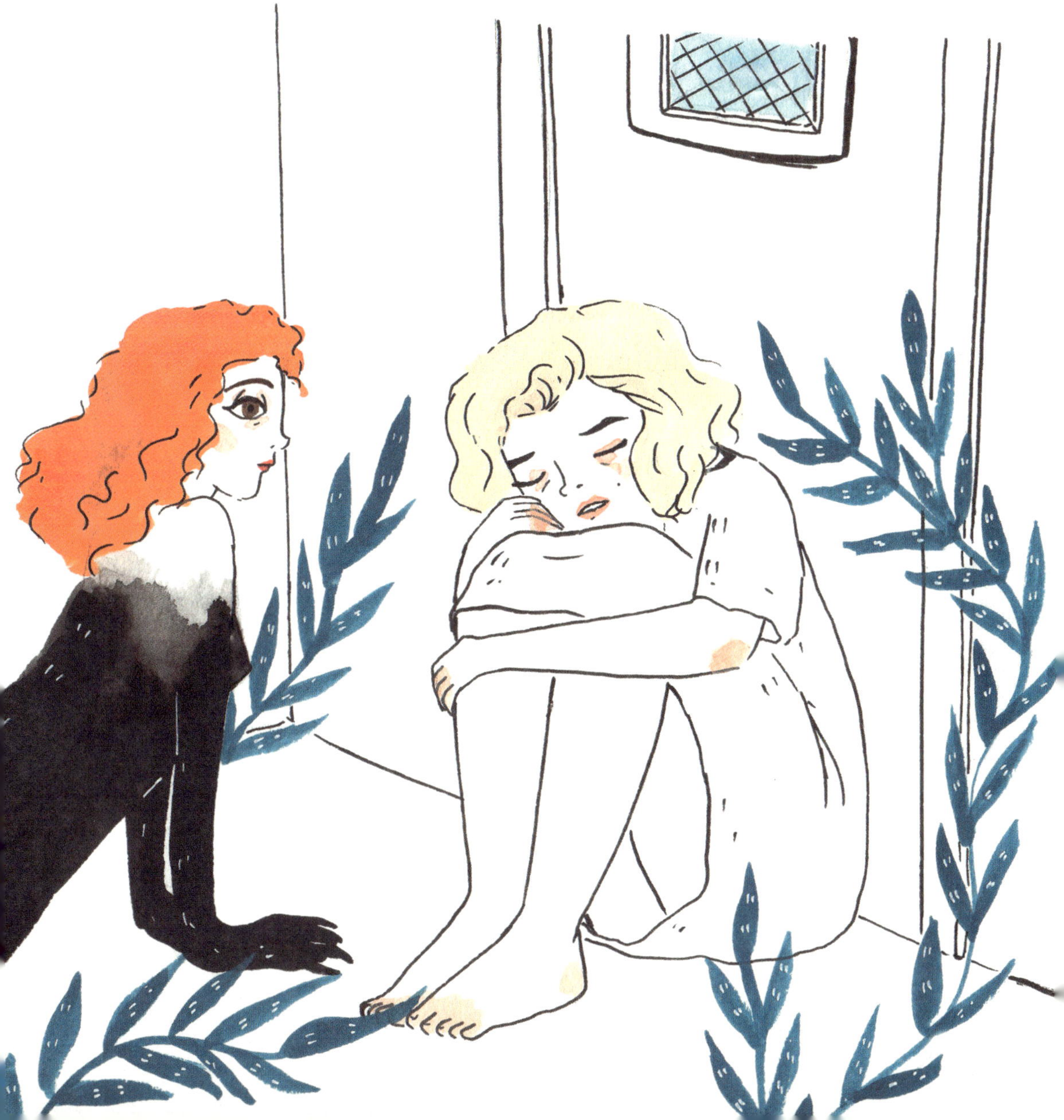

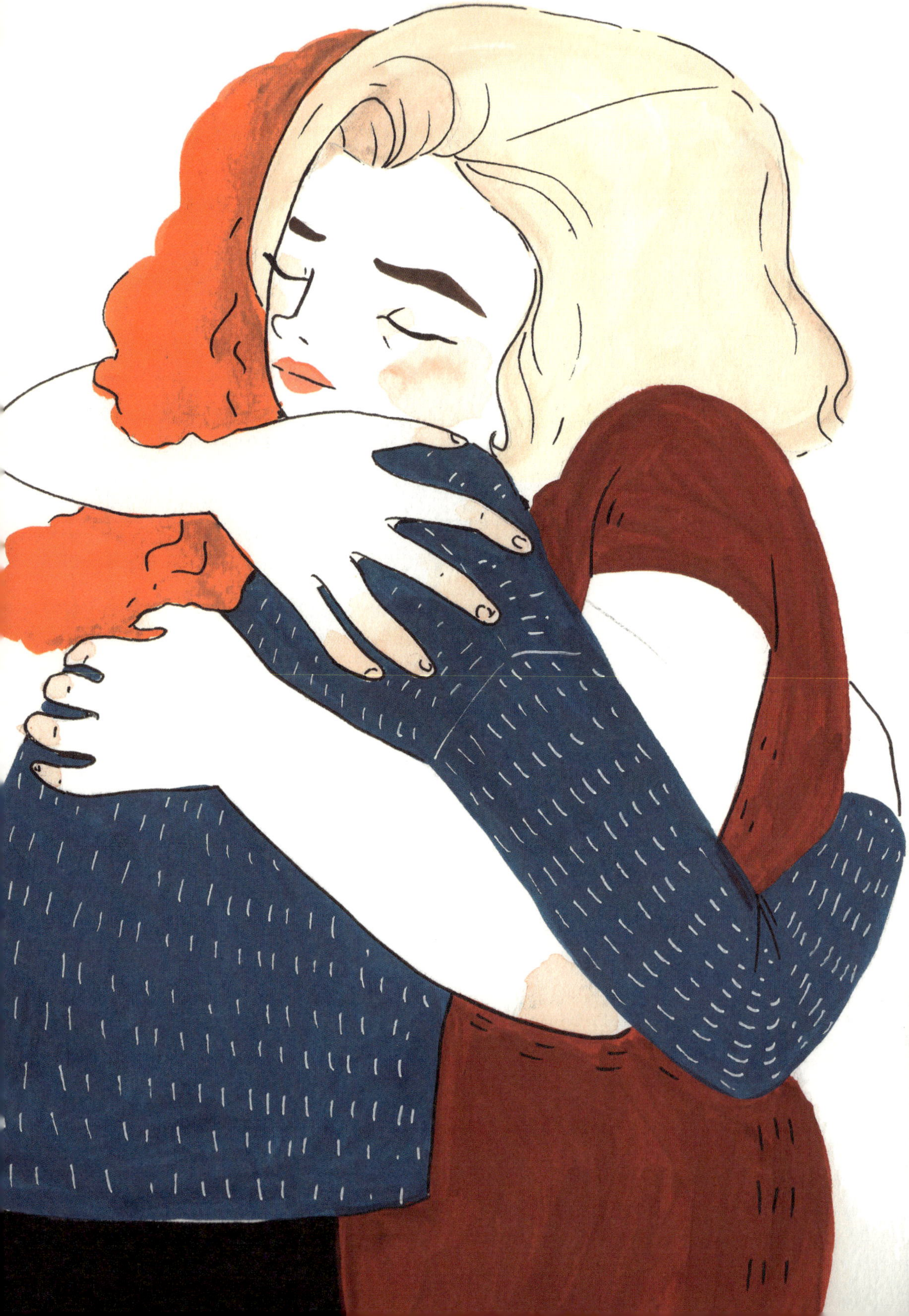

Tras mi estancia en Payne Whitney, algo cambió dentro de mí. Si bien en todos estos años no había dejado de mantener a mi madre económicamente, hasta entonces no había conseguido perdonarla. Ahora comenzaba a comprenderla y a reconciliarme con aquella mujer que no encajaba con el mundo que la rodeaba.

Yo era actriz, había soñado con serlo desde los cinco años en casa de los Bolender, o cuando Grace McKee y mi madre, con su pelo rojo, me llevaban por Sunset y me decían que sería como Jean Harlow, o me dejaban sola en el cine, y yo veía ese mundo en blanco y negro que brillaba más que el mío.

Estaba hundida, y sabía que para levantarme necesitaba actuar, por mucho que me aterrara hacerlo mal, fallar, no estar a la altura o que me juzgaran. La cámara siempre había sido el camino hacia mí misma y necesitaba superar el fracaso de las últimas películas.

DURANTE AÑOS HE LUCHADO, CON POCO ÉXITO, POR ENCONTRAR CIERTA ESTABILIDAD EMOCIONAL. MI TRABAJO ES LO ÚNICO A LO QUE ME PUEDO AFERRAR.

Esperaba buenos guiones mientras superaba algunos problemas físicos y recuperaba mi vida: celebré con amigos mi treinta y cinco cumpleaños y hasta viajé a Las Vegas para celebrar el de Dean Martin con Frank Sinatra, con quien desde ese verano había empezado a quedar algo más a menudo.

También retomé las sesiones con Ralph Greenson, que me acogió en su familia y poco a poco comenzó a centrarse en mí abandonando casi del todo al resto de los pacientes; a Paula, Lee y Joe no les gustaba, veían cómo me imponía a quién podía ver y a quién no, o cómo buscaba someterme o conseguir puestos en el estudio a mi costa, pero yo necesitaba cada vez más su presencia y su opinión.

Y fue siguiendo su consejo como, ignorando mi intuición y aunque el guion no me convenciera, acepté participar en una nueva película con George Cukor.

Something's Got to Give no podía llegar en peores condiciones, ni en peor momento para los estudios de la Fox, que estaba casi en bancarrota porque se había disparado el presupuesto de *Cleopatra*, que Elizabeth Taylor rodaba en ese instante con un sueldo diez veces superior al mío.

Nadie sabía qué hacer con mi película, pero no se atrevían a suspenderla porque ya estaban todos los contratos firmados. Sabía cuánto me jugaba y dormía mal, a pesar de los somníferos y las inyecciones de «vitamina» del doctor Engelberg, y a eso se le sumó una sinusitis, así que el primer día de rodaje lo afronté con treinta y ocho de fiebre. Tras ese día, aquella sinusitis se convirtió en una infección que me obligó a guardar cama, en mi nueva casa, varias semanas.

La había comprado a inicios de ese 1962 por indicación de Greenson: una casa en Brentwood con suelos de terracota, paredes de estuco blanco y tejado de tejas rojas.

Retomé el trabajo en cuanto mejoré, pero había planificado un viaje a Nueva York para el cumpleaños de Kennedy y el estudio estaba empeñado en que lo cancelara para no volver a parar el rodaje. En realidad, ni siquiera habían acabado de escribir el guion y tenían tan poca confianza en la película que buscaban cualquier excusa para suspenderla y responsabilizarme a mí para no tener que indemnizar al resto del equipo.

Yo no estaba dispuesta a ceder y, tal como estaba previsto, el 19 de mayo de 1962 acudí a la celebración del presidente en el Madison Square Garden de Nueva York.

Había conocido a JFK el anterior octubre en una fiesta que dio en su honor el actor Peter Lawford, cuñado del presidente y uno de los miembros del famoso Rat Pack de Frank Sinatra. Después de ese encuentro nos vimos en algunas ocasiones. Nos gustaba pasar ratos juntos, aunque nunca tuvimos intención de llegar muy lejos. Aun así, los rumores de una posible relación entre John y yo se propagaron irremediablemente.

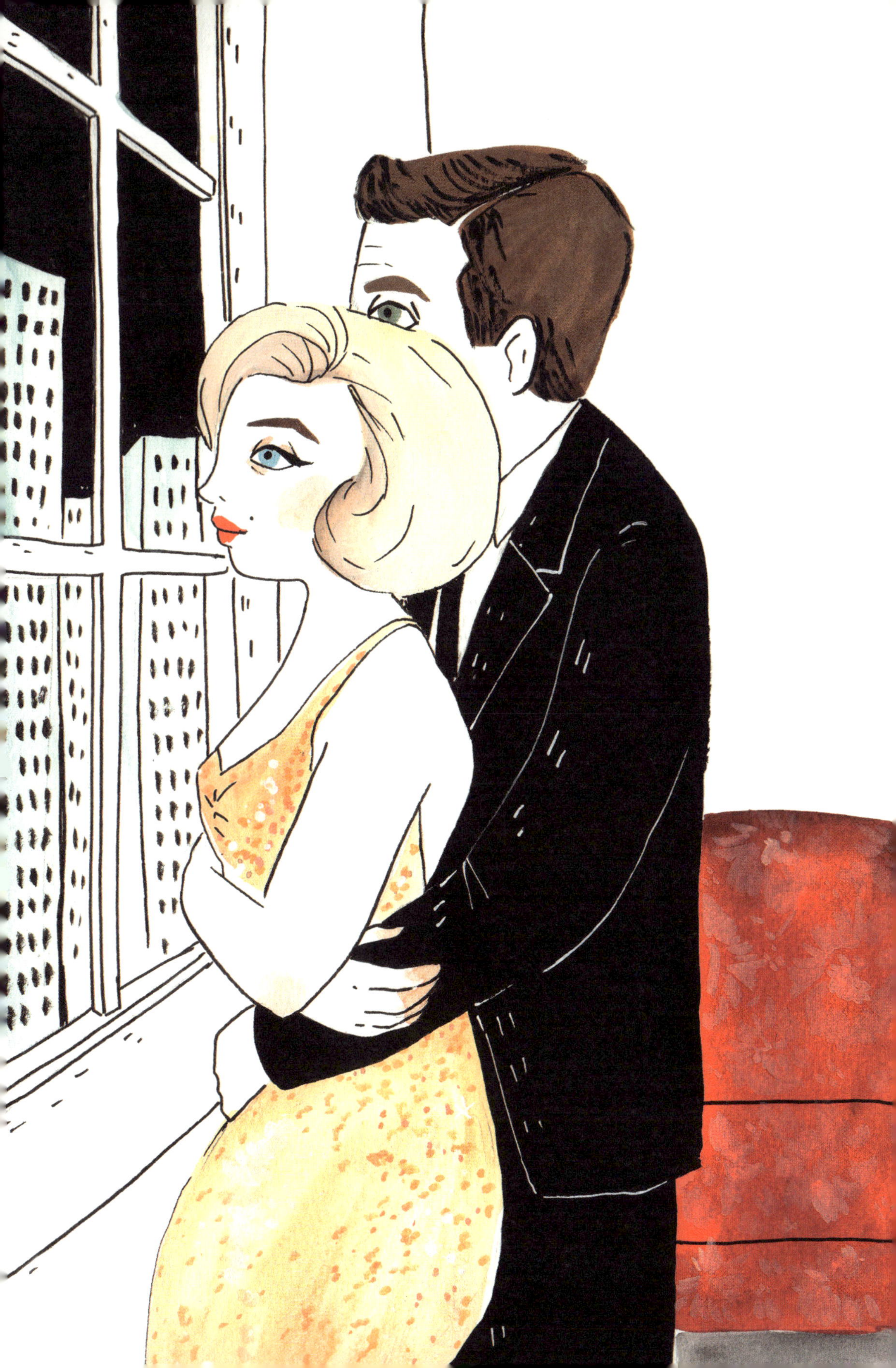

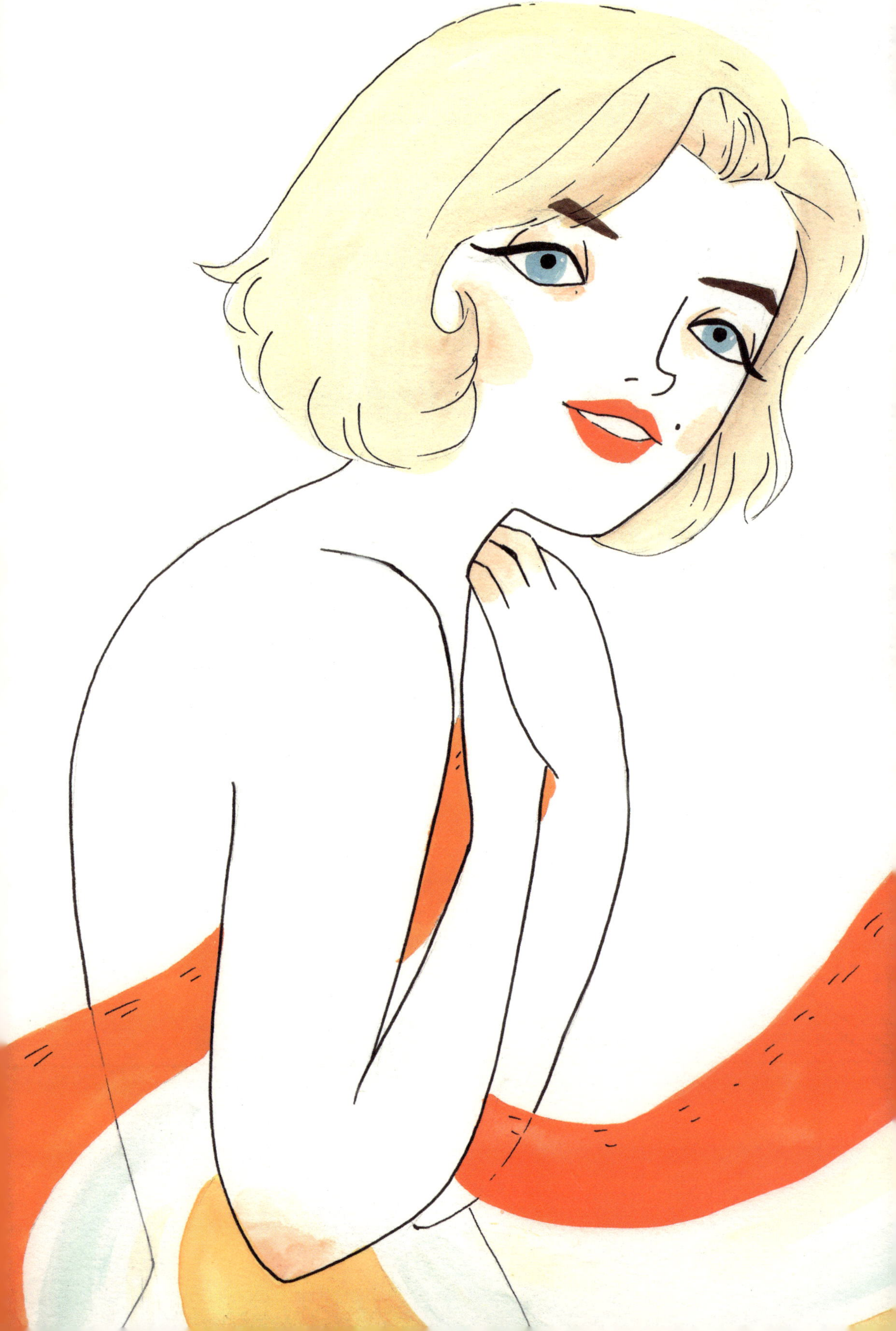

Esa noche le canté el «Cumpleaños feliz» sin saber que en la Costa Oeste la Fox estaba preparando una demanda contra mí por incumplimiento de contrato. Mientras el Garden se venía abajo, ellos estudiaban cómo despedirme definitivamente, y unas semanas después empezaban las difamaciones sobre mi adicción a las pastillas y la imposibilidad de trabajar conmigo.

Con mi carrera al borde del abismo, decidí no dejarles ganar e hice varias sesiones de fotos muy íntimas con Bert Stern y otras en la playa de California con George Barris. Iba a demostrar que a mis treinta y seis años estaba mejor que nunca y que todo lo que decían era falso.

Me hicieron varias entrevistas para acompañar esas fotos, que supe enfocar de forma profesional y no hablar del ámbito privado y personal. En más de una ocasión pedí que por favor no me tomaran a broma, estaba cansada de que lo hicieran.

UN SEX SYMBOL SE CONVIERTE EN UNA COSA Y YO NO SOPORTO SER UNA COSA. PERO SI TENGO QUE SER SÍMBOLO DE ALGO, PREFIERO QUE SEA DEL SEXO. SIEMPRE TE ESTÁS METIENDO EN EL INCONSCIENTE DE LA GENTE. ES AGRADABLE ESTAR INCLUIDA EN LAS FANTASÍAS DE LA GENTE, PERO A UNA TAMBIÉN LE GUSTA SER ACEPTADA POR LO QUE ES. NO ME CONSIDERO UNA MERCANCÍA, PERO ESTOY SEGURA DE QUE MUCHA GENTE ME VE ASÍ... TAL VEZ HABLO COMO UNA VÍCTIMA, PERO CREO QUE LO SOY.

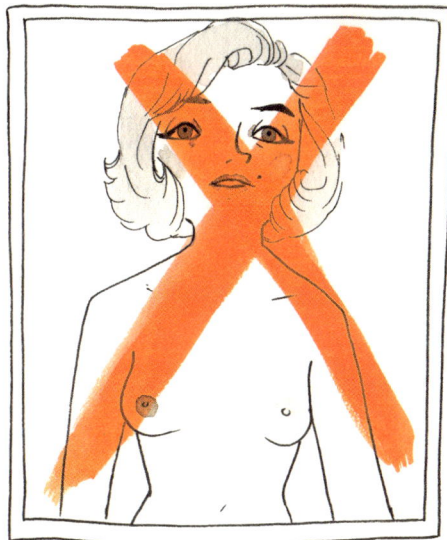

La ilusión iba poco a poco regresando a mi vida. También gracias a Joe, con quien había pasado las últimas navidades, y que siempre estaba en los momentos en que más lo necesitaba. Sentía que iba recuperando las riendas de mi vida.

La Fox recapacitó al comprender el dinero que les reportaba y lo importante que era para el estudio y volvió a contratarme, de modo que reanudamos *Something's Got to Give*, esta vez pagándome lo que tanto había pedido, y cediendo a mi propuesta de pasar la dirección a Jean Negulesco, con quien yo había trabajado en *Cómo casarse con un millonario*.

Por otro lado, parecía que se iba haciendo realidad el proyecto que estaba preparando junto al influyente columnista y escritor Sidney Skolsky para que él produjera y yo interpretara una película sobre la

vida de Jean Harlow. Incluso habíamos conseguido la aprobación de la madre de Jean. Ella fue el motivo por el que me quise hacer actriz, y entre nuestras vidas seguía viendo muchos paralelismos.

Ese verano también comprendí que tenía que alejarme de mi psicoanalista Ralph Greenson si no quería quedarme sola, y, lo más difícil, debía dejar de depender de los fármacos.

POR LO QUE A MÍ RESPECTA, LA ÉPOCA MÁS FELIZ DE MI VIDA ES AHORA.
POR LO QUE A MÍ RESPECTA, TENGO UN FUTURO Y ESTOY IMPACIENTE POR ALCANZARLO.

AHORA QUE QUIERO VIVIR Y QUE DE PRONTO ME SIENTO NO VIEJA, NO PREOCUPADA POR COSAS PRETÉRITAS SALVO POR PROTEGERME (A MÍ, MI VIDA), DESESPERADAMENTE LE DIGO (REZO) AL UNIVERSO QUE CONFÍO EN ÉL.

Una vez, durante una sesión de fotos con André de Dienes, le dije que algún día me reencarnaría en una mariposa. Él me habló de las nubes y del ciclo de la vida; a mí eso me daba igual: lo único que quería era volar, ser libre.

A veces pienso en cómo habría sido mi vida si no hubiera empezado desde tan abajo, si hubiera tenido una familia, si no hubiese sido guapa, incluso si no hubiese sido mujer en un mundo en el que los que mandaban tendían a vernos como objetos de deseo, en vez de como personas con sueños y sentimientos. Quizá mi error fue creer que podía ser lo que quisiera, mucho más allá del papel de esposa y ama de casa, pero la libertad con la que entendí mi cuerpo me trajo nuevas cadenas; mi cuerpo ya no me pertenecía a mí: pertenecía a todos.

Quizá el hecho de ser guapa, de que me consideren guapa y deseable, me ha obligado a demostrar más que a los demás, y esa necesidad me llevaba a presionarme a mí misma hasta el límite, siempre obsesionada con mejorar.

Y sin embargo, continuamente me empeño en creer que algo cambiará, que encontraré mi lugar. Que podré ser libre, que nunca más tendré miedo.

Que un día seré eterna.

EXISTE UN FUTURO, Y NO PUEDO ESPERAR A QUE LLEGUE.

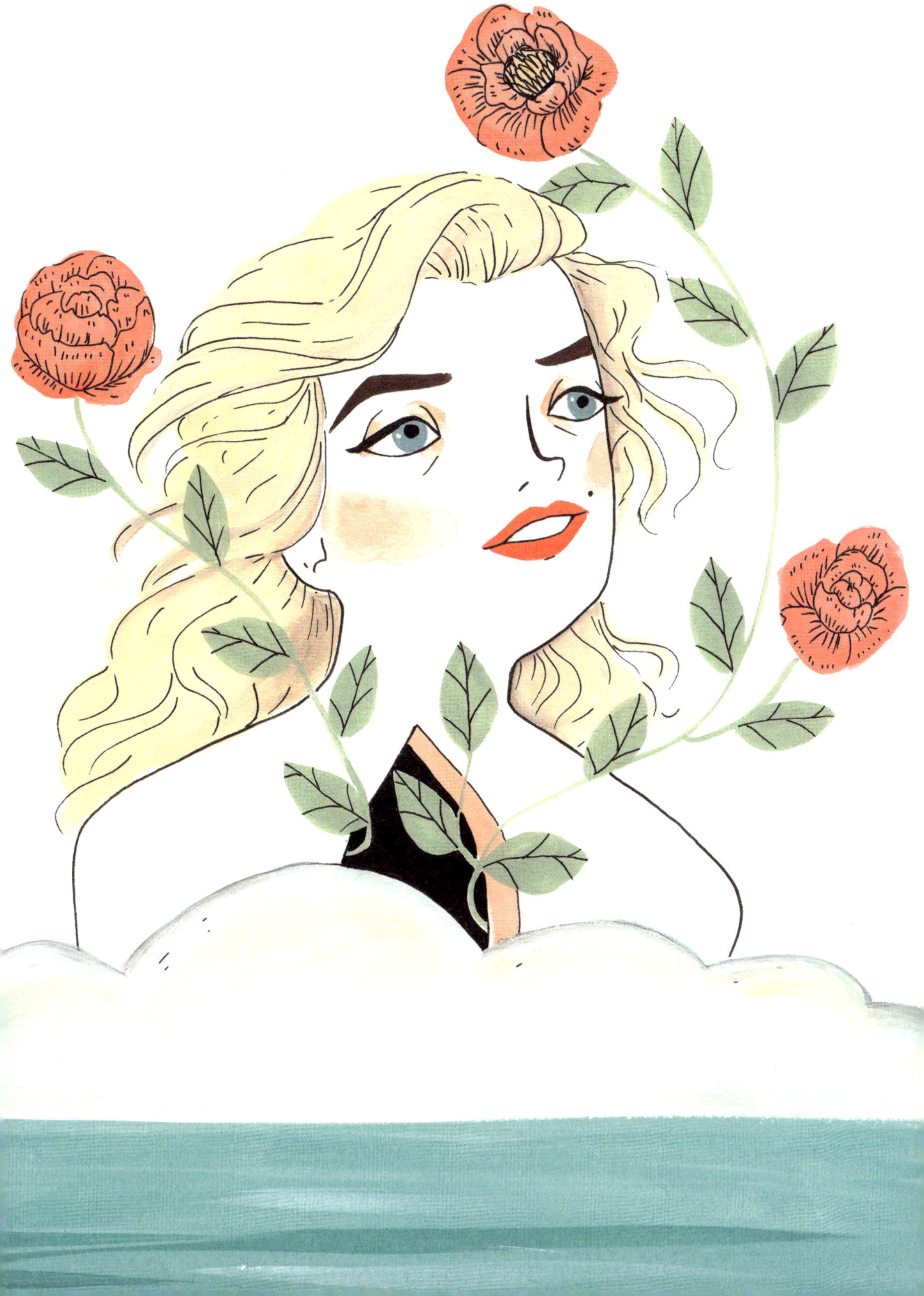

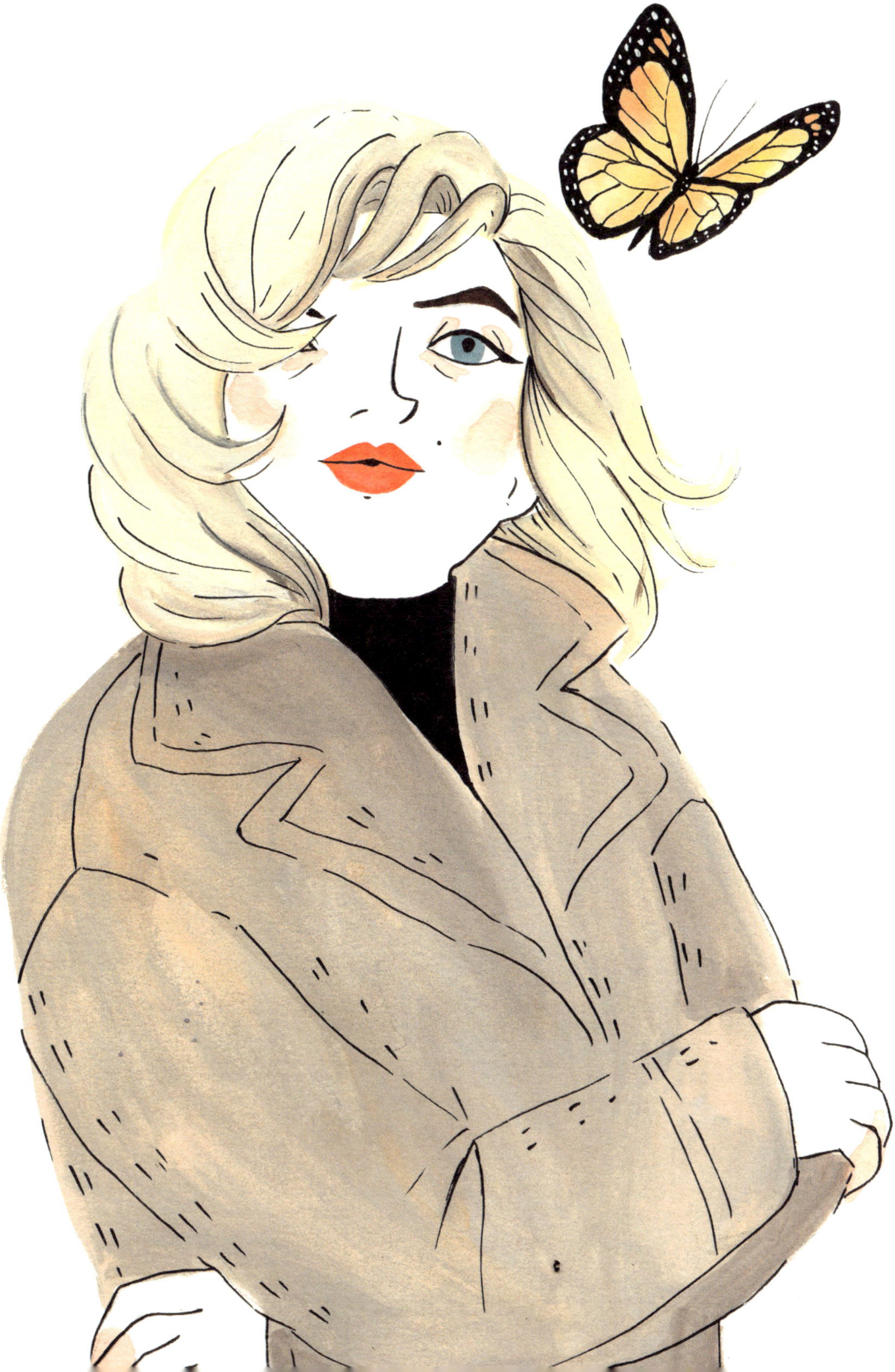

BIBLIOGRAFÍA

Libros

Lamique, Sonia, *Marilyn Monroe: en privado...*, Morrisville, editorial Lulu, 2016.

Mailer, Norman, y Bert Stern, *Marilyn Monroe*, traducción de Pablo Álvarez Ellacuría, Barcelona, Taschen, 2011.

Monroe, Marilyn, *Fragmentos. Poemas, notas personales, cartas*, traducción de Ramón Buenaventura, Barcelona, Seix Barral, 2010.

Monroe, Marilyn y Ben Hecht, *My story*, traducción de Marta Pessarrodona, Barcelona, Global Rhythm, 2011.

Oates, Joyce Carol, *Blonde*, traducción de María Eugenia Ciocchini, Madrid, Alfaguara, 2000.

Reig, Rafael, *Autobiografía de Marilyn Monroe*, Barcelona, Tusquets, 2019.

Schneider, Michel, *Últimas sesiones con Marilyn*, traducción de Ramón de España, Madrid, Alfaguara, 2006.

Spoto, Donald, *Marilyn Monroe*, traducción de Elsa Mateo, Barcelona, DeBolsillo, 2014.

Documentales

Love, Marilyn, dirigido por Liz Garbus, Diamond Girl Productions, Sol's Luncheonette, Studiocanal, 2012.

Marilyn, a su pesar, dirigido por Patrick Jeudy, Point du Jour, 2002.

We Remember Marilyn, dirigido por Ted Newsom, Passport International, 1996.

PROCEDENCIA DE LOS TEXTOS

P. 9: Marilyn Monroe, *Fragments: Poems, Intimate Notes*, Letters, Nueva York, Farrar, Straus & Giroux, 2010, pp. 100-101.

P. 19: *Marilyn Monroe, the last interview* (grabación íntegra de la entrevista de Marilyn Monroe el 4 de julio de 1962 en su casa de Brentwood, Los Ángeles, con Richard Meryman, cuyos extractos fueron publicados en *Life* el 3 de agosto de 1962; reproducida en https://www.youtube.com/watch?v=XMTwXEcXxuY.

P. 21: «A Last Long Talk with a Lonely Girl», entrevista con Richard Meryman, *Life*, 17 de agosto de 1962, p. 33.

P. 24: Georges Belmont, *Marilyn Monroe and the Camera Eye*, Boston, Bulfinch/Little Brown, 1989; citado en Donald Spoto, *Marilyn Monroe*, traducción de Elsa Mateo, Barcelona, DeBolsillo, 2014, p. 49.

P. 27: «A Last Long Talk with a Lonely Girl», *op. cit.*, p. 33.

P. 32: documentos de Milton Greene 2, archivo II, carpeta 3, p. 17; citado en Donald Spoto, *op. cit.*, p. 73.

P. 35: Marilyn Monroe, *op. cit.* p. 131.

P. 37: *ibid.*, p. 17.

P. 42: George Belmont, *op. cit.*, p. 16; citado en Donald Spoto, *op. cit.*, p. 99.

P. 44: documentos de Milton Greene 2, archivo XII, carpeta 4, p. 12; citado en Donald Spoto, *op. cit.*, p. 103.

P. 46: documentos de Milton Greene 2, archivo III, carpeta 2, p. 22; citado en Donald Spoto, *op. cit.*, p. 123.

P. 49: «A Last Long Talk with a Lonely Girl», *op. cit.*, p. 37.

P. 51: George Barris, *Marilyn: Her Life in her Own Words*, Nueva York, Citadel Press, 1995, p. 61.

P. 52: *ibid.*, p. 128.

P. 59: cita incluida en el documental *We Remember Marilyn*, de Ted Newsom; reproducido en https://www.youtube.com/watch?v=OlK-4RJvzso.

P. 61: Marilyn Monroe, *op. cit.*, p. 19.

P. 62: *ibid.*, p. 35.

P. 64: Jane Corwin, «Orphan in Ermine», *Photoplay*, marzo de 1954, p. 109; citado en Donald Spoto, *op. cit.*, p. 179.

P. 67: Marilyn Monroe, *op. cit.*, p. 23.

P. 71: documentos de Milton Greene 2, archivo VIII, carpeta 5; citado en Donald Spoto, *op. cit.*, p. 211.

P. 74: Marilyn Monroe y Ben Hecht, *My story*, Lanham, Rowman & Littlefield, 2006, p. 64.

P. 82: Marilyn Monroe, *op. cit.*, p. 57.

p. 86: *ibid.*, p. 41.

P. 89: *ibid.*, p. 59.

P. 90: extracto de diálogo de *Los caballeros las prefieren rubias*.

P. 91: Pete Martin, «The New Marilyn Monroe», *Saturday Evening Post*, 5 de mayo de 1956, p. 150.

P. 94: cita incluida en el documental *We Remember Marilyn*, de Ted Newsom; reproducido en https://www.youtube.com/watch?v=OlK-4RJvzso.

P. 102: borrador de la versión de Ben Hecht de la autobiografía de Marilyn Monroe, caja HE, pp. 133-136, en la Colección Ben Hecht de la Newberry Library, Chicago; citado en Donald Spoto, *op. cit.*, p. 309.

P. 106: George Barris, *op. cit.*, p. 112.

P. 110: Robert Cahn, «Marilyn Monroe Hits a New High», *Collier's*, 9 de septiembre de 1954, pp. 99-101.

P. 114: documentos de Milton Greene I, 2, p. 3; citado en Donald Spoto, *op. cit.*, p. 349.

P. 119: declaraciones de Marilyn Monroe a Susan Strasberg, citadas a Donald Spoto el 3 de junio de 1992; en Donald Spoto, *op. cit.*, pp. 367-368.

P. 122: entrevista en la emisora NBC con Dave Garroway, 12 de junio de 1955.

P. 124: rueda de prensa del 25 de febrero de 1956.

P. 128: «A Last Long Talk with a Lonely Girl», *op. cit.*, p. 34.

P. 135: entrevista en *The New York Times*, julio 1953.

P. 136: W. J. Weatherby, *Conversations with Marilyn*, Nueva York, Mason/Charter, 1976, p. 84; citado en Donald Spoto, *op. cit.*, p. 429.

P. 138: Marilyn Monroe, *op. cit.*, p. 111.

P. 142: *ibid.*, p. 127.

P. 145: *ibid.*, p. 129.

P. 155: *ibid.*, p. 139.

P. 158: *ibid.*, p. 195.

P. 161: carta a Lee Strasberg, 19 de diciembre de 1961; *ibid.*, p. 197.

P. 167: «Por lo que a mí respecta...»: «Twilight of a Star. Here's MM, Barefoot and Bubbly», *Daily News*, 14 de agosto de 1962. «Ahora que quiero...»: Marilyn Monroe, *op. cit.*, p. 101.

P. 172: «Twilight of a star. Here's MM, Barefoot and Bubbly», *op. cit.*

María Hesse (sevillana de adopción, 1982) se convirtió en ilustradora a la edad de seis años. Ella aún no lo sabía, pero su profesora y su madre sí. Unos buenos años después, tras acabar sus estudios de Educación Especial, agarró los lápices y se lanzó a la piscina de la ilustración de manera profesional. Ha trabajado como ilustradora para distintas editoriales, revistas y marcas comerciales, y su obra se ha exhibido en varias exposiciones. Tras el fenómeno editorial que supuso su primer álbum ilustrado, *Frida Kahlo. Una biografía* (Lumen, 2016), traducido en dieciséis idiomas y ganador del Premio de la Fundación Nacional del Libro Infantil y Juvenil de Brasil, Lumen publicó en 2018 *Bowie. Una biografía*, y en 2019 *El placer*. Su último libro es *Marilyn. Una biografía*. Su obra está presente en diecinueve países.

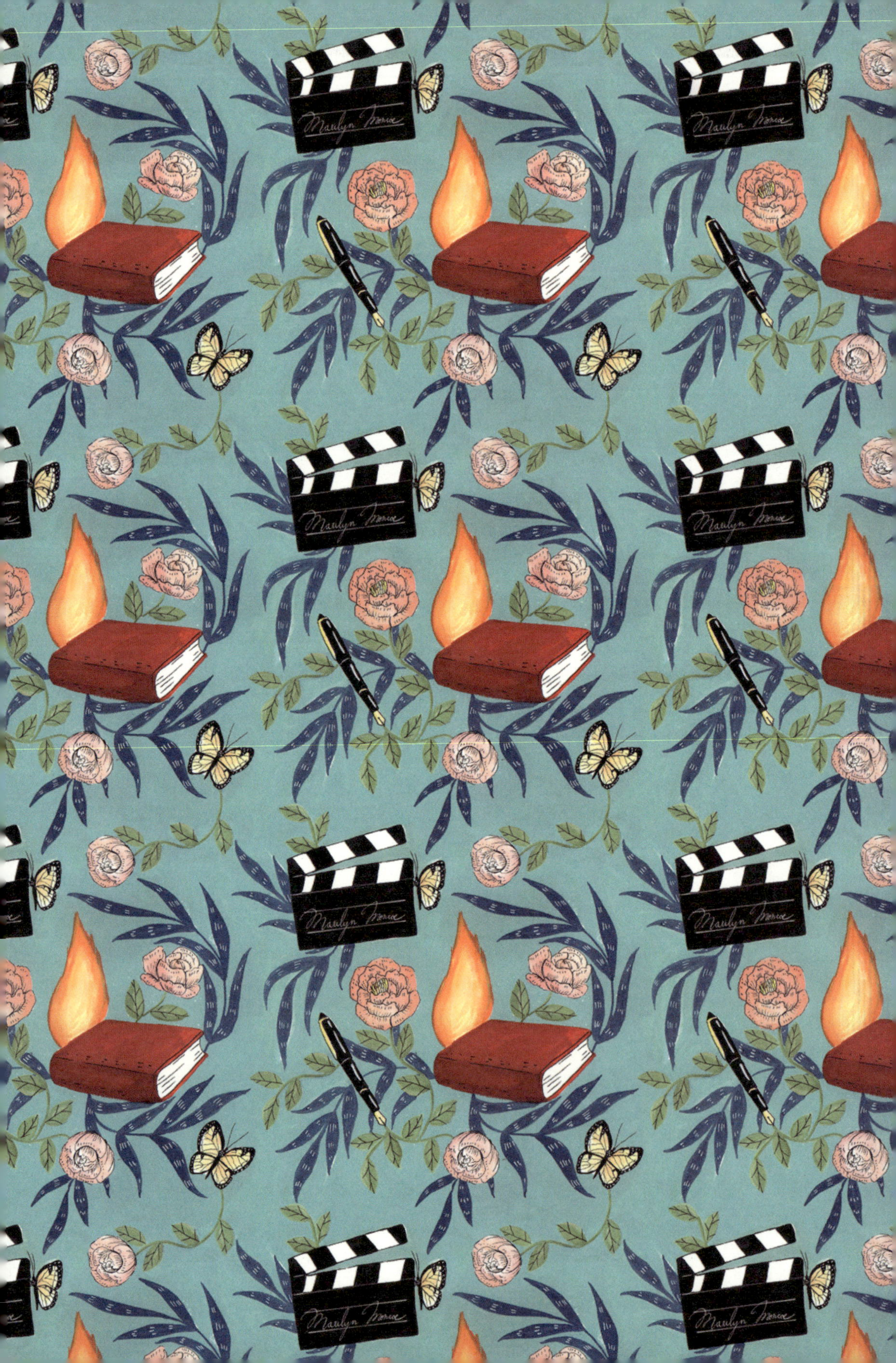
Marilyn Monroe